Medialität und Zirkelarbeit

ein moderner Weg zu Beziehungs- und Teamfähigkeit

Von Harald Knauss

Edition ElfenOhr
Fischmarkt 3
77652 Offenburg

Lektorat: Hans-Wulf von Uslar
Layout und Satz: Patricia Stöhr
Fotos und Zeichnungen:
Harald Knauss / S. 109 Francois Epp / S. 111 Michael Gräbe

Druck: Druckhaus Köthen GmbH, 96366 Köthen, Anhalt

Homepage: www.mediale-welten.com
Printed in Germany 2009

ISBN 978-3-9812332-2-3

Inhalt

Vorwort

Im Zentrum unserer Medial- und Heilerschulung steht vor allem die Arbeit in Gruppen, die sogenannte Zirkelarbeit. Nur in einer Gruppe, einem Zirkel ist es möglich, die medialen, heilerischen Fähigkeiten zu Hause weiter zu üben und zu vertiefen. Der Zirkel bietet einen geschützten Raum dafür.

Medialität hat vor allem mit erweiterter Beziehungsfähigkeit zu tun und die lässt sich am besten in einer Vertiefung des Miteinander schulen. Gerade sensitive Menschen sind ja überaus feinfühlig, aber daher oftmals auch persönlich überempfindlich, so lange ihre Sensitivität nicht wirklich geschult und diszipliniert ist. So empfinden nicht wenige Interessenten an unseren Kursen zunächst ein gewisses Unbehagen, wenn sie hören, dass in diesen Kursen nicht die ganz persönliche Schulung oder gar Einweihung im Vordergrund steht, sondern Gruppenarbeit angesagt ist. Wir als Erfahrene freuen uns an der großen Zahl so unterschiedlicher Menschen, die zu uns kommen, freuen uns an ihren vielen Farben und Potenzialen. Für die noch nicht Erfahrenen mag dies aber Angst vor mangelnder Abgrenzung, vor Konkurrenz oder Leistung auslösen. „Beziehungsfähigkeit" ist ja ein Thema, das überaus häufig mit Stress verbunden ist. Beziehungsfähigkeit aber ist wiederum ein ganz entscheidender Schritt hin zum Menschsein, wenn es nicht sogar „der" wichtigste Schritt überhaupt ist. Für die mediale und heilerische Arbeit ist er unabdingbar. Medialität bedeutet „ganz Mensch" zu sein, das macht die Erdung und Sicherheit aus. Nur so wird Medialität keine persönliche Leistungsschau mit all den damit verbundenen Konsequenzen. Medialität bedeutet Verbindung aufnehmen und aufbauen zu können, sie ist im besten Sinne eine echte Beziehungs- und Teamarbeit, nämlich eine zwischen dem Medium, der geistigen Welt und jenem Menschen, für den die Sitzung abgehalten wird. Wie soll eine Zusammenarbeit mit der geistigen Welt funktionieren, wenn es schon auf der irdischen Ebene nicht geht? Also üben wir in unseren Kursen die Fähigkeit, Verbindungen und Beziehungen aufzubauen, Vernetzungen zu erkennen und zu nutzen. Haben wir auf dieser Ebene einen gewissen Grad der Befähigung erreicht, so wirkt das als Signal an die geistige Welt, dass wir bereit und fähig sind für eine erweiterte Zusammenarbeit.

Da wir die Zirkelarbeit für so entscheidend wichtig halten, widmen wir dieser in unserer Schulung auch einen ganzen Kurs. In diesem lernen die

Teilnehmer sowohl den spirituellen als auch den ganz persönlichen Nutzen der Zirkelarbeit kennen. Ich möchte in diesem Buch gerade auch den praktischen Nutzen im Alltag betonen, den Zirkelarbeit ermöglicht und den wir in unseren Kursen weitergeben. Medialität und Spiritualität erfordern ja keine Trennung von unserem Alltag mit all seinen Erfordernissen und Problemen. Gerade da zeigt sich doch die positiv wirksame Kraft von Spiritualität, ja muss sie sich zeigen. Wir sprechen daher von gelebter Spiritualität und nicht von theoretischer, kopfgesteuerter. Wie praktisch Zirkelarbeit sein kann, zeigt sich daran, dass inzwischen sogar einige Firmeninhaber dieses Modell der Zirkelarbeit mit großem Erfolg für ihre Mitarbeiter übernommen haben. Für unsere heutige Zeit und auch die globalisierte Zukunft wird das Thema „Beziehung" in allen Variationen eine wichtige Bedeutung haben. Das Erkennen von Beziehungen, richtige Beziehungen zu leben, Verbindungen herzustellen, Energie zu lenken, gemeinsam auf etwas hinzuwachsen, gemeinsam Konflikte aufzulösen und das alles, ohne sich selbst dabei zu verlieren, ist eine Kunst, die gelernt sein will. Der Zirkel ist eine sehr gute Übungsmöglichkeit dafür.

Einleitung

„Zu den Besonderheiten der Morgenlandfahrt gehörte unter anderem auch diese, dass zwar der Bund mit dieser Reise ganz bestimmte, sehr hohe Ziele anstrebte (sie gehören der Zone des Geheimnisses an, sind also nicht mitteilbar), dass aber jeder einzelne Teilnehmer auch seine privaten Reiseziele haben konnte, ja haben musste, denn es wurde keiner mitgenommen, den nicht solche privaten Ziele antrieben ..."

Hermann Hesse

In den Werken Hermann Hesses spielt immer wieder die Gemeinschaft eine wichtige Rolle, so zum Beispiel der „Orden" im Glasperlenspiel und ein geheimnisvoller Bund in der Morgenlandfahrt. Hesse thematisierte häufig die Suche nach Zugehörigkeit und nach sinnstiftender Gemeinschaft, aber auch die Spannung zwischen dem freien, kreativen, privaten Individuum und der Gemeinschaft mit ihren Regeln. „Weggefährten" begleiteten seine eigene Lebensreise wie die seiner Romanhelden. Wie viele Menschen habe auch ich die Werke Hesses verschlungen und war nicht wenig verwundert, viele Jahre später eben diesem Thema auf ganz eigene Weise zu begegnen. Ich folgte einer Einladung des Heilers Tom Johanson nach London, wo ich die Bekanntschaft des Mediums Margaret Pearson machte. Sie brachte mich auf den Weg der Medialität und ich war erstaunt, als ich erfuhr, dass das hauptsächliche Üben zu Hause stattfindet und zwar in einer Übungsgruppe, dem sogenannten Zirkel.

Die Informationen und Anweisungen, die ich in England für die Zirkelarbeit erhalten hatte, waren wenige und so einfach, dass ich nach meiner Rückkehr gleich beschloss, einen Zirkel zu gründen. Ich hätte damals nicht gedacht, dass dieser einmal zu einer spannenden inneren Forschungsreise und zu einem Mittelpunkt meines Lebens werden würde. Die Informationen aus England waren spärlich, betrafen vor allem äußere Regularien. Diese reichten daher nicht lange hin, eine Übungsgruppe am Laufen zu halten. Schon nach kurzer Zeit war es meinen damaligen Zirkelmitgliedern zu langweilig, immer wieder dieselben Übungen zu machen, allzumal spektakuläre „übersinnliche" Ereignisse ausblieben. Unsere ernste, deutsche Mentalität weicht zudem doch in mancher Beziehung von der englischen ab und mir wurde klar, dass es für den Kontinent ein neues Konzept brauchte. Zunächst war es notwendig, neue Übungen zu finden oder besser zu erfinden, damit dem Wunsch nach Abwechslung Genüge getan wurde, ohne dabei den Sinn und das Ziel aus dem Auge zu verlieren. Bald waren genügend Übungen solcher Art im Zirkel vorhanden, so dass sich kein Überdruss einstellen konnte. Aber es trafen auch nach längerer Zeit des Übens nicht jene Wunder ein, von denen ich in England gehört hatte. Die medialen Fähigkeiten sollten durch das regelmäßige Üben ja schnell ansteigen und sich sogar physische (also „übernatürliche") Erscheinungen einstellen. So hatte ich das von vielen Zirkelmitgliedern in England gehört und als „greenhorn" hatte ich das einfach geglaubt. Heute weiß ich, dass vieles lediglich der übliche Tratsch in Gruppen war, wo sich jeder wichtig machen und hervortun möchte. Da sind also viele Illusionen im Spiel. Zudem haben mir meine englischen Lehrer und Freunde alle bestätigt, dass es diese Art der sensationellen Phänomene ihres Wissens nach auch in England nicht mehr gebe, da es an entsprechend begabten Medien mangele. „Wozu also dann im Zirkel sitzen? Wie die Begeisterung für diese Art Arbeit erhalten?", waren die Fragen für mich und natürlich auch für die Mitglieder meines Zirkels. Ich war mir absolut sicher, dass der Zirkel viele Geheimnisse barg, die es zu lüften galt. Meine englischen Freunde konnten mir dazu nichts sagen, außer: „Dranbleiben, üben." Da war etwas Unaussprechliches in der Zirkelarbeit, was mich nicht losließ und mich weitermachen hieß. Sicherlich kam mir für die nötige Ausdauer auch meine Erfahrung aus fernöstlichen Schulungen und meine Ausbildung als Musiker zugute, wo Disziplin und kontinuierliches Üben notwendige Grundlage sind. Mein Drang weiter zu forschen war also ungebrochen und zu meinem Glück waren alle anderen Zirkelmitglieder an der regelmäßigen Begegnung interessiert, so dass die Forderung nach konkreten Ergebnissen – im Sinne übernatürlicher Erscheinungen – der Zirkelarbeit in den Hintergrund trat.

Dem ersten Zirkel folgte nach einigen Jahren ein zweiter in neuer Besetzung, dessen Grundbesetzung bis heute konstant geblieben ist. Inzwischen hat sich für unseren Kreis die Zirkelarbeit zu einer spirituellen Gruppenarbeit ausgewachsen. Immer mehr wurde mir klar, dass das Suchen nach Sensationen und übernatürlichen Ereignissen äußerer Tand war und das eigentliche Wunder nicht in den funktional gedachten Übungen liegt, sondern darin, was der Zirkel als energetisches Eigenwesen mit uns macht. Zirkel ist eine Art alchemistischer Prozess der Verwandlung und wir sind die Gefäße, in denen dieser stattfindet. Das Wunder, das mein Zirkel mir offenbarte, lag also in der Entwicklung jedes einzelnen verborgen, das Hinwachsen auf das ureigene Potenzial, die ureigene geistige

Inspiration, die jeder von uns ist, das Seelenbild, das jeder in sich trägt. Zirkelarbeit erschafft Wirklichkeit und erweitert Bewusstheit. Und dann sind da natürlich doch noch die vielen kleinen Wunder, die wir immer wieder schnell vergessen hatten, weil der Fokus unseres Ichs gerne nach den großen Sensationen schielt. Da gab es z.B. viele Wunder in unserer Arbeit des Fernheilens, dass es Hilfesuchenden besser ging oder sie gar gesund wurden. Es gab das Erleben des Wunderns, wenn bei einem von uns selbst wieder eine Blüte der Seele aufgegangen war und etwas möglich wurde, was vorher nicht gewesen war oder nicht hatte sein dürfen und auch das Erleben der Hilfen für all die vielen „kleinen" Probleme des Alltags, die unsere Lebensfreude doch stark beeinträchtigen können, die aber schnell vergessen sind, wenn sich das Problem erledigt hat. Und natürlich das Wunder des Miteinander, das Geheimnis jeder Gruppenarbeit. Wir sind schnell mit der Aussage zur Hand, eine Gruppe sei mehr als die Summe ihrer Teile, aber dies realiter zu erleben, ist doch noch etwas anderes.

Generell ist das Ziel eines Zirkels ein spirituelles. Aber im Gegensatz zu vielen anderen spirituellen Richtungen, in denen Spiritualität und Alltag getrennt werden, versucht der Zirkel beides zu vereinen. Im Alltag gelebte Spiritualität ist sein Ziel. In diesem Sinne verwirklichen sich natürlich in jedem Zirkelmitglied jene Kräfte, die ihm helfen, seinen Alltag besser zu bewältigen. Zudem erfährt er stete energetische Unterstützung durch die anderen Mitglieder seines Zirkels. Ein Zirkel ist zwar „Gottesdienst" und in seinem Mittelpunkt steht der Kontakt zur geistigen Welt, aber bei wirklich wichtigen Lebensfragen oder in Zeiten persönlicher Krisen kann er durchaus mit einbezogen werden, um eine Lösung zu erarbeiten oder herbeizuführen. Zirkelarbeit hat mit Wegfindung zu tun, im spirituellen wie im alltäglichen Sinne.

Dies alles offenbarte mir mehr und mehr, welch wunderbares Instrument der Zirkel ist, was wir durch ihn lernen dürfen, in welche Tiefe des Lebens er uns führen kann. Zirkel ist nicht nur eine Übungsgruppe, sondern er ist ganz nah an der Wirklichkeit des Lebens dran, arbeitet mit den Lebenskräften. Er kann zu einem Zentrum des Weltalls werden, durch welches das Geistige auf uns zu wirken vermag.

Das vorliegende Buch habe ich aus dieser ureigenen Erfahrung, aus dem eigenen Forschen und aus meiner Begeisterung für diese Art spirituellen Arbeitens heraus geschrieben. Es ist meines Wissens bis jetzt das einzige

Buch, das es über dieses Thema gibt und das auch die wirkenden Kräfte im Hintergrund beleuchtet.

Das Buch teilt sich in drei Abschnitte:

- Der erste Teil geht vor allem auf das Thema „Beziehung“ ein, auf das Miteinander. „Beziehungsfähigkeit“ ist heutzutage ein großes Thema in der westlichen Gesellschaft und Zirkelarbeit kann einen wichtigen Beitrag dazu leisten.
- Der zweite Teil dreht sich um die Praxis der Zirkelarbeit, gibt praktische Hinweise und Tipps aus meinem Erfahrungsschatz.
- Der dritte Teil ist der philosophische, aber gerade für die spirituelle Dimension der Zirkelarbeit der wichtigste. Er handelt von den Kräften, denen wir im Zirkel begegnen und die unsere Wahrnehmung von Wirklichkeit bestimmen.

Alle diese Aspekte der Zirkelarbeit gehören nicht nur zur Medial- und Heilerschulung, sondern sind auch eine Bereicherung und ein Gewinn für das eigene Leben. Inzwischen setzen viele Menschen die Erkenntnisse und Erfahrungen aus der Zirkelarbeit im Alltag und im Beruf ein. Mancher Firmenleiter hat die Teamarbeit in seiner Firma aufgrund der Ausbildung bei uns nach den Prinzipien der Zirkelarbeit verändert, mit zum Teil überwältigendem Erfolg. Da der Fokus in der Zirkelarbeit stets auf den Potenzialen liegt und fruchtlose Diskussionen vermieden werden, ist sie überaus aufbauend und effizient. In diesem Sinne ist Zirkelarbeit höchst sozial, psychisch ökologisch und ökonomisch. Sie orientiert sich an folgenden Parametern:

- Jeder Mensch, jedes Wesen ist eine göttliche Seele.
- Jedes Wesen trägt unendlich viele Farben und Klänge in sich, ist voller Potenziale und Fähigkeiten, die allerdings auch verborgen sein können.
- Jedes Wesen trägt diese unendlichen Potenziale in sich, sie sind ihm als Leben zueigen. Diese gilt es daher lediglich zu erwecken und es gibt nichts, was man von außen hinzutun müsste. Die entfalteten Potenziale eines Wesens sind eine Bereicherung und Inspiration für alle.
- Jede einem Wesen innewohnende Kraft kann sich nur frei, voll und positiv entfalten, wenn sie authentisch ist, also an die innere Originalität rückgebunden ist. Die Magie der Bewegung eines Tieres zeigt sich ja auch mehr in seinem natürlichen Umfeld und nicht beim Dressurakt in einem Zirkus.

* Jedes Wesen strebt nach Freiheit, Liebe und Verwirklichung, gemäß seinem Seelenweg.
* Jeder Mensch ist Teil von Mutter Natur, des Lebens, der Menschheit und der göttlichen, kosmischen Gemeinschaft.

Der Fokus der Arbeit liegt ganz auf den das Leben fördernden, aufbauenden, schöpferischen Kräften, was seine positive Auswirkung auf alle Zirkelmitglieder hat. Zugegeben, zu Beginn ist gerade dies nicht einfach zu erkennen, sind wir doch fast alle so erzogen worden, den Blick auf den Mangel, auf das, was nicht ist, zu richten. Kritik im Sinne von „Aufdecken von Mängeln und Schwächen" – natürlich meist in allerbester Absicht – ist unsere Waffe. Endlos können wir verschiedene Standpunkte diskutieren, ohne zu notwendigen Ergebnissen oder Veränderungen zu kommen. Vom Verstand geleitete Kritik holt das Gegenüber nicht ins Boot, sondern weist ihm seinen, vom Standpunkt des Kritisierenden aus betrachtet, getrennten Platz zu. Kritik trennt uns von den anderen, was im persönlichen Leben durchaus wichtig und richtig sein mag. Im Hinblick auf spirituelles Wachstum, das stets nach Vereinigung und Ganzheit strebt, braucht es eine Verwandlung dieser Kraft. Der Verstand ordnet ja die Welt nach Gewichtung und Wertung. Er braucht sein „begriffliches, greifbares" Werte- und Glaubenssystem und dieses kommt stets durch Analyse (Trennung) zustande. Aus diesem Grunde werden im Zirkel keinerlei persönlichen Standpunkte, Meinungen oder Glaubenswerte ausgetauscht, denn diese sind eben sehr persönlich und damit bekanntlich relativ. Vor allem würden wir damit im linearen, analytischen Denken stehen bleiben, wohingegen wir aber nach spirituellem Bewusstsein, das auf einem kreisförmigen, zirkulären, zyklischen Denken beruht, streben. Der Zirkel ist daher weder Gesprächsrunde noch Therapiegruppe, eher ist er als eine Gemeinschaft zu verstehen, die sich zusammengeschlossen hat, um gemeinsam etwas zu entdecken. Jeder beginnt zunächst seine Reise bei sich selbst, aber im Fortgang derselben wird er immer weiter in das Mysterium des Lebens hineinwachsen. Damit kommen wir auf das Zitat aus Hermann Hesses „Morgenlandfahrt" zurück, das am Eingang dieses Buches steht. Es gibt ein übergeordnetes, geheimnisvolles Ziel des gemeinsamen Weges, aber es braucht auch ein persönliches Motiv für diese Reise.

In diesem Sinne kann uns die Zirkelarbeit für unsere persönlichen Absichten, also für Alltag und Beruf, eine ganze Menge geben, ist gleichzeitig aber auch ein wichtiger Teil unseres spirituellen Weges, der stets ein Miteinander bedeutet und erfordert. „Spirituell“ bedeutet ja ein „Einschließen, Integrieren“ und nicht etwa ein „Ausschließen“. Der Verstand eliminiert, das spirituelle Bewusstsein integriert. Haben wir ein Problem, so strebt der Verstand nach einer Lösung, die dasselbe eliminiert, die es entfernt. Das Bewusstsein dagegen versucht zu verstehen, warum es mit diesem Problem konfrontiert wird und zu welchen Lernschritten, neuen Erfahrungen es führen kann. C. G. Jung sagte einmal, dass das Bewusstsein ein Problem „überwuchere oder überwachse“, indem es höhere Ziele oder Wertigkeiten erkenne und anstrebe. Damit nimmt es Energie aus einem Problem, denn es fixiert sich nicht auf dieses. Eliminieren, fixieren, verdrängen kostet uns viel Energie, das „Überwachsen“ dagegen fördert Energie. Zirkelarbeit fördert Bewusstsein und damit andere „Techniken“, an das Leben heranzugehen, mit ihm umzugehen.

Inzwischen sitze ich fast 20 Jahre im Zirkel, habe vieles lernen dürfen und bin auch heute noch wie am ersten Tag fasziniert von dieser spirituellen Arbeit. Ich habe inzwischen viele andere Zirkel kennen lernen dürfen, habe ihren Geschichten gelauscht und weiß daher, dass mein Zirkel kein Ausnahmefall ist. Der Zirkel wirkt positiv in das ganze Leben seiner Mitglieder und ihres Umfeldes hinein, wirkt förderlich auf die innere Freiheit und Schöpferkraft. Wie sagte doch einmal der Atemlehrer Aurelius Bäuerle so trefflich:

IHRE GESUNDHEIT
ist ihr einziges Kapital, das ihnen niemand rauben kann.
IHRE TALENTE
sind die einzigen Stützen unabhängiger Existenz.
IHRE INNERE RUHE
ist der sicherste Halt in allen Stürmen des Lebens.

Diese Kräfte bekommt man nicht bei der Krankenkasse, auch nicht im Bioladen oder beim Heilpraktiker, auch nicht an der Schule und der Universität. Diese drei Säulen unseres Lebens können wir nur in uns selbst finden und wir sind aufgefordert, sie zu entwickeln und zu erhalten. Ausgangspunkt dafür ist, dass wir wissen, wer wir sind und welche Gesetzmäßigkeiten in uns wirken. Und wo könnte man diese Kräfte besser entdecken und entwickeln, als gemeinsam mit anderen im Zirkel. Der Zirkel ist der Mikrokosmos, in dem wir all das finden, was uns im Makrokosmos begegnen kann. Damit ist er die ideale Übungsplattform, die Schule für das Leben.

Zum Abschluss dieses Kapitels möchte ich die vielfältigen Gaben der Zirkelarbeit nochmals zusammenfassen:

Zirkelarbeit ...

1.) gibt uns die Möglichkeit des Übens und ist so die Basis für die Entwicklung medialer Fähigkeiten.
2.) hilft unsere eigenen Potenziale zu entdecken und zu fördern.
3.) stärkt die Lebensfreude und das Annehmen des eigenen Seins.
4.) unterstützt unseren Selbstausdruck, womit wir authentischer werden.
5.) verändert unseren Umgang mit anderen Wesen.
6.) gibt uns Heilkraft und Unterstützung.
7.) hilft, die Verantwortung für das eigene Leben zu übernehmen.
8.) schult unsere Beziehungs- und Teamfähigkeit.
9.) ermöglicht das Erleben von Gemeinschaft und verhindert die Angst vor Isolation.
10.) ist ein spiritueller Weg, denn sie weitet unser Bewusstsein.
11.) stärkt unsere inneren Kräfte für den Alltag.
12.) kann unser Leben und unsere Wirklichkeit verändern, da sie das Bewusstsein für Zeit und Raum verändert.
13.) lässt uns in eine größere innere Freiheit hineinwachsen.
14.) gibt uns Vertrauen und Hoffnung in einer Zeit anwachsender Ängste.

1. Teil

Der mediale Zirkel und die Kraft der Beziehung

I ◆ Das neue Zeitalter der Synergie

„Wir haben uns eine Lebensweise aufgebaut, die darauf beruht, dass die Menschen tun, was ihnen gesagt wird, weil sie nicht wissen, wie sie sich selbst sagen können, was sie tun sollen."
John Gatto

Wir hören heute vielfach davon, dass wir vor einem neuen Zeitalter stehen, ja dieses eigentlich schon begonnen habe. Es wird astrologisch das Zeitalter des Wassermanns genannt. Das Leitmotiv des Zeichens Wassermann („das größere Ganze"), das wiederum mit dem gegenüberliegenden Tierkreiszeichen Löwe („das ganz Persönliche") in enger Wechselwirkung steht, ist „Gewahrsein, Achtsamkeit, Bewusstheit". Eine vertiefte Selbstwahrnehmung führt zunächst zum Kern des eigenen Selbst, mit all seinen Wünschen und Bedürfnissen. Die Individualität eines Menschen arbeitet sich auf diese Weise heraus, was ein wichtiger Schritt auf dem Weg zum Seelenbewusstsein ist. Wir kommen darüber in eine verstärkte Selbstbestimmung und Eigenverantwortung hinein. Der Preis, den wir für das persönliche Leben aber zu bezahlen haben, ist, dass es ein abgesondertes, getrenntes ist. Im Zeichen des Wassermanns erreicht uns nun die Aufforderung zu verstärktem Selbstgewahrsein, aber auch zur Gegenbewegung. Wer in sich sein Selbst entdeckt und gefestigt hat, erhält nämlich die innere Aufforderung, seine Kräfte und Gaben in den Dienst der Gemeinschaft und des Ganzen zu stellen. Alle Kräfte gilt es dabei zur Synthese zu bringen und diese mit dem Ganzen zu vereinen. Der Wassermann ist daher eigentlich der „Träger des Lebenswassers", ein selbstbewusster Diener des größeren Ganzen. Kein besseres Beispiel lässt sich für eine solche stark persönliche und doch selbstlose Qualität finden, als das Wesen unserer Sonne. Sie gibt in jedem Augenblick ihr Ganzes, ohne dabei abzunehmen oder sich zu verlieren. Sie bleibt stets sie selbst, obwohl sie in allem ist und für alle da ist. Sie gibt zudem ohne Ansehen eines Wesens oder einer Person. Die Sonne war und bleibt stets das zentrale Organ des Kosmos für uns irdische Wesen.

Wie ich in unserem Buch „Die moderne Medial- und Heilerschule" schon dargelegt habe, bildet der Jahreslauf der Sonne den Urgrund aller spirituellen Lehren und damit auch den der Medialität. Der Sonnenlauf bewegt sich zwischen höchster Lichtfülle und tiefster Dunkelheit.

Die offenbare Welt ist auf das Prinzip von Dualität und Polarität aufgebaut, denn dadurch entsteht die nötige Spannung, die lebendige Bewegung sowie Ausdruck und Entwicklung ermöglicht. Es gibt zwei Symbole, die eine Urpolarität darstellen: den Kreis und die Gerade. Der Kreis ist der weibliche, empfangende, fruchtbare, mütterliche Pol, ein Sinnbild des Gefäßes für Leben und damit auch der Gebärmutter. Die Gerade dagegen zeigt den männlichen, väterlichen, wollenden und zeugenden Pol. Bei diesen Sinnbildern handelt es sich allerdings um innere Prinzipien, die sich nicht auf das Äußere, Geschlechtliche reduzieren lassen. Wie wir wissen, trägt ja jeder Mensch beide Anteile in sich. Das Kreisförmige, also das noch Ungeteilte, steht für das Unbewusste. Es ist das Dunkle, noch nicht Offenbare. Der Kreis ist aber auch ein Sinnbild für das Überbewusste, denn er ist die Sonne, der Jahreslauf, das Licht. Weder im absolut Hellen noch in der Dunkelheit ist Erkennen und Wahrnehmen möglich. Erst der Strahl des Lichtes, der auf das Dunkle trifft, mildert die Intensität und erschafft die Farben, Formen und Sinne.
Dem Ganzen steht das Gespaltene, Geteilte gegenüber, das sich mittels der Geraden ausdrückt. Die Gerade spaltet den Jahreskreis in eine auf- und eine absteigende Hälfte und erschafft somit auch den Hoch- und Tiefpunkt des Sonnenstandes (Sonnwenden).

Die Teilung des Jahres

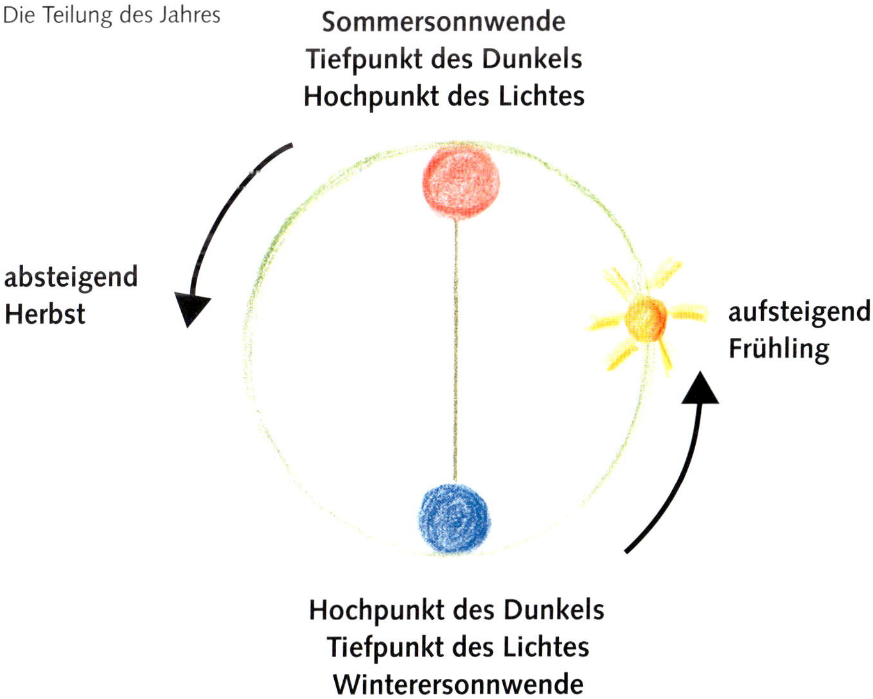

Diese Polarität zwischen Licht und Dunkel prägt das irdische Leben. Sie ist aber nur zum Teil eine Abfolge von wechselnden Zuständen, wie es die Folge von Tag und Nacht zeigt; stets herrscht auch eine Gleichzeitigkeit vor. Wenn wir zur Zeit des Juli und August die größte Wärme und Lichtintensität haben, steigt die Sonne in Wirklichkeit schon wieder ab im Jahreskreis, während in der Tiefe des dunklen Winters die Sonne anfangs nicht wahrnehmbar schon wieder aufsteigt. Beide Polaritäten stehen in einem Wechselverhältnis und gerade in ihrer höchsten Steigerung ist der Wechsel von der einen zur anderen Hälfte möglich. So zeigt uns die sinnliche Erfahrung, dass zur Zeit des höchsten Lichtes der Schatten der Objekte auch am stärksten wird. Umgekehrt berichten Menschen vom Aufgehen eines intensiven, inneren Lichtes, während sie äußerlich eine Zeit in tiefster Dunkelheit verbracht haben. Die Weisen Asiens zogen sich für Jahre in Höhlen zurück, um dieses innere Licht zu erfahren. Umgekehrt erscheint Jesus die Versuchung des Teufels, dem Inbegriff des Schattens und der Dunkelheit, nicht bei Nacht, sondern im grellen Licht, während er in der Wüste meditierte. In den spirituellen Überlieferungen spielt das Verhältnis zwischen Licht und Schatten eine ganz zentrale Rolle, da es der entscheidende Faktor für das Leben auf der Erde ist. Daher standen die beiden extremen Punkte im Jahreslauf der Sonne, die Sonnwenden, für die Einweihung in die Mysterien. Wer darin eingeweiht ist, der ist ein wirkliches Medium, ein wahrer Heiler, eine wahre Heilerin. Solche können die Kräfte auf richtige Weise nutzen. Daher trugen sie als Zeichen stets den Stab, also die Gerade.

Die Gerade birgt völlig andere Qualitäten in sich als der Kreis. Jede Gerade erweckt, teilt, macht klar, ist dynamisch, verbindet auch, lässt aber dabei das andere als getrennt stehen (Ich-Du). Im Kreis dagegen gibt es nur ein Gleiches oder Ähnliches, keine scharfe Trennung. Alle sind im „Wir", haben ein gemeinsames Anliegen und Recht, auch wenn jeder seinen eigenen Platz hat. Die Gerade wiederum weist den Platz zu, distanziert sich, kennt ein Unten und ein Oben.

Unser Gehirn teilt sich ebenfalls in zwei Hälften oder Hemisphären, die überaus unterschiedliche Aufgaben haben. Verbunden werden diese aber durch etwas Drittes, die Überkreuzbahnen, das Corpus callosum. Diese Form der Kreuznaht entspricht den Windungen der Schlange und so wundert es nicht, dass am Stab (Sinnbild der Wirbelsäule) des Merkurs oder Hermes sich zwei Schlangen nach oben ringeln, um sich im Scheitel zu vereinigen. Durch die moderne Gehirnforschung wissen wir heute, dass nicht die einseitige Ausbildung der Gehirnhälften unsere Energien und Leistungen verstärken, sondern die Nutzung der Überkreuzverbindung. Das Überkreuz-Denken, das vernetzte Denken macht eine Synergie der Kräfte möglich.

Der menschliche Organismus wie auch die Natur selbst sind auf Synergie angelegt. Nur so werden Selbsterhaltung und Entwicklung möglich. Unser riesiges Kraftpotenzial entfaltet sich nur über das synergetische Zusammenwirken aller unserer Anteile und Energien. Ist die Integration eines oder mehrerer Anteile im System nicht gegeben, so kann keine Synergie stattfinden und es entsteht ein Verlust an Energie und Vitalkraft. Innere Spannungen sind ein gutes Beispiel dafür. Der Körper schaltet auf Überleben, um diese Spannungen im System ausbalancieren zu können. Das erfordert Energie! Bleibt dieser Zustand zu lange bestehen, führt er zu einer Erschöpfung der Vitalkraft, sprich, eine Erkrankung stellt sich ein. Unendlich viele Prozesse sind nötig, das Zusammenspiel vieler Nerven und Muskeln erforderlich, um einen Gedanken, eine innere Absicht objektiv auszudrücken, sei es über Sprache oder Körperbewegung. Viele einzelne Abläufe müssen dazu wie bei den Staffelläufern ineinander greifen, sonst würde sich die Energie auf dem Wege zur Verwirklichung verlieren oder erschöpfen. Das synergetische Zusammenwirken vieler Teile macht uns zu diesen machtvollen Geschöpfen, die wir sind. Was könnten wir also alles bewegen, wenn sich alle Gruppen von Menschen synergetisch so zusammenschließen würden, wie es unsere Zellen und Organe tun? Auf einer solchen Fähigkeit beruht die Hoffnung bei diesem unüberwindbaren Berg von globalen Problemen, denen sich die heutige und zukünftige Generationen gegenüber gestellt sehen.

Kreis und Gerade stellen aber auch Bewusstseinsformen dar. Wir können sagen, dass die Urzeit einem kreisförmigen, mehr unbewussten Bewusstsein entsprach. Es waren matriarchal orientierte Kulturen und wir finden einen Abdruck von ihnen in den Überlieferungen von den drei Nornen, Parzen oder Moiren wieder, die schon vor der (bewussten) Zeit da waren und am Urquell allen Lebens sitzen. Sie spinnen die Lebensfäden für alle Wesen der Erde und erhalten so das Geflecht der Lebenskräfte.

Sinnbild der „Mütter" waren die Trommel und der Krummstab, also die Betonung des Runden. Das matriarchale Denken ist kreisförmig, orientiert sich am Leben. Im Mittelpunkt stand die Frau und Mutter. Durch sie kreisen im besonderen Maße die Lebenskräfte und nur sie vermag Leben zu gebären, so wie auch Mutter Natur selbst. Kein Wissenschaftler wird jemals künstlich Leben erschaffen können, immer braucht er dazu vorher Bestandteile der Natur, seien sie auch noch so winzig und atomar. Das zirkuläre, ganzheitliche, matriarchale Denken ist an der Erhaltung von Leben orientiert und nimmt Rücksicht auf diese Zusammenhänge. Die Quelle, aus der alles Leben kommt, war daher stets heilig. Im Jahreslauf der Sonne galt die Wintersonnwende als jener Punkt, an dem das Licht in die Dunkelheit des Wassers, die Mutter eingeht, um dort in der dunklen Höhle neu geboren zu werden. Dieser Zeitpunkt wurde „Mütternacht" genannt. Leben, das aus der Leere kommt, aus dem Nichts und der Dunkelheit, ist und bleibt ein Mysterium für uns Menschen. Wir können seine Formen und Erscheinungen untersuchen, aber nie es selbst.

Der mütterliche Aspekt also strebt nach Bewahrung, Erhaltung und Vernetzung. Das hat nichts mit Trägheit oder Passivität zu tun, wie wir das heute gerne mit diesen Begriffen verbinden, sondern ist eher einer Lebenshaltung zu vergleichen, wie sie Lao Tse oder Konfuzius lehrten: „Wu Wei", das Geschehenlassen, was als gestaltende Kraft einer unsichtbaren, übersinnlichen, kosmischen Intelligenz zu begreifen ist. C. G. Jung betrachtete den berühmten „Zufall" als eine gleiche oder ähnliche Kraft und nannte diese „Synchronizität".

„Die Synchronizität dirigiert die unbewussten Impulse unseres Willens, die uns zur richtigen Zeit an den richtigen Ort führen, damit wir auf das Ereignis treffen, das uns verändern wird."
W. Bryant

Es bedeutet ein Nicht-Eingreifen des eigenen Wollens in die Welt, was den Kreislauf des Lebens erhält. Wie sagte ein alter Zen-Meister, als er nach seinen Atemübungen gefragt wurde: „Seit dreißig Jahren bemühe ich mich, meinem Atem bewusst zuzuschauen, ohne ihn zu stören."

Die matriarchalen Kulturen wurden irgendwann durch die Macht der Kriegerfürsten abgelöst. Es begann die Zeit der patriarchalen Strukturen und nun finden wir vor allem Schwert, Pfeil und Speer als Bildekräfte, symbolischer Ausdruck für die Kräfte der Geraden. Die Gerade teilt und zerlegt, schafft einen Abstand und ihr „Organ" ist der Verstand. Der Verstand kann entdecken, kann Erkenntnis liefern, erschafft Erinnerung, ermöglicht Biographie (die Bedeutung des Individuums).
Die Gerade erschafft die Begrifflichkeit der Welt, denn sie ist ja auch die

Eins, die aus der Teilung des Kreises alle weiteren Erscheinungen oder Zahlen erschafft.

Entstehung der Zahlen

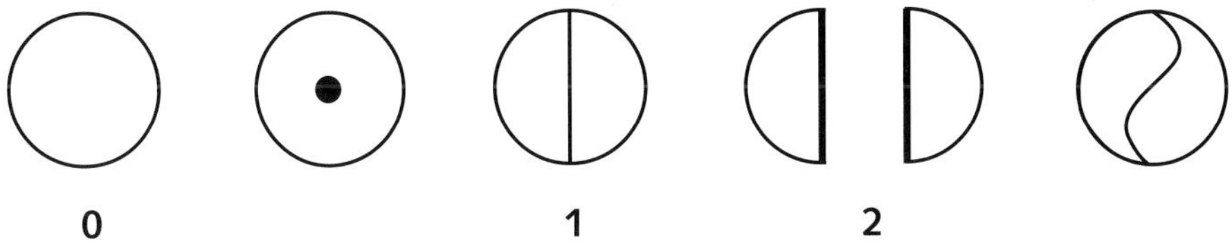

Die Gerade als männlicher Aspekt dringt auf Bewegung, Veränderung, Gestaltung, Leistung und Erschaffung. Das sind positive Eigenschaften, die zu einem individuellen Ausdruck, Erleben und Bewusstsein führen. Aber sie können auch in hohem Maße zerstörerisch wirken. Gerade die modernen Wissenschaften sind ja wahrhaftig ein überaus zweischneidiges Schwert, wie wir alle wissen. Die Gerade teilt die Welt auf, wertet sie und ordnet sie nach Gewichtung. Es ist eine andere Art des Herangehens an die Welt, als es das zirkuläre Denken ermöglicht. Drei Beispiele dafür.

1.) Nehmen wir an, wir werden aufgefordert, uns zu einem Stuhl zu begeben, der in einiger Entfernung vor uns steht. Folgen wir einfach blind der Aufforderung und begeben uns sofort an das Ziel, so findet ein nachweisbarer Verlust von Körperenergie statt. Also die direkte, gerade Verbindung zwischen Ursprung und Ziel schafft Energieverlust. Gehen wir jetzt aber bewusst Schritt für Schritt uns einfühlend den Weg, vergessen das Ziel, die fixierte Leistung, so gewinnen wir nachweisbar an Lebensenergie. Da zeigt sich sehr deutlich der Unterschied im Umgang mit Energie. Das kreisförmige Denken erschafft Energie, das lineare verbraucht diese. Betrachten wir die moderne, aus dem Verstand entsprungene Wirtschaft und Wissenschaft, so wird deutlich, dass sie auf Energieverbrauch, Verschwendung der Ressourcen angelegt ist.
2.) Das zweite Beispiel stammt aus der Rechtsprechung. Wir wissen nicht viel darüber, wie Recht in frühen matriarchalen Kulturen gehandhabt wurde. Eine Ahnung davon können wir aus Überlieferungen bekommen, wie sie z.B. Bertolt Brecht in seinem „Kaukasischen Kreidekreis" beschrieben hat. Das Geschehen im Kreise, die Interaktion der Kontrahenten, offenbarte das Recht. Die Rechtssprechung von Salo-

mon wird in der Bibel ganz ähnlich geschildert. Das geradlinige Recht dagegen weist aus höherer Hand zu, durch ein Gottesurteil oder eben durch eine mächtige Amtsperson, z.B. den Richter.

3.) Das dritte Beispiel kommt aus der Musik. Wir haben die Trommel als Instrument der „Mütter" kennen gelernt. Die Trommel ist Bauch, ist der Klang von Mutter Erde. Mit dem Aufgang des patriarchalen Zeitalters verschwindet die magische Bedeutung der Trommel, bleibt in der Volksmusik noch teilweise erhalten oder wird als Kriegsinstrument missbraucht. Mit dem Aufgang der Wissenschaften und der Kompositionskunst verschwindet die Trommel in Europa fast ganz aus der Musik, findet sich lediglich noch auf bestimmte besondere Momente im Orchester reduziert, als Schlag der Pauken. Mit Aufgang des Jazz und der Popmusik kehrte die Trommel nun in ihrer großen Bedeutung zurück und durch die Ethnomusik gewinnt sie an spiritueller Kraft, was ein Indiz auch für Veränderung im kollektiven Bewusstsein ist.

Heute wird uns verstärkt bewusst, dass das Ende des Zeitalters eines rein linearen Denkens gekommen ist. Die Wissenschaften gehen ineinander über, kommen ohne Vernetzung kaum noch aus. Sie erfahren zunehmend mehr über die komplexen Zusammenhänge und Wirkungen. In den letzten Jahrzehnten erleben wir weiterhin, dass erste zarte Wurzeln des zirkulären, matriarchalen Denkens zurückkehren, was sich an dem Interesse für Natur, Ökologie und Spiritualität zeigt. Die „Kriegerfürsten" und die ihr dienenden Wissenschaften orientieren sich bis heute am Machbaren, also was mithilfe ihrer Macht und Technik möglich ist. Die „Mütterkultur" orientierte sich aber stets am Sinnvollen, an dem das Leben Fördernde. Die Aufgabe der neuen Zeit oder des neuen Zeitalters wird es sein, beide, also Gerade und Kreis, auf neue Weise zu verbinden, die Individualität, das Schöpferische, das Forschende zu verwirklichen, nun aber an der Ganzheit und am Leben orientiert, nicht nur am technisch Machbaren. Dieses neue Zeitalter wird daher eines der Synergie sein, was das bewusste Einbringen des Einzelnen zum Wohle des Ganzen und die Vernetzung der vielen Einzelnen erfordert.

Menschliche Gemeinschaft hat schon alle erdenklichen Formen durchlaufen. In heutiger Zeit klingt langsam eine lange Periode aus, die vor allem auf Hierarchie aufgebaut war, ganz ähnlich der Vorstellung von der Welt als ein riesiges Räderwerk, in dem ein kleines Rädchen den ganzen Apparat zu bewegen vermag. Die herausragende, mächtige Einzelperson lenkte oder entschied vielfach den Gang der Geschichte, zum Wohle, meist aber eher zum Nachteil aller Lebenden. Die Masse der Menschen folgte mehr oder weniger gedankenlos den vorhandenen Druck- und Stoßkräften in der Gesellschaft oder den Begeisterungskräften ihrer Mächtigen. Das Streben vieler Menschen ging daher nach Macht, gleich aus welcher Quelle stammend, um so ein alles bewegendes, wichtiges Rädchen zu werden. Daraus folgend ergab sich ein Wettstreit und Konkurrenzdenken, das unbedenklich zu allen Mitteln griff, um Macht zu bekommen und Macht zu erhalten. Heute stehen wir an der Schwelle zu einem neuen Zeitalter, das aufgrund des Druckes der globalen Verhältnisse völlig andere Mittel braucht als bisher. Die globalen Probleme, die das Ungleichgewicht in der ganzen Welt und Natur uns brutal vor Augen führen, sind konstruktiv nicht mehr von einzelnen Persönlichkeiten und Führern zu lösen. Das heißt, dass das System der Hierarchie nicht mehr im alten Sinne funktioniert. Viele warten immer noch auf die Erfindung, das Genie, den großen Volksführer, die alle Probleme auf einen Schlag lösen können oder vertrauen einfach darauf, dass sich alles im Guten lösen wird. Das ist aber blauäugig und aussichtslos, denn der „Zeitgeist", das Weltenalter, in dem wir stehen, erfordert ein Umdenken der ganzen Menschheit. Eine solch totale Wende ist schon im persönlichen Leben alles andere als einfach, für ein Volk äußerst schwierig und für alle Weltvölker kaum vorstellbar. Und doch wird es erforderlich werden. Dabei zeigt sich eines ganz deutlich, dass die ausschließlich hierarchische Lenkung nicht mehr greift. Es braucht völlig neue Wege der Beziehung und Zusammenarbeit sehr vieler Menschen und Nationen, es braucht die Einsicht möglichst vieler Menschen. Das bisherige persönliche Vorteilsdenken, das sich vor allem auf das Materielle richtet, hat ausgedient. Es bedarf völlig neuer Lebenskonzepte, die über die enge „Hutschnur" des materiellen Denkens und persönlichen Vorteils hinausreichen. Es braucht das, was ein Medium einmal den „Willen zum Guten" bezeichnete. Alice Bailey nennt sie „Menschen, die guten Willens sind". Dafür bedarf es eines spirituellen, umfassenden, ganzheitlichen Weltbildes. In einem solchen geht die persönliche, subjektive Entwicklung friedfertig und harmonisch Hand in Hand mit der äußeren, gesellschaftlichen, objektiven Entwicklung. Es braucht eine Verlagerung in der Konzentration unserer Energien vom Kopf mit seinem Eigenwollen hin zum Herzen.

Der Zirkel ist ein wunderbares Instrument, all diese Veränderungen vorzunehmen und ein Weg hin zur Synergie der Kräfte. Er lehrt uns neue Möglichkeiten, wie wir unser persönliches Wirken und Wollen in einen größeren Kontext stellen; wie wir dadurch nicht verlieren, sondern gewinnen; wie wir als Persönlichkeiten dadurch nicht machtloser und blasser werden, sondern im Gegenteil mächtiger und farbenfroher. Wir können erfahren, welch große Kraft aus einem Zirkel kommt, dessen Ausstrahlung weit über die Gruppe hinausreicht. Der Zirkel ist eine moderne Form der spirituellen Gruppenarbeit, die über Bewusstsein versucht, bestimmte energetische Qualitäten zu etablieren. Es geht um die Verschmelzung der Schwingungen ihrer einzelnen Mitglieder hin zu einer synergetischen Schwingung als Gruppe.

2. *Medialität als erweiterte Beziehungsfähigkeit*

Ungewöhnliche Bekanntschaften

Wir leben heute in einer Zeit der Bewusstseinswende. Das bisherige Denken, das sich ganz auf den materiellen, persönlichen Aspekt des Lebens konzentriert hat, stößt an seine absolute Grenze. Eine einzelne Kraft, in der Hand einer einzelnen Person, vermag heute die Welt zu zerstören, wie die moderne Militärtechnik zeigt. Schwerlich werden wir dagegen eine Hand, eine Person finden, die die Welt zu retten vermag. Das hat es auch früher nicht gegeben, wenngleich viele Kirchen stets eine einzelne Persönlichkeit herausstellten und proklamierten. So war Jesus eine einzelne Person, ein ganz „gewöhnlicher" Mensch, wie alle anderen zu seiner Zeit auch. Aus Jesus wurde Christus. Er war somit in den alten spirituellen Kulturen keine Einzelperson mehr, sondern „Christus, der Gekreuzigte". Dieser Titel bezeichnete ihn als jemanden, der eine Einweihung erfahren hat und dessen persönliches Leben daher im Geistigen, Göttlichen oder Kosmischen aufgegangen ist. Nur deshalb konnte er ein Welterlöser für alle sein, was ihm als private Einzelpersönlichkeit nie möglich gewesen wäre. Alles Individuelle, Persönliche beruht auf dem

Vorgang der Isolierung, ist nur von scheinbarer Dauer und daher Illusion. Der spirituelle, göttliche, geistige Funken in jedem Wesen allein ist alles und ewig. Deutlich gemacht wurde diese Verwandlung vom Persönlichen hin zum Universellen in der Geschichte der Welterlöser stets durch eine Änderung des Namens. So wurde Jesus zu Christus und Siddharta zu Buddha. Noch heute ist es in vielen Religionen üblich, den Namen zu wechseln, sobald man eine bestimmte Stufe der inneren Entwicklung erreicht hat. Namen haben stets mit Zugehörigkeit zu tun, Zugehörigkeit zu sich selbst und zur Gemeinschaft. Im Westen wird der Name meist von den Eltern persönlich gewählt oder in Bezug zur Familie, zu den Ahnen. Andere Völker wählen den Namen nach den göttlichen Fähigkeiten aus, die man in einem Neugeborenen erkannte. Spirituelle Richtungen suchen den Namen wieder nach anderen Prämissen aus. Schon der Name zeigt also, dass jedes Einzelne durch seinen Namen eingebunden ist in etwas Größeres. Gleich Kreisen im Wasser tastet sich das persönliche Bewusstsein in neue Räume und Zeiten vor, erweitert seine Beziehungen, sucht neue Gemeinschaft.

Jeder spirituelle Entwicklungsweg geht letztendlich vom Lebenskreis des Einzelnen, Persönlichen über verschiedene Gruppen hin bis zur letztendlichen Ganzheit, in der das Einzelne aufgeht, ohne sich allerdings zu verlieren. Alles spirituelle Wachstum besteht in einer Ausweitung der Lebenskreise. Dieser Vorgang wird Integration genannt, denn Bewusstsein kann nie für sich alleine, abgesondert existieren. Auf die Menschheitsentwicklung als Ganzes gesehen ist der Zustand der göttlichen Einheit dann aber ein bewusst erlangter, hat nichts mehr mit dem „Massen- oder Herdenbewusstsein" jener Ebene zu tun, von wo aus die Entwicklung einst gestartet war. Das Massenbewusstsein des Menschen ist rein instinktiver Natur, während das Ganzheitsbewusstsein mit der Kraft der Intuition zu tun hat. Intuition im spirituellen Sinne bedeutet, etwas im Augenblick seinem wahren Wesen, seiner wahren Natur nach zu erkennen und eins mit ihm zu sein.
Die Entwicklung vom Beginn der irdischen Schöpfung bis zu ihrem Ziel der geistigen Verklärung ist eine Art Umstülpungsprozess. Das Unbewusste, das Vielfache des Urzustandes bricht sich im Einzelnen, Individuellen und wandelt sich auf diese Weise zur bewussten Gemeinschaft, zur geistigen Teilhabe.

Vom Massen- über das Ich- zum Gruppenbewusstsein

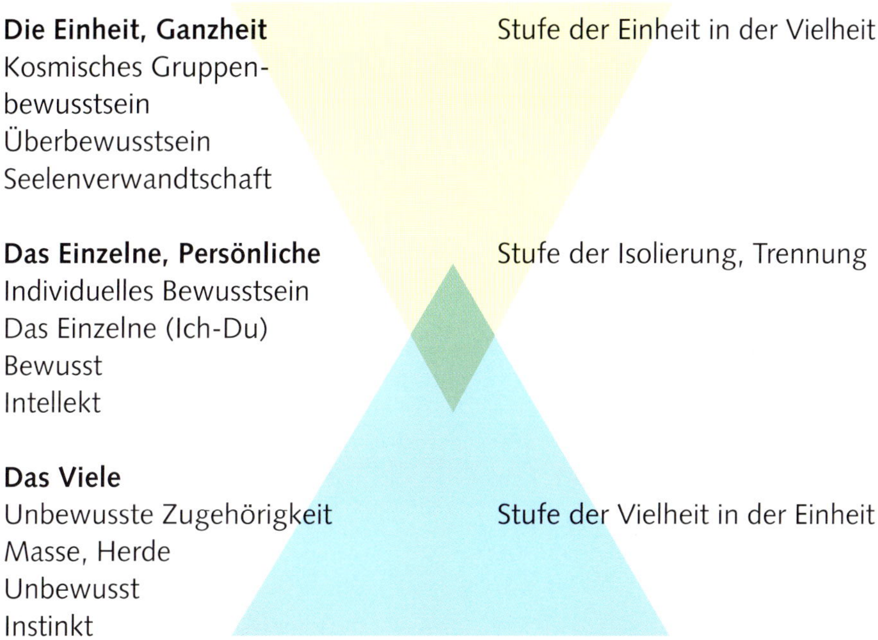

Dieser Prozess läuft nicht eindimensional linear ab, sondern multidimensional. Im Westen haben wir in den letzten zwei Jahrtausenden eine starke Entwicklung des persönlichen Bewusstseins durchlaufen. Wie alles hatte diese Entwicklung ihre hellen und dunklen Seiten. In anderen Völkern erleben wir heute erst den Beginn dieser Entwicklung, nämlich hin zum Individuellen. Wir im Westen haben uns das Individuelle in hartem Ringen erworben und mit viel Schmerz und Blut bezahlt. Es ist eine unendlich große spirituelle Leistung, die wir nicht vergessen sollten, auch wenn sich Individualität und Materialismus heute vermischt haben. Wir haben das Wirken des Individuellen erfahren und stehen heute an einer neuen Schwelle, jener hin zu einem dem Individuellen übergeordneten Bewusstsein, das allerdings aus innerer Freiheit geboren sein muss und nicht von Außen erzwungen werden darf, wie das so manche religiöse Bewegungen fordern. Wir erleben zur Zeit, wie das, was aus individuellem Denken an Technik und Komfort für die vielen einzelnen geboren wurde, in seiner Summe auf der Erde große globale Veränderungen bewirkt. Diese Veränderungen bedrohen in ihrer Zuspitzung wiederum die Gesamtheit. Die Grenzen des materialistischen, individuellen Denkens sind erreicht, was erfordert, das Individuum in einen neuen Kreis einzubinden. Albert Einstein sagte einmal: „Ein Problem kann niemals auf der Ebene gelöst werden, auf der es entstanden ist." So warten wir heute in vielen Bereichen, wie z.B. der Medizin, der Umwelttechnik, der Politik usw. immer noch auf die eine große Persönlichkeit, die eine Entwicklung einer Technik, die große Entdeckung, die Erlösung von unseren Problemen bringen muss. Das geht parallel mit dem Warten vieler auf die Wiederkunft eines Welterlösers wie Jesus Christus, auf das Eintreffen außerirdischer Intelligenzien, auf das Weltenende usw. Es gibt genügend Menschen, die also vor allem warten in ihrem Leben. Aber es gibt immer mehr Menschen, die die Hände aus dem Schoß nehmen, weil sie erkennen, dass es nicht mehr der, die oder das Einzelne ist, das eine Lösung der globalen Probleme und eine neue Entwicklung bringen kann, sondern die Hoffnung allein auf einer neuen Form der Gemeinsamkeit und Gemeinschaft möglichst vieler ruht. Diese neue Form von Gemeinschaft bezieht die Wesenheiten aller Naturreiche ein. Die Zukunft gehört also der Teamarbeit, der Gemeinschaft und dem, was manche „Gruppenbewusstsein" nennen, worunter die Zusammenarbeit von spirituell Gleichgesinnten gemeint ist. Ziel ist es, die „eine Welt" zu schaffen, in der alle in Freiheit ihren Platz und ihre Entwicklung finden können. Es ist eine Gemeinschaft in Freiheit und ihre zusammenhaltende Kraft kommt aus dem spirituellen Bewusstsein.

Betrachten wir das bisher Gesagte, so wird schnell deutlich, dass Medialität einen wichtigen Platz im Rahmen der Bewusstseinswende hin auf ein neues Zeitalter innehat. Medialität bedeutet ja Beziehung, wie sonst könnte man etwas vermitteln, und sie ist daher zu jeder Zeit eine Form der Gruppen- und Teamarbeit. Sie erfordert eine Erweiterung der Wahrnehmung und des Bewusstseins, was auch zwangsläufig eine Erweiterung der Beziehungsfähigkeit mit sich bringt. Daher ist unsere Form der Medialschulung zukunftsweisend, denn sie ist eine Form der spirituellen Gruppenarbeit. Unsere ganze Schulung ist auf Team- und Gruppenarbeit aufgebaut. Es geht darum, dass jeder einzelne seine Kräfte schult, seine individuellen Potenziale entwickelt, aber stets im Kontext zu anderen und zu einer größeren Einheit. Auf diese Weise weitet jeder Schüler die Ringe seines Bewusstseins ständig weiter aus, stets die anderen einbeziehend und nicht wie im herkömmlichen Leistungskampf andere ausschließend oder behindernd. Er bleibt dabei stets eingebunden in ein Ganzes oder Weiteres.

Es ringt uns daher meist nur ein Lächeln ab, wenn einige Interessenten für unsere Kurse zunächst ärgerlich darüber klagen, dass unsere Schulung in größerer Teilnehmerzahl vor sich geht. Eine effiziente Schulung kann doch nur im kleinsten Kreise stattfinden, so ihr Argument. Das Ego, das persönliche Selbst hat natürlich ein Interesse an kleinen Gruppen, ja am liebsten fordert es die persönliche Belehrung und die Einweihung. Das Ego lebt davon, besonders zu sein, besonders gewürdigt und beachtet zu werden, Zuwendung zu erfahren, was völlig in Ordnung ist für einen persönlichen Lebensweg, für eine persönliche Karriere. Aber für einen spirituellen Weg erfordert es eine andere Einstellung. In der Tat predigen die öffentlichen Schulen natürlich seit langer Zeit das Hohelied der kleinen Klassen und Einzelförderung. Das mag für alle Tätigkeiten, denen unser Ego zugrunde liegt, wo es also um persönliche Leistung, Wettstreit, Nutzen und Perfektion geht, auch tatsächlich richtig sein. Das Ego sucht nach Vorteil und Nutzen, um einen Vorsprung vor anderen zu gewinnen. Das Ego teilt die Welt in Ich und Nicht-Ich ein. Es definiert sich als Einzelnes, indem es sich gegen das andere abgrenzt. Schon Kinder lernen dieses System „Ich bin besser als Du" oder „Ich muss besser sein als die anderen" oder „Ich muss mehr besitzen" oder „Mein Vater hat mehr Geld als deiner", um ihr Gefühl für „Eigenmächtigkeit" und Bedeutung, auf dem das persönliche Wollen beruht, zu entwickeln. Man verstehe mich richtig, es geht nicht um eine Wertung. Diese Art der Entwicklung ist für unser Ich in einer bestimmten Phase wichtig. Im reifen Lebensalter aber gewinnt für die Persönlichkeit z.B. das Soziale, die Gemeinschaft, wieder viel mehr an Bedeutung.

Wer einen spirituellen Weg geht, der arbeitet oft schon vor dem reiferen Lebensalter an dem Thema „Beziehung", an der Erforschung des übergeordneten Lebenskreises, der spirituellen Gruppe, in die sein Leben eingebettet ist.

Das Egodenken gehört zur Individualität, denn es zerstückelt und verkleinert die unendliche Welt der Vielfalt in solche kleinste Einheiten, die wir als objektive Einheiten und Begriffe bezeichnen. Nur so wird die Welt für dieses Denken fassbar und nutzbar. Zudem wählt es das ihm Passende und Erfreuliche aus, vermeidet alles, was ihm Schmerz bereiten könnte. Es versucht eine Art persönlichen „Komfortzustand" herzustellen. Dieser Grad des Wohlseins ist überaus schmal und gefährdet, da natürlich die Wogen der weiten Welt immer wieder anbranden und an der „Küste" nagen. Jedes Ego ist in der Tat wie eine kleine Insel in einem wogenden Meer von Energien. Dafür wurde es auch geschaffen, damit Individualität möglich wird. Diese Insel ist natürlich ein Trugbild, denn wir sind nicht alleine, könnten gar nicht überleben, wenn wir nicht in stetem Austausch mit anderen Kräften und Einheiten stehen würden. Der Atem ist Sinnbild und Erinnerung dafür. Ohne Atem gibt es für uns kein Leben und Atem beruht auf Austausch, also Gemeinschaft und Kommunikation. Als im Schwabenland Geborener unterscheide ich gerne zwischen dem, was im Schwäbischen mit „schnaufen" gemeint ist und was mit „atmen". „Schnaufen" ist ein mechanisches Atmen, das sich auf den rein funktionalen, muskulären Ablauf stützt. Diese Art zu atmen ist technisch, passiv, unrhythmisch und unbewusst. Jemand, der auf falsche Weise Sport betreibt – was bedeutet, dass er mit dem kopfgesteuerten, leistungsorientierten Willen arbeitet –, den erleben wir beim Schnaufen. Ein Tier schnauft nicht, es sei denn nach übergroßer Kraftanstrengung oder wenn es krank ist. Ein Tier geht im Rhythmus und mit seinem strömenden und fließenden Atem, weshalb seine Bewegungen rund sind und Energie aufbauen. Betrachten wir die östlichen Lehren vom Atem, so bedeutet dort „Atmen", Gemeinschaft mit dem alles durchdringenden Geistigen zu haben, eins mit dem göttlichen Atem zu sein, der den Kosmos durchdringt. Unser Ego „schnauft", denn es orientiert sich am eigenen Wollen, das mit dem Verstand verbunden ist. Es orientiert sich nur am Eigenen und vergisst darüber z.B. das Lebensgesetz vom Rhythmus. Wir wissen, dass unserem Verstand und unserem persönlichen Wollen viele fundamentale Fehler unterlaufen können. Unser Ego arbeitet oftmals gegen jegliches Bauchgefühl, gegen jedes bessere Wissen, setzt sich über manche biologischen Lebensgesetze hinweg. Es kann zu regelmäßigem Genuss von Tabak oder Alkohol drängen, lässt uns falsche Körperhaltungen einnehmen usw. Wir können all dies tun, wenn wir es denn wollen, da wir ein gewisses Maß an Unabhängigkeit von der Natur besitzen. Aber für alles gibt es eine Grenze und ist die erreicht, dann erzeugt unser Körper deutliche Signale, die uns warnen und zur Umkehr rufen.

Atmen bedeutet inneres, wirkliches Erleben und weist uns darauf hin, dass wir in einem größeren Ganzen leben. Aber nicht nur der Atem zeigt uns dies, sondern auch die Berührung. Berührung ist eines der fundamentalsten Erlebnisse eines Wesens. Kinder, denen man die Berührung vorenthält, verkümmern emotional, erkranken und lernen schlechter, so die wissenschaftliche Forschung. Wir sind also in vielerlei Hinsicht auf Beziehung und Austausch angewiesen.

Und die Medialität geht noch viel weiter, denn sie sieht nicht nur den Austausch in der objektiven, stofflichen Welt, sondern erkennt den Menschen als in noch viele feinere Welten eingewoben. Ähnlich der russischen Matroschkapuppen sieht sie viele Welten in der einen Welt.

Medialität entspringt aus den Fähigkeiten des höheren Selbst, also der Seele. Ihr Ziel ist die Ausweitung des Radius unseres Bewusstseins und unserer Wahrnehmung. Ego bedeutet, für sich etwas zu tun, sich auch klar abzugrenzen. Medialität bedeutet, Gemeinschaft zu haben. Eine Medialschulung bedeutet daher, sich der Vielfalt der Welt neu zu stellen, sie neu sehen zu lernen und neue Kontakte zu knüpfen. Es gibt also viele gute Gründe, warum in der Medialschulung die Zusammenarbeit vieler so segensreich ist und warum Gruppenarbeit so eine wichtige Bedeutung hat. Einige Aspekte möchte ich vorab anführen:

1.) Viele Menschen erzeugen ein großes, starkes Energiefeld, das die Entwicklung des einzelnen ungleich stärker beschleunigt, als es in kleinen Gruppen möglich wäre.
2.) Viele Menschen erzeugen mehr Farben und Qualitäten, die wir erleben und wahrnehmen dürfen, was zur Erweiterung unseres Selbst führt und unsere eigenen Möglichkeiten weitet.
3.) Mehr Menschen bringen den einzelnen auch schneller in Kontakt mit seinen Schattenthemen, die zu bearbeiten wichtig sind.
4.) Viele Menschen bringen mehr Potenzial, Erfahrungen, Lebenssichten mit sich, was eine Bereicherung ist.
5.) Mit sehr vielen verschiedenen Menschen arbeiten und umgehen zu lernen, ist unabdingbar für die Medialität. Unsere Lehrer waren alle in Berufen tätig, in denen sie Umgang mit sehr vielen Menschen hatten, also im Verkauf, im Krankenhaus, in der Gastronomie usw.
6.) Das Leben spannt sich wie ein Netz um die ganze Erde und bindet alle Wesen ein. Kein Wesen lebt wirklich für sich und hinter der Welt des sogenannten objektiven, körperlichen Daseins sind noch zahllose fei-

nere Welten und Wirklichkeiten verborgen. Welche dieser Welten wir wahrnehmen, hängt von unserem Bewusstsein ab. Der Traum ist für jeden Träumer absolute Wirklichkeit, so wie für jedes Medium die „geistige Welt", das Jenseits, eine absolute Wirklichkeit im Hier und Jetzt ist.

7.) Da alles aus einer göttlichen Quelle entstammt, steht alles miteinander in ewiger Verbindung und ist miteinander vernetzt. Daher hat Gemeinschaft eine so wichtige Bedeutung. Jedes Ich-Denken ist eine Illusion, da Zeit und Raum als feste Größen eine Illusion sind.

8.) Die Entwicklung der Menschheit und ihrer Völker erfolgt in Wellen oder Schwingungen, die jeweils besondere Qualitäten ausprägt. Daraus ergeben sich kollektive Lebenssichtweisen und Ausrichtungen. Das hat auch seine Auswirkung darauf, wie sich die Menschen in ihrem Verhältnis zum Ganzen sehen. Es gab eine lange Phase, während der der Sippen- oder Stammesverband überaus wichtig war. Später waren es die Völker und Nationen. Mit der Zeit der Aufklärung setzte ein unglaublicher Aufschwung des Verstandesdenkens ein, was die Ich-Kräfte betonte und es fand ein Schub der Individualisierung statt. Der Einzelne gewann zusehends an Bedeutung. Interessanterweise stieg als Gegenkraft das Interesse an der ganzen Welt, der Globalität, was sich auch in seiner primitivsten Ausprägung, nämlich des Kolonialismus und der Missionarstätigkeit, zeigte. Heute haben wir wahrscheinlich den Höhepunkt der materiellen Individualisierung erreicht und erkennen, dass nur ein differenzierter Einklang der Vielen das Überleben des einzelnen möglich machen wird. Die Beziehungsfähigkeit tritt damit in eine neue Phase. Es wird immer mehr auf den „guten Willen" vieler ankommen, ob eine neue Stufe der Harmonie erreicht werden kann.

Die Medialschulung versucht im Kleinen diesen guten Willen zu schulen, eben in der Zirkelarbeit. Eine Haltung der „Unpersönlichkeit" ist dabei entscheidend. Das bedeutet, einen Standpunkt oberhalb seiner Ich-Bedürfnisse und seines Ich-Blickpunktes einnehmen zu können. Es geht nicht darum, persönlich zurückzustecken, sich zu reduzieren oder abzugeben, was ein Erlebnis des Verlustes und der Frustration wäre. Es geht um eine neue Ausrichtung der Kräfte hin auf übergeordnete Ziele, um dadurch persönlich auch zu gewinnen. Gemeinschaft in Freiheit bedeutet nicht Verlust, sondern Gewinn.

3 ◆ Was ist ein medialer Zirkel?

„Zirkelarbeit heißt, ein Treffen, eine Verabredung mit der geistigen Welt zu haben."
Margaret Pearson

„Und so lernt man langsam den Unterschied zwischen unserem Alltagsbewusstsein und der Tatsache, dass wir gleichzeitig in einer Art „überbewussten" Welt leben ...
Irgendwie gibt es da im Hinblick auf Zirkelarbeit einen X-Faktor, so etwas wie eine Berufung, und du weißt, egal, was passiert, du wirst diesen Weg gehen und keinen anderen. Es hat ja nichts mit Ruhm, Geld oder Ähnlichem zu tun. Aber es gibt da irgendetwas, was dich innerlich nährt und stützt, wie es nichts anderes auf der Welt tun kann."
Chris Batchelor

Zirkel

Hinter dem Begriff „Zirkel" verbirgt sich auf den ersten Blick nichts Besonderes oder gar Außergewöhnliches. Zunächst einmal bedeutet es nur, dass es sich um ein Sitzen im Kreis handelt. Der Zirkel oder Kreis bezeichnet zudem eine Absprache eines gemeinsamen Treffpunktes von Menschen, die sich kennen. Ein Zirkel ist also ein fester Kreis von Menschen, die sich zu einer bestimmten Zeit an einem festgelegten Ort treffen. Der Zusatz „medial" bezeichnet die Ausrichtung des Treffens, nämlich dass es sich um eine spirituelle Arbeit handelt, die Entwicklung medialer und heilerischer Kräfte. Spirituelle Arbeit bedeutet die Entfaltung der eigenen Wahrnehmungsfähigkeit, des eigenen Fühlens und der eigenen Potenziale im Rahmen eines geschützten Energieraumes. Langfristig besteht das Ziel des Zirkels darin, ein starkes Energiefeld aufzubauen, in welchem eine Erweiterung der eigenen Kräfte wie auch ein verstärktes energetisches, heilsames Wirken möglich wird. In einem solchen stabilen Energiefeld mit hoher Schwingung besteht die Möglichkeit, dass der Kontakt zu einer höheren Ebene, eben der geistigen, zustande kommt. Auf dieser geistigen Ebene des Arbeitens gibt es keine Barrieren mehr in der Kommunikation. Zeit und Raum verlieren ihre Begrenzung, weshalb auch eine Begegnung mit den von der Erde Abgeschiedenen möglich wird.

Die Arbeit im Zirkel birgt unglaublich vielfältige und tiefe Aspekte in sich, die in diesem Buch vorgestellt werden. Zirkelarbeit ist nicht neu. Um ihr Wesen zu verstehen, ist es daher auch wichtig, in Kürze ihre Wurzeln zu betrachten. Die Zirkelarbeit selbst hat eine, wenn auch ungeschriebene, Geschichte.

Ausgangspunkt aller „Kreisarbeit" war sicherlich die Sonne und der Jahreskreis. Die Messung der Zeit, die Festlegung der Jahresfeste geschah über die Baum- oder Steinkreise. Das in Europa bekannteste Relikt jener Zeit ist der Steinkreis von Stonehenge in England. Die Sonne bestimmt mit ihrem kreisförmigen Gang die energetischen Gesetze auf diesem Planeten. Sie sorgt damit für die Gemeinschaft aller lebendigen Wesen. Das Sitzen im Kreis ist eine gleiche, uralte Form, Gemeinschaft zu halten. Die Indianer berieten sich ebenso im Kreise wie die Tafelrunde des König Artus. Kreisrund vollzieht die Sonne ihren Gang durchs Jahr. Jede Minute oder Stunde, jeder Tag ist so in das Ganze eingebunden und in diesem Sinne bindet der Kreis jedes einzelne Mitglied ein. Auch in der Bibel finden wir die Wichtigkeit von Gemeinschaft betont:

„Wahrlich, ich sage euch: Was ihr auf Erden binden werdet, soll auch im Himmel gebunden sein, und was ihr auf Erden löset werdet, soll auch im Himmel los sein. Weiter sage ich euch: Wenn zwei unter euch eins werden auf Erden, worum sie bitten wollen, das soll ihnen widerfahren von meinem Vater im Himmel. Denn wo zwei oder drei versammelt sind in meinem Namen, da bin ich mitten unter ihnen."

Matthäusevangelium 18.19

Es wird von einem Kreis der Jünger berichtet, die sich um Jesus scharten. Als Jesus verstorben war, erschien er ihnen später in seiner ätherischen Hülle. Dieses Geschehnis wird bis heute als Pfingstfest gefeiert. Die Jünger begannen daraufhin in „Zungen" zu sprechen, hatten also Visionen, Eingebungen und Inspirationen. Das biblische Pfingstereignis wurde auch zu einer der Grundsäulen der Philosophie der spiritualistischen Bewegung im 19. Jahrhundert. Es galt als Überlieferung alter Zirkelarbeit, wobei physische Phänomene, eben das Erscheinen eines Verstorbenen, auftraten. Das 19. Jahrhundert war geprägt von der Romantik, der Suche nach den uralten Wurzeln, dem alten, wahren Glauben, nach dem Ursprung von Sprache und Volk. Das bedeutete auch ein Hinterfragen der Amtskirche und eine Suche nach dem ursprünglichen, freien Glauben, dem Urchristentum. Zentral war der Gedanke, dass es keinen Tod im Sinne eines endgültigen Endes gebe, sondern jedes Sterben gleichzeitig ein Wiederauferstehen bedeute, so wie es Christus seinen Jüngern gezeigt hat. Wer ihm nachfolgt, dem werden sich die Türen des Himmels öffnen und der wird das ewige Leben finden. So ist es sicherlich kein Zufall, dass mit Beginn der Romantik nicht nur das Interesse an Spiritualität zunahm, sondern das „Übernatürliche" sich vielerorts offenbarte. In Séancen überall in Europa konnte dies erlebt werden und begabte Seher und Medien erhielten viel Aufmerksamkeit. In Deutschland war dies vor allem Friederike Hauffe, die als „Seherin von Prevorst" durch den Arzt und Schriftsteller Justinus Kerner berühmt wurde. Sie sah im Menschen Ringe und Kreise, ähnlich den Planetensphären, die sein Leben bestimmten. All diese Wahrnehmungen und Erkenntnisse waren mit prägend für das, was wir heute unter Zirkelarbeit verstehen.

Ein Zirkel oder Kreis ist in sich abgeschlossen und es bestand im Laufe der Geschichte immer wieder die Notwendigkeit, dass Andersdenkende sich in kleinen Gruppen und Kreisen trafen, um der Verfolgung zu entgehen. Noch heute erleben wir, dass nicht alle Menschen es für angebracht finden, z.B. mit den Verstorbenen in Kontakt zu treten oder mit Naturgeistern und Tieren zu sprechen. Tut man dies, so wird man mit etwas Glück lediglich für etwas abgehoben, eigen oder sonderbar erklärt. Auf jeden Fall üben sich andere dann in vorsichtiger Zurückhaltung oder meiden eine solche Person ganz, was zur Isolation und zu Einsamkeit führen kann. Schon von daher besteht also die Notwendigkeit nach Gleichgesinnten zu suchen, mit denen man sich unbesorgt austauschen kann. Auch das sind Aspekte, die sicherlich in die Entwicklung der Zirkelarbeit eingeflossen sind.

Die Geschichte der Zirkelarbeit, auf deren Grundlagen wir unsere Arbeitsweise aufgebaut haben, beginnt in der Mitte des 19. Jahrhunderts. Der Zirkel war zunächst nur dazu da, ein Energiefeld zu bauen, das dem Erscheinen der Verstorbenen förderlich war. Die Aufgabe des Zirkels sah man darin, eine medial hochbegabte Person ausfindig zu machen und diese nach allen Kräften zu fördern. Das bedeutete, dass im Zirkel alle Anwesenden ihre Kräfte ganz alleine dem Medium zur Verfügung stellten, um auf diese Weise dessen Energie so zu erhöhen, dass ein Kontakt zum Jenseits und damit außergewöhnliche Phänomene möglich wurden. Die Anwesenden schulten selbst keinerlei persönlichen Kräfte oder Begabungen, sondern ihr „Lohn“ bestand in eben diesem Kontakt zur Geisteswelt, der sich in physischen Erscheinungen äußerte. Eines der wenigen und seltenen Bücher über diese Art des Arbeitens beschreibt dies so:

„In der Familie bildet man Zirkel, um mit dahingeschiedenen Verwandten, teuren Freunden in Kommunikation zu treten, die durch den Tod zerrissenen Bande des persönlichen Verkehrs mit ihnen wieder aufzunehmen, um Trost, Ruhe und die beseligende Gewißheit einstmaligen Wiedersehens und Fortlebens nach dem Tode zu erhalten.“
Hans Arnold

Es lag natürlich nahe, dass, wenn man mit den Verstorbenen kommunizieren kann, es auch möglich sein muss, mit noch „lebenden“ Menschen in Kontakt zu kommen, die weit entfernt leben. In einer Zeit ohne Telephon sicherlich ein interessanter Aspekt.

„Ist der Verkehr mit den Geistern der Verstorbenen einmal angebahnt, so erhält man, wenn man sachgemäß vorgeht, eine vorzügli-

che Handhabe, sich über das Ergehen fern befindlicher Verwandten oder Freunden im laufenden zu halten. Es ist eine den Spiritisten bekannte Tatsache, dass man mit Hilfe der Medien nicht nur einen Verkehr der irdisch Lebenden mit den Verstorbenen anbahnen kann, sondern auch einen Verkehr der Erdebewohner untereinander, anstelle brieflicher oder telegraphischer Nachrichten. Es ist eine Art geistiger Telepathie ..."

Hans Arnold

Weiterhin müssen wir uns vorstellen, dass in jener Zeit die Menschen auf dem Lande ganz auf sich gestellt waren. Die Entfernungen spielten eine große Rolle und die medizinische Versorgung war noch nicht gut organisiert. In den Familien gab es uralt überliefertes Naturwissen. Dazu kam eine weitere Möglichkeit des Zirkels, nämlich das geistige Heilen. Heute hat gerade dieser Aspekt wieder eine neue Bedeutung bekommen.

„Zu den nebensächlichen Zwecken der Zirkelbildung ist auch zu rechnen: die Heilung von Kranken, sofern die Astralgeister einen viel tieferen Blick in das Getriebe unseres Organismus tun können und die Krankheitsursachen entdecken."

Hans Arnold

Ebenfalls darf man den sozialgeschichtlichen Aspekt nicht vergessen. In der Epoche der Romantik begann die Industrialisierung und der große Aufschwung der Technik. Die Menschen zogen in die Städte, um in den großen Konzernen Arbeit zu finden. Viele Menschen wurden so aus ihrem sozialen Umfeld gerissen, verloren ihre Wurzeln. Der Siegeszug des Geldes begann. Die Zirkelarbeit war eine Art Gegenentwurf, der die spirituelle Dimension des Lebens hervorheben sollte.

„Die Bildung spiritistischer Familienzirkel hat auch den guten Zweck, die einzelnen Teilnehmer ihrer etwaigen materialistischen Gesinnung zu berauben und anstelle derselben ihnen die tröstliche Zuversicht eines nachirdischen geistigen Lebens zu geben, sie zu überzeugen, dass das Heil des Menschen nicht im materiellen Genuß zu suchen ist, dass es noch ein erhabeneres, schöneres seelisches Leben gibt. [...]

Es ist klar, dass spiritistische Zirkel in der Familie sehr dazu angetan sind, dem Spiritismus an und für sich zum Siege zu verhelfen über den Materialismus. Und in der Tat sind die größten Kämpen für die

gerechte Sache des Spiritismus in Familienzirkeln von der Echtheit der Mediumität und damit des Spiritismus überzeugt worden."
Hans Arnold

Nicht vergessen werden sollte auch der Kampf um die Gleichberechtigung der Frauen, die damals noch keinerlei Wahlrecht in Europa besaßen. Im Zirkel waren alle gleichberechtigt und die hochbegabten Medien waren vor allem die Frauen.

Das alles war die ernsthafte Seite der Zirkelarbeit. Nachdem sensationelle Erscheinungen in den Zirkeln bekannt geworden waren und als Schlagzeilen durch die Presse gingen, entstand auch die teilweise sehr unseriöse Seite des Zirkelns. Séancen und spiritistische Zirkel waren plötzlich en vogue und vor allem den höheren Kreisen der Gesellschaft dienten sie zur Unterhaltung. Die ersten Shows wurden entwickelt und schon damals arbeiteten die Agenten werbewirksam mit dem „Uri-Geller-Effekt". Der englische Spiritualismus versuchte dieser Entwicklung entgegenzuwirken und war daher bestrebt, eine Verbindung zu anerkannten Wissenschaftlern herzustellen, was auch gelang. Koryphäen wie der große Physiker Sir Oliver Lodge oder der Chemiker Sir William Crookes konnten ebenso gewonnen werden, wie einer der ganz großen Schriftsteller, nämlich der Arzt Arthur Conan Doyle, der als Erfinder des „Sherlock Holmes" berühmt wurde. Sie konnten sich in vielen Experimenten von der Echtheit vieler Medien überzeugen und versuchten in die Naturgesetze vorzudringen, die derartige Phänomene möglich machen.

Medialität gehört zum Menschen, zum menschlichen Bewusstsein, und daher veränderte sich im Laufe der Zeit nicht nur die Menschheit und die Gesellschaft, sondern auch die Medialität. Zunächst war der Zustand der Trance Voraussetzung zu jener Art Medialität, die objektive, unerklärliche Phänomene entwickelte. Die materielle Ebene galt als ganz entscheidender objektiver Beweis. In jenen Tagen war der Fokus der allermeisten Menschen in Europa auf die materielle Existenz gerichtet, also auf die schwere, tagfüllende Arbeit, lebten doch die meisten ohne Bildung und in großer Armut. Heute präsentiert sich uns die Welt ganz anders. Materiell gesehen geht es den meisten Menschen in Europa so gut wie niemals zuvor. Sie haben Freiräume, Möglichkeiten der Bildung und kreativen Verwirklichung. Die Technik nimmt ihnen viel Arbeit ab, die Kommunikation ist weit verzweigt. Daher leben wir heute vor allem in einer mentalen, ganz individuell orientierten Welt, was bedeutet, dass andere Kräfte beherrschend sind. Wir streben alle nach persönlicher Entwicklung und Entfaltung des Bewusstseins. Das bedeutete für die Medialität ebenfalls eine Verlagerung der Ebene, was auch seinen Effekt auf die Art des Arbeitens im Zirkel hat. Wie schon in unserem Buch „Moderne Medial- und Heilerschulung" erwähnt, ist Trance heute nicht mehr angesagt, da wir überaus sensibel geworden sind, unser Denkvermögen sehr agil ist und wir in einer Flut von modernen Reizen leben, so dass das „Leermachen" seiner selbst, um die Hülle irgendwelchen Entitäten zur Verfügung zu stellen, mehr als gefährlich ist. Wir erkennen das auch an der unglaublich starken Zunahme von seelischen oder psychischen Erkrankungen. Das Nerven- und Immunsystem des modernen Menschen ist permanenten, vielfältigen Angriffen ausgesetzt. So hielten wir es für unumgänglich, die Arbeitsweise und Ausrichtung des Zirkels zu verändern, sie unserer Zeit, unserem Körper, unserer Gesunderhaltung und auch unserer Mentalität anzupassen. Das Ziel der Zirkelarbeit ist für uns daher auch nicht mehr die physische Ebene, sondern die spirituelle. Am Anfang eines Zirkels freuen sich die Menschen über das angenehme, harmonische Gefühl, vielleicht die Stille oder das erweiterte Wahrnehmen. Vielleicht wird sich im Kreis nicht einmal eine wirkliche Medialität entwickeln, aber allein die Tatsache, dass Menschen gemeinsam in der Absicht zusammensitzen, nach einer höheren Welt zu streben, wird die Energien um sie herum, wird ihre Aura verändern. Sie werden dadurch viel gewinnen und plötzlich ist die Spiritualität da. Spiritualität ist das Wichtigste, sie ist die Basis, ist noch wichtiger als die Medialität. Medialität bezeichnet ja ein Aufgabengebiet, einen spirituellen Arbeitsbereich, die gesunde, stabile Grundlage dafür aber ist die Spiritualität. Diese erblüht auf dem Weg des Selbst-Erlebens und Selbst-Erkennens.

3 • 1 *Zirkelarbeit in der modernen Medial- und Heilerschulung*

Wir, also Rosina Sonnenschmidt und ich, haben inzwischen mehr als 20 Jahre Erfahrung in der Zirkelarbeit, die wir in diesem Buch niedergelegt haben. All diese Erfahrungen stammen aus der eigenen Praxis und sollen sowohl eine Richtschnur sein, ein effizientes Arbeiten zu ermöglichen, als auch dem eigenen Schutz dienen.

Während unserer Zeit in England haben wir den Zirkel lediglich als Übungskreis kennen gelernt. Man nutzte einige wenige Übungen, die man stetig wiederholte und wartete eben, dass irgendetwas passiert oder ein Kontakt zustande kommt. Das Augenmerk war stets auf den Kontakt zu Verstorbenen gerichtet. Dabei konnten wir erleben, wie schnell Frustration eintritt, wenn eben nichts Spektakuläres passiert. Daraus folgend kann es leicht dazu kommen, dass sich in einem Zirkel Illusionen und Einbildungen aufbauen, damit das Gefühl entsteht, dass etwas Wichtiges passiert oder dass „man wichtig sei". Auch solche Zirkel konnten wir in England erleben, vor allem sogenannte Trance-Zirkel, die in völliger Illusion arbeiteten und glaubten, dass Verstorbene durch sie sprächen. Es war ein selbst inszeniertes, schlechtes Theaterspiel, was uns gerade die erfahrenen, älteren Medien bestätigten.

Wer mit dem alleinigen Ziel antritt, durch die Zirkelarbeit außergewöhnliche Phänomene, bewirkt durch Verstorbene, zu erleben, der ist in Gefahr, seinen Illusionen zu erliegen oder im anderen Fall relativ schnell enttäuscht zu werden. Wir sollten bedenken, dass Phänomene oder Sensationen eine Sache der Sinneserfahrung und damit Sache des Ichs oder Egos sind. Das Ego braucht das Sensationelle, Beeindruckende, wenngleich dies nur im Reiz des Momentes lebt, damit vergänglich und nicht dem Spirituellen zugehörig ist.

Wir verstanden zu Beginn wenig, welches Ziel ein Zirkel verfolgt, außer dass er eine Übungsgruppe ist oder unseren kirchlichen „Bibelkreisen" ähnelt. Aber irgendwie waren wir vom ersten Augenblick an fasziniert von der Zirkelarbeit, ahnten die Tiefe, die hinter dieser einfachen Form verborgen war. Vielleicht hatten wir durch unsere Erfahrungen mit östlichen Schulungen einen „Riecher" dafür, welche Dimensionen in der Zirkelarbeit gleich einem verborgenen Schatz liegen. Somit haben wir unsere eigene Zirkelarbeit denn auch gar nicht erst auf das Ziel der Phänomene hin ausgerichtet, sondern uns gefragt, worin eigentlich die geistige Absicht der Zirkelarbeit besteht. Spirituelle Gruppenarbeit, spirituelles Gruppenbewusstsein wurde zu unserem inneren Studien- und Forschungsgebiet. Wir durften in unserem Zirkel wunderbare spirituelle Wirkungen eines solchen Bewusstseins und eine innere Führung erfahren durch das, was sich an „Geist" über diesen Zirkel manifestiert hat. Unser Leben und das unserer Zirkelmitglieder hat sich verändert, wir haben ein Anwachsen der eigenen positiven Ausstrahlung, Kreativität, Inspiration erlebt und auch wunderbare Heilungen. Zirkel ist daher etwas, was für uns nicht aufhört, nur weil wir schon so lange sitzen und Lehrer für diese Arbeit sind. Zirkeln bleibt immer aktuell, weil es Weiterwachsen und vertiefte Gemeinschaft bedeutet, ja ein spiritueller Weg ist. Spiritualität ist nicht Solistentum, bedeutet nicht charismatische Persönlichkeit, sondern Einswerdung, ohne sich selbst dabei zu verlieren. Daher finden wir in allen Weisheitsbüchern den Hinweis, dass wir die wahren MeisterInnen nicht auf dem Marktplatz, in den Zeitschriften oder im Fernsehen finden, sondern sie bewegen sich unauffällig im Leben, da sie all das sind, was um sie herum ist. Deshalb ist es so schwierig, sie zu erkennen, denn sie sind nicht im äußerlichen Sinne außergewöhnlich. Zirkeln ist ein Weg hin zu jener Lebenseinstellung, einfach und unauffällig das im Leben zu tun, was im Sinne der inneren Welt und der spirituellen Entwicklung notwendig ist.

Folgende Aspekte und Ziele haben wir für die moderne Zirkelarbeit entwickelt und festgelegt:

Ziel der Zirkelarbeit ist …

- die spirituelle Entwicklung und sind die spirituellen Fähigkeiten;
- die Ausweitung des Horizontes und der Wahrnehmung; die gleichmäßige Förderung aller Hellsinne, Potenziale und Gaben; die Selbsterkenntnis im Miteinander;
- die Entwicklung der Beziehungsfähigkeit und des Gruppensinnes;
- der intelligente Kontakt zu den vielen anderen Dimensionen des Lebens;
- die spirituelle Gemeinschaft; das Finden von Weggefährten, die an der gleichen Aufgabe arbeiten;

* der Aufbau eines aktiven, heilerischen Energiefeldes zum Wohle des Einzelnen wie auch der Welt;
* einen geschützten Raum zu entwickeln, in dem sich Inspiration einstellen kann, die zu einer Führung durch das Leben mit all seinen Höhen und Tiefen wird;
* die Entwicklung innerer Freiheit und damit Unabhängigkeit von jeglicher Kirche oder Glaubensrichtung, da jede eigene irdische Interessen verfolgt. Das bedeutet die Übernahme von Selbstverantwortung für das eigene Leben.

4. Der Zirkel, ein anderer Weg des Miteinander

„Spirituelles Bewusstsein bedeutet Aufhebung der Trennung und Isolation, die durch das Ich und sein Formbewusstsein (Verstand) bedingt sind!"
Harald Knauss

Ich habe in einer Zeitschrift eine Annonce einer Managementfirma gefunden. Auf dieser war der Kopf von Beethoven abgebildet mit der Aussage, dass jede große Leistung dieser Welt stets von einzelnen erbracht wurde. Deutlicher könnte das grundlegende Problem jeglicher Individualgesellschaft nicht dargestellt werden. Persönlichkeit und Individualität bedingen stets eine abgegrenzte, abgetrennte Form. Die innere Spaltung (Ich / Nicht-Ich) und der Prozess der Isolation sind der Preis, den wir dafür bezahlen. Das Ich will sich behaupten und erfolgreich sein, es will besser sein in jeder Hinsicht, was durchaus auch sehr spirituell verbrämt sein kann. Das ist nicht zu werten, denn dieses Ich-Begehren ist der Motor, die Antriebskraft unserer inneren Entwicklung. Wir wollen zu etwas werden, wollen etwas erreichen.

Das Gesetz der Polarität aber besagt nun, dass es stets Verlierer braucht, damit jemand Sieger sein kann, dass im Gefolge von Gewinn irgendwo auch Verlust eintreten muss und dass Macht immer Opfer braucht. Das Leben hat also eine Sonnen- und eine Schattenseite, wie es der Volksmund weiß. Und so streben wir ängstlich danach, besser und erfolgreicher zu sein als andere, um auf der Sonnenseite des Lebens zu landen. Das bedeutet auch, dass wir das Geheimrezept unseres Erfolges, so wir ihn denn haben, unter keinen Umständen weitergeben werden an andere, denn es könnte einen persönlichen Verlust bedeuten. Das Ich ringt mit der steten Angst etwas zu verlieren oder das nicht zu bekommen, was es sich wünscht. Also orientiert es sich an Vorbildern, die Erfolg versprechen.

Kehren wir nochmals zu Beethovens Kopf zurück. Das Ich sagt, ich möchte so erfolgreich und berühmt werden wie er, was man ihm nicht verdenken kann. Aber weder weiß das Ich etwas über das wirkliche Ringen eines Beethoven, noch sieht es die Ganzheit, eine Fähigkeit, die Beethoven übrigens im großen Maße besaß. Beethoven war überzeugt davon, dass er vom Göttlichen inspiriert wurde und er hat darüber auch geschrieben. Er sah seine Musik nicht als eine reine Eigenleistung seiner selbst, er sah sich als Diener des Göttlichen. Das sind Beethovens eigene Worte. Aber auch wenn wir das Göttliche einmal außer Betracht lassen, so haben die Zeit, die Ahnen, die Familie, die Lehrer usw. an seinem Werk mitgewirkt. Er hätte nie das, was er war, sein können ohne sie. Ohne irdische Eltern hätte er keinen Körper erhalten, kein „Fahrzeug“ auf der Erde. Ohne den Einfluss seiner Zeit und seiner Zeitgenossen würden wichtige Kräfte gefehlt haben. Es gibt ja durchaus Beispiele von genialen Menschen, deren Grundproblem es war, dass die Zeit, in der sie lebten, nicht die ihre war. Sie sind verzweifelt an der Welt, verrückt geworden oder einsam, frustriert und unbekannt gestorben. Es braucht also so viel an Unterstützung, damit das entstehen kann, was in uns lebendig ist und da es unser Verstand nicht ermessen kann, nennt er es „Glück“ oder „Fortune“.

Jede menschliche Leistung entsteht aus der Zusammenarbeit und der Vernetzung, so wie uns die Natur das auch vorlebt. Jedes Wesen kann nur im Kontext existieren. Jemand kann initiieren, ja auch genial vollenden, aber er und sein Werk bleiben stets ein Kind des Ganzen. Jeder einzelne Mensch ist ein Bote der Ganzheit, die wir das Göttliche oder die göttliche Einheit nennen. Das ganze Leben ist vergleichbar einem Orchester, in welchem es führende Stimmen, Tutti, Instrumentengruppen und Dirigenten gibt. Aber jeder einzelne ist wichtig darin, damit die Lebenssinfonie erklingen kann. Ich möchte das noch an einem Beispiel aus meiner Zeit als Barockmusiker veranschaulichen. Die Laute war mein Instrument, die eigentlich „leise“ heißen müsste, denn ihr Klang ist nicht sehr durchdringend. Wenn in einem großen Barockorchester eine Laute mitspielt, so könnte man sie eigentlich getrost weglassen, denn das selektive Gehör der Hörer, falls nicht gut geschult, kann sie nicht herausarbeiten. Also eigentlich ist die Laute im Tutti nicht zu hören. Aber würde man sie wirklich weglassen, so würde jeder Hörer sofort das Fehlen ihrer Klangfarbe bemerken, wenn er den Vergleich hätte.

Das Ich ist zweifelsohne wichtig für unsere Lebensreise, denn nur über das Ich wird Selbsterkenntnis und Bewusstsein möglich. Das Ich macht uns wach für das Leben. Aber wir besitzen noch einen anderen Teil in uns, der überpersönlich, ganzheitlich ist und den wir Seele nennen. Er weiß von der göttlichen Einheit, aus der wir stammen und zu der wir einmal zurückkehren werden. Die Seele hat keine individuellen Interessen, sondern hat die geistige Entwicklung des Ganzen im Auge. Das Ich lernt durch den Weg des Unterscheidens und Ausschließens, denn damit baut es sein Glaubens-, Werte- und Verhaltenssystem auf. Das Ich arbeitet also über das Ausschließen. Die Seele aber arbeitet über den Weg des Einschließens, der Integration. Indem wir immer mehr vom Leben einbeziehen, einschließen können in unserem Bewusstsein, desto weiter wird unser Gesichtskreis, unser Horizont, unsere Aura. Und damit sind wir wieder beim Kreis. Im Kreis wird eine Balance und Harmonisierung möglich zwischen dem Ich und dem Du, zwischen Persönlichkeit und Seele, was ein Weg zur Ganzheitlichkeit ist. Das taostische Symbol von Yin und Yang stellt dies eindrücklich dar.

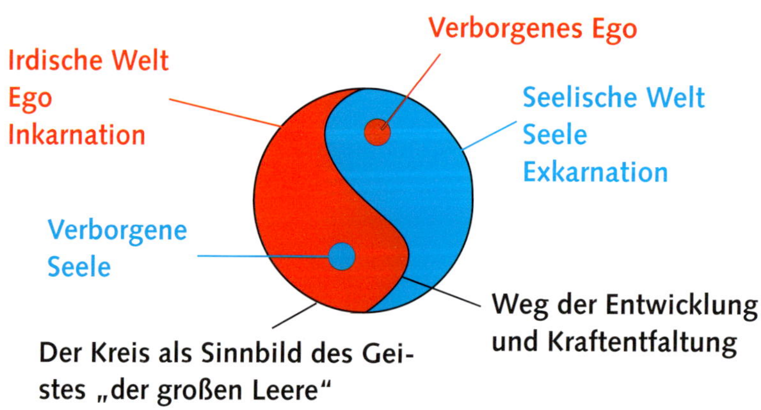

Yin und Yang Symbol

Es geht also nicht um eine Entwertung des Ichs, sondern um eine balancierte Beziehung zwischen Ich und Seele, denn das führt zur Ganzheit. Und genau darauf zielt der Zirkel ab. Zirkelarbeit bedeutet in diesem Sinne miteinander zu wachsen, miteinander weiterzugehen, ohne sich selbst dabei zu verlieren. Gleichzeitig bringt sie ein Hinterfragen des eigenen Ich und seiner Glaubenssätze mit sich. Wie oft hat unser Ich Vorurteile, gerade auch gegen andere Menschen, weil es sich irgendwann einmal ein Bild gemacht hat. Wir erleben das immer wieder im ersten Kurs, wenn es um Zirkelarbeit geht. Mancher introvertierte, sensible Teilnehmer hat da zunächst Ängste, weil er vielleicht schlechte Erfahrungen mit anderen gemacht hat. Das mag an den anderen liegen, kann aber auch daran liegen, dass er schwierig ist oder schwierige Erfahrungen gemacht hat. Wie erlösend ist dann, wenn solche Menschen erleben, dass es auch ganz anders im Miteinander gehen kann. Es sind unsere erstarrten, also negativen Glaubenssätze, die uns oftmals hindern am Wachstum, am Erfolg, da sie klar sagen, was wir dürfen und was nicht, was wir können und was nicht. Die Zirkelenergie bricht diese Starrheit auf und lässt die Energie auf spielerische Weise lebendig werden.

Nichts auf dieser Erde kann alleine für sich leben. Alle Wesen sind miteinander vernetzt, jeder braucht einen anderen auf irgendeine Weise. So braucht jeder Arzt und Heiler den Kranken, den Patienten. Es scheint paradox. Nichts wäre uns doch lieber, als dass alle Wesen gesund und vital wären. Aber wie könnten wir dann Heilkraft entwickeln und wofür? Wofür sollten wir suchen, forschen und arbeiten? Eine perfekte Welt, wie sie unser Verstand fordert, wäre eine starre in sich abgeschlossene Welt. Es gäbe nichts darin zu entwickeln und bewusste Erkenntnis wäre somit unmöglich. Es wäre ein Zustand des Eingeschläfertseins. Es braucht die Polarität, damit Spannung entsteht, die Bewegung und Empfindung und Erkenntnis ermöglicht. Es braucht also die Beziehung, das Du. Der Therapeut braucht den Kranken, der Künstler das Publikum, der Politiker das Volk, das Medium den „sitter", also jenen, der eine Sitzung bucht. Was hätte das Scheinen der Sonne für einen Sinn, wenn es nicht das Leben auf der Erde gäbe, das Auge, das zu ihr aufschaut? Auch sie braucht jemanden, für den sie scheinen kann.

Meist ist Beziehung und Zusammenarbeit ein heikles Feld. Angst vor Nichtachtung, Zurücksetzung, Intoleranz, Versagen und Überforderung sind Feinde für die Selbstbehauptungskräfte unseres Ichs. Das Ich will groß sein, perfekt, leistungsstark, mächtig, erwachsen, möchte anerkannt, geliebt und respektiert sein. Dementsprechend versucht es die Situationen im Leben zu lenken und wir entwickeln jene symptomatische Sprache des Erwachsenen, die zwar fachlich, begrifflich verständlich sein mag, die aber so gut wie nichts mehr von dem enthält, was uns wirklich im Inneren bewegt. Wir „frisieren" unseren Selbstausdruck, damit er passend ist, wir nicht unangenehm auffallen oder angegriffen werden. Heutzutage geht dieser Trend noch viel weiter, indem die Aussagesätze in irgendwelcher Beliebigkeit versinken. Man legt sich nicht mehr fest und keiner kann einem später vorwerfen, man hätte gelogen. Politiker führen hierbei das Feld an. Im Laufe unseres Lebens eignen wir uns Verhaltens- und Ausdrucksmuster an, die uns irgendwie ohne große Verletzungen durchs Leben schleusen sollen. Sicherheit und verlässliche Parameter („der kluge Mann baut vor") spielen dabei eine wichtige Rolle und vieles im Leben wird daher ausgeschlossen. Aber auch all diese Vorsichtsmaßnahmen können uns nicht beschützen vor Illusionen, Enttäuschungen, Schmerzen oder Beziehungslosigkeit. Ähnlich der Stiefmutter im Märchen von Schneewittchen beschauen und befragen wir stets unser Spiegelbild – also all die Qualitäten, die wir für so wichtig halten oder die unserer Meinung nach in der Welt als unabdingbar gelten. Es sind fremde, vorgespiegelte Werte und Qualitäten, nach denen die meisten von uns leben und immer wird es irgendjemanden geben auf dieser Welt, der „schöner, klüger, begabter" ist. Solange wir nach äußeren Vorgaben leben, sind wir im eigentlichen Sinne schlafende Menschen. Erst bestimmte Lebensumstände, meist die weniger angenehmen, befördern uns in die Wachheit hinein, wie der Schmerz uns erweckt, wenn wir barfuß in einen Dorn treten.

Um diesem Dilemma zu begegnen kann man in die Analyse gehen oder in die Therapie. Da geht es darum, zu sortieren und neu zu verknüpfen. Die Schulung der Medialität geht einen anderen Weg, nämlich zunächst den zurück. „Werdet wieder wie die Kinder, denn ihrer ist das Himmelreich", so steht es in der Bibel. Die sensitiven Übungen auf dem Weg zur Medialität tun genau dies. Wir werden wieder ganz einfach beim Üben, werden wie die Kinder. Sensitivität entfaltet sich über kindliche Qualitäten wie: Freude, Spaß, Staunen, Neugier, einfache und unverstellte Sprache, Ehrfurcht, Unkompliziertheit und Erleben. Indem wir auf diese Weise im Zirkel üben, kommen wir unserer ursprünglichen inneren Lebendigkeit und Lebenskraft wieder näher. Bedenken wir doch, dass wir auf dieser Welt sind, weil zwei Menschen, nämlich unsere Eltern, sich ekstatisch liebten. Das ist ein Teil der Ekstase des Universums, der auch in uns ruht. Wir kommen über das Erleben und Spüren in diese Kraft wieder hinein. Im Zirkel darf jeder in seiner Authentizität und Originalität sein, er darf wieder Kind sein. Da alle Übungen stets auf das Potenzial ausgerichtet sind, alle Botschaften in ein positives, heilsames Gewand gekleidet werden müssen – was nichts mit dem Blick durch die „rosa" Brille zu tun hat –, braucht niemand Angst zu haben, bloßgestellt oder erniedrigt zu werden. Daraus ergibt sich eine völlig neue Form des Miteinander. Gleichzeitig gibt es keine eigentliche Einzelleistung im Zirkel, denn wir lernen dort, dass alles auf Medialität, Mittlerschaft, also Zusammenarbeit beruht. Jeder, der eine Übung ausführt, erhält die positive Unterstützung der ganzen Gruppe. Somit ist jeder Erfolg einer Übung ein Erfolg für alle, ein Misserfolg aber ebenfalls. Das enthebt uns des Erlebens einer persönlichen Niederlage und den Erfolg teilen wir freudig mit allen. Ein Konzert mag ein gutes Beispiel sein. Viele gehen davon aus, dass es alleine vom Künstler abhängt, ob ein Konzert zu einem Glanzpunkt wird oder nicht. Das ist viel zu kurz gedacht, denn es spielen so viele äußere Faktoren eine Rolle, wie z.B. der Raum. Aber ganz entscheidend ist auch das Publikum. Jedes Konzert ist so gut wie sein Künstler und sein Publikum. Im Gemeinsamen liegt also das Ziel.

In diesem Sinne möchte ich die Vorzüge der Zirkelarbeit herausstellen:

1.) Jeder darf sich so leben und geben, wie er ist und wie er gestimmt ist, so lange es der Aufgabe des Zirkels und dem Ganzen dienlich ist.
2.) Jeder wird von allen unterstützt während der Arbeit.
3.) Es wird während der spirituellen Arbeit im Zirkel weder diskutiert, noch wird gewertet, etikettiert oder kritisiert.
4.) Jeder darf seine Potenziale leben.
5.) Jeder erfährt, dass alle anderen schon ganz ähnliche Probleme im Leben hatten oder noch haben, wie er selbst. Das ist eine beruhigende Erfahrung, da viele Menschen Angst haben, es nicht zu schaffen, nicht genügend Zeit für das eigentliche Leben zu haben.
6.) Jede Zirkelsitzung befördert Heilkraft.
7.) Jeder erfährt den anderen in all seiner Farbigkeit, was neugierig macht auf die Breite und Vielfalt des Menschseins. Somit kommen wir im Alltag auch mit unterschiedlichen Charakteren besser zurecht.

Die Zirkelarbeit rückt diese Ganzheit, die Einheit klar ins Blickfeld, ohne dabei individuelle Potenziale zu schmälern. Im Gegenteil, sie verfolgt den Gedanken, dass wir nur zu dem werden können, wie wir gemeint sind, indem wir uns mit anderen gleichzeitig entwickeln und uns vernetzen. Wer sich abtrennt und isoliert vom Ganzen, wird irgendwann erfahren, dass er in einer Sackgasse gelandet ist, die keine weitere Entwicklung, kein weiteres Wachstum mehr möglich macht. Eine solche Sackgasse endet entweder in einer weltfremden Exzentrizität, der Isolation oder in einer verzweifelten Selbsterhöhung, die sich in Anmaßung, Fanatismus und Machtgelüsten ergeht.

Moderne Zirkelarbeit nimmt Bezug auf drei Ebenen und zeigt dort ihre Wirkungen:

1. Spirituelle Ebene

Der Zirkel ist ein Weg zur Einswerdung. Wir lernen das Verschmelzen von Energien, die Grundlage für den Kontakt zur geistigen Welt. Zirkelarbeit dient der Entfaltung des spirituellen Selbst.

2. Individuelle Ebene

Zirkelarbeit fördert die Entwicklung der eigenen Potenziale. Wir lernen unsere Gaben zu entdecken und zu ehren. Wir lernen im Zirkel auch, uns selbst anzunehmen. Medialität ist wie ein Baum, aufgespannt zwischen Erde und Himmel. Sie stärkt die Wurzel und nährt die Krone. Stets bedarf es der Rückbindung der geistigen Erfahrungen an diese Welt, damit sie wirklich werden können. Daher ist die Verwirklichung im Alltag so bedeutsam.

3. Soziale Ebene

Der Zirkel hat eine soziale Komponente, da er Menschen zusammenführt. Er ist ein Weg zur erweiterten Beziehungsfähigkeit. Wir sind heute vor allem mit uns selbst beschäftigt, um den Anforderungen der modernen Welt an uns gerecht zu werden. Der persönliche Erfolg ist wichtig für uns, aber er allein nährt uns nicht auf Dauer. Gemeinschaft wird immer wichtiger, gerade auch in einer globalen Welt, wo sich alle gewachsenen Strukturen aufzulösen beginnen. Der Zirkel ist völlig unabhängig von äußeren Faktoren wie Alter, Geschlecht, Rasse, Bildung usw., weshalb er ein wirklich soziales Element darstellt.

Alles Miteinander hat etwas von einem alchemistischen Prozess. Verschiedene Kräfte und Ingredienzien werden sozusagen in den Kessel der Verwandlung gegeben und reagieren miteinander. Daher ist Zirkelarbeit ein lebendiger Prozess. Und ganz entscheidend dabei ist, dass jeder sich in seiner persönlichen Kontur, Gestalt und Begabung selbst optimal herausarbeitet und dies zu einer Bereicherung der ganzen Gruppe wird. Wenn wir in eine „weltliche" Gruppe eintreten, müssen wir meist bestimmte Teile ausblenden, die nicht konform zur Gruppenmeinung sind. Wenn jemand z.B. in die CDU eintritt, dann kann er nicht gleichzeitig extrem linke oder extrem kirchenkritische Standpunkte vertreten. Er muss sich der herrschenden Meinung und dem Modus der Gruppe anschließen. Wir sprechen dabei von Konsens, was aber eher eine Gleichschaltung meint. Ganz anders die Zirkelarbeit. Auch sie strebt nach Gleichschaltung, aber dabei soll jeder gerade seine ganzen Facetten entfalten, auch die Ecken, Kanten und Widersprüchlichkeiten. Diese müssen sich lediglich an ihrer spirituellen Qualität messen lassen; wir würden sagen, sie müssen positiv, heilsam und am Potenzial orientiert sein. Ich möchte das an einem Beispiel zeigen. In unserem ersten Zirkel gab es zwei Damen, die unterschiedlicher nicht hätten sein können. Die eine war eine ausgewiesene Hexe, die andere Diakonissin. Ich selbst hatte damals mit beiden dieser Richtungen, ob nun Hexenzunft oder Kirche, meine Probleme. Genügend Stoff also für Spannungen und Auseinandersetzungen im Zirkel, so hat es den Anschein. Aber weit gefehlt. Der Zirkel ist ja keine Arena für Diskussionen und Schlagabtausch von irgendwelchen Meinungen. Im Zirkel wird spirituell geübt und daher konnten wir uns im damaligen Zirkel wunderbar verstehen. Gerade aufgrund der enormen Unterschiedlichkeit der Mitglieder war der Zirkel voller Energie und Farbe. Allerdings besaßen alle eine Kraft, die ich für die eigentlich wesentliche in der Zirkel- und Gruppenarbeit halte: Freude am Leben und Humor. Für Toleranz und Verständigung gibt es kaum eine bessere Voraussetzung als die, auch über sich einmal herzhaft lachen zu können.

5 ◆ *Zirkelarbeit fördert die Beziehungskräfte*

Jegliche Entwicklung von Medialität beruht auf Zusammenarbeit, auf Teamwork. Das Besondere hierbei ist, dass die Medialität im Gegensatz zum Alltag eine Kommunikation in verschiedenen Dimensionen gleichzeitig ist. Die Kommunikation im Alltag findet auf einer horizontalen Linie statt, sozusagen in Augenhöhe mit den anderen Wesen, denen wir begegnen. Sie bewegt sich innerhalb des eigenen Gesichtskreises und Horizontes. Ein Medium bezieht die Vertikale mit ein, denn es erfährt eine Anbindung nach oben, an die geistige Welt, deren Inspiration sie zur Erde, also in diese Welt bringt. Daher war der Kreis mit eingeschriebenem Kreuz ein Symbol für Medialität, denn das mediale Bewusstsein bewegt sich in verschiedenen Richtungen und Dimensionen des Lebens.

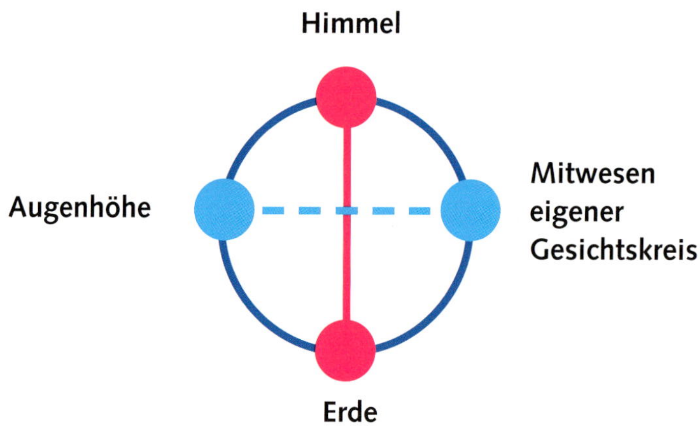

Kreis und Kreuz

Um eine solche mehrdimensionale Beziehungsfähigkeit und Kommunikation zu entwickeln oder zu fördern, setzen die Übungen im Zirkel verschiedene Kräfte frei, die im Folgenden ausgeführt werden:

1. Erweiterung der Wahrnehmung

Die meisten Schulungen der Medialität konzentrieren sich ganz auf das Medium, das eine Leistung zu erbringen hat. Sie orientieren sich an den persönlichen Empfindungen und Wahrnehmungen, also: „Was nehme ich wahr, was sehe ich?" Diese Art der Beschäftigung mit sich selbst verstärkt noch die Selbstwahrnehmung, macht egozentrischer. Empfindungen und Wahrnehmungen sind die Grundlage, aber nur dann hilfreich, wenn sie unsere Kontakte erweitern, uns mit neuen Bereichen des Lebens zusammenführen. Die Zirkelarbeit ist daher enorm hilfreich, weil alle Wahrnehmungen nur im Kontext, im Feedback betrachtet werden. Im Zirkel wird nicht diskutiert, erläutert, analysiert, werden keine eigenen Befindlichkeiten dargestellt. Die Betonung liegt ganz auf der Aufmerksamkeit und Wahrnehmung. Dazu kommt eine Haltung des Un- oder Überpersönlichen, was bedeutet, dass wir unseren abgespeicherten persönlichen Mustern nicht erlauben, einfach automatisch und nach gewohnter Weise zu reagieren. Haben wir z.B. in unserem „Archiv" abgespeichert, dass alle Menschen mit rotem Hemd schwierig sind, dann gilt es, genau das zu vergessen und tiefer hineinzuspüren. Damit wird neues Erleben möglich, nämlich vielleicht zunächst nur das Fazit: „Nicht alle Menschen mit rotem Hemd sind schwierig." Das wäre zum Zustand vorher eine schon etwas erweiterte Wahrnehmung. Das lässt sich natürlich noch steigern. Es geht darum, so offen zu werden, dass wir von unseren festen Glaubenssätzen nicht mehr dominiert werden, sondern jederzeit ein freies, vertieftes Erleben und Wahrnehmen möglich ist. Auf solche Weise werden sich dann verstärkt auch Inspirationen aus höherer Ebene einstellen. Wir sollen auf allen Ebenen unseres Seins dem Leben zugewandt sein und nicht versinken in eigene Befindlichkeiten oder Gefühls- und Denkschemata. Ziel ist ein erweitertes Erleben der Wirklichkeit und die Fähigkeit, schnell auf geistige Notwendigkeiten und wirkliche Not zu reagieren.

2. Loslassen

Wie wir zuvor gesehen haben, sind wir als Persönlichkeiten fest mit unserem Erfahrungs-, Glaubens- und Wertesystem verschmolzen, das wir im Lauf unseres Lebens ausgebildet haben. Je stärker und fixierter wir als Persönlichkeit sind, je ausschließlicher unsere Ideale sind, desto fester und starrer wird die Bindung an dieses System sein. Die Arbeit im Zirkel erfordert dagegen ein Loslassen vieler Prämissen, Vorurteile und Wertungen, die wir haben. Auch gewohnte Erwartungen, z.B. nach Anerkennung, Beachtung, Bewunderung und Bedeutung, gilt es loszulassen. Einfach seine Arbeit zu tun, ist gar nicht so leicht, denn unser Ego tut nichts ohne Gegenwert, verbindet mit Leistungen stets Absichten. Gelöstheit oder die Fähigkeit loszulassen haben eine enorm wichtige Bedeutung für Beziehung und Kommunikation. Verspannungen und Stress sind nicht nur gesundheitsschädigend, sondern sie kosten Energie und blockieren uns. Wenn wir in uns gelöst sind, wird die Welt weiter für uns.

In der Zirkelarbeit lernen wir das Loslassen und uns so zu nehmen, wie wir sind. Schnell erkennen wir ja Schwächen, Defizite und Fehler bei anderen. Darin sind wir alle gut geübt. Oftmals glauben wir, dass unser Problem nur die anderen seien. Aber vielleicht sind wir selbst das Problem und bemerken es nicht. Manche Schulen bezeichnen das Loslassen als „Haltung der Unpersönlichkeit", was bedeutet, dass man sich immer wieder von sich selbst und seinen persönlichen Vorstellungen lösen oder distanzieren kann. Nur dann kann auch immer wieder Neues in uns entstehen, denn jede Bestätigung ist nichts anderes als eine stete Wiederholung des schon Gewussten, also des Alten. In Kursen kann man schnell erfahren, wie es um das Loslassen der einzelnen Teilnehmer bestimmt ist. Da gibt es welche, die können nicht unter dem Neonlicht des Saales arbeiten, andere erspüren schädliche Störfelder, wieder andere klagen über Zugluft usw. Alle solche Klagen werden von starken Emotionen begleitet. Für uns als Kursleiter ist das allerdings mehr erheiternd, denn in den Kursen geht es ja um Spiritualität, das Göttliche und die geistige Welt. Zirkel bedeutet: „Wir haben eine Verabredung mit der geistigen Welt!" Angesichts dieser kosmischen Dimension wirken obige Probleme eher putzig. Aber deutlich zeigt sich darin die Vehemenz unserer inneren Muster und Abhängigkeiten ("Ich kann nur, wenn …").

3. Sich um die eigenen Angelegenheiten kümmern

Zur Gelassenheit und zum Loslassen gehört auch, dass wir uns nicht einmischen in das Leben anderer. Gerade im Bereich der Beratung geraten wir schnell auf die Schiene der Einmischung, oftmals ohne es zu bemerken. Vor allem labile Menschen, denen die Entschlossenheit im Leben fehlt, suchen sich stets Berater, die für sie entscheiden, wo das Leben langgehen soll. Zuweisung, Etikettierung, Wertung, unabänderliche Vorhersagen bilden das Vehikel der Einmischung. Einmischen kostet den Berater enorm viel Energie und bindet ihn vor allem feinstofflich an den Ratsuchenden. Schwerlich wird er ihn wieder ganz loslassen können. Für die Inder ist dies eine Art, sich Karma (Verstrickung) zu erschaffen.

Ein solches „Einmischen" können wir immer wieder erleben. Da kommt z.B. jemand mit gewichtiger Miene zu uns und spricht uns an: „Ich bin Therapeut/Hellseher etc. und habe gerade mal in dich hineingespürt. Du solltest unbedingt auf das und jenes in deinem Leben achten." Es mag äußerlich wie eine wohlgemeinte Absicht aussehen, aber es ist eine Einmischung, denn wir haben ihn nicht um seinen Kommentar und seine Hilfe gebeten. Alle wissen wir aus eigener Erfahrung, dass es selten einen schlechteren Ansatzpunkt für Handeln gibt, als die erklärte Absicht: „Ich hab`s ja nur gut mit dir gemeint!" Von Eltern- auf Elterngeneration wird dieses Muster weitergegeben. Ganz katastrophal wirkt sich dies bei selbsternannten „Meistern" aus, wie ich in einem Vortrag auf einem Heilerkongress erleben durfte. Das amerikanische „Medium" berichtete, dass es deutliche Botschaften bekomme. So erzählte er, dass er neulich auf dem Parkplatz eine ihm unbekannte Frau stehen sah, die eine Zigarette rauchte. Er bekam von seinem Geisthelfer die Botschaft, zu der Frau zu gehen, ihr mitzuteilen, dass sie nur noch drei Monate zu leben habe, wenn sie weiter rauchen würde. Selbst wenn dies so wäre, welches Recht nimmt sich irgendein Geisthelfer (hier wohl eher eine Gestalt aus dem Unterbewusstsein des Mediums) heraus, sich in das Leben eines Menschen einzumischen? Die geistige Welt ist keine Vereinigung von Besserwissern und Diktatoren. Sie ist eine Welt der absoluten Freiheit und Freiheit besteht eben gerade auch darin, Fehler begehen zu dürfen.

Noch ein anderes Beispiel möchte ich anführen, wie man es häufig auf Kursen erleben kann. Jemandem geht es aus irgendeinem Grund während des Kurses nicht gut. Einige andere nehmen das wahr und kommen dann mit der Bitte zum Kursleiter, er solle sich doch bitte besonders um diese Person kümmern. Eine solche Bitte abzulehnen ist gar nicht einfach, denn zum einen kann man dem Kursleiter Kälte vorwerfen, zum anderen mag sich ein schlechtes Gewissen einstellen, als hätte man etwas falsch gemacht. Es wäre jedoch eine klare Einmischung, denn nicht die betreffende Person hat den Kursleiter angesprochen. Ein solches Tun beraubt den Betreffenden der Möglichkeit, eigenes Handeln und eigene Mächtigkeit zu entwickeln.

Es gibt viele Aspekte der Vermischung zwischen Eigenem und nicht Eigenem. Oftmals schauen wir, dass wir es den anderen recht machen und vergessen dabei zu fragen, wie es uns selbst damit geht. Auch hierbei beschäftigen wir uns mit den Angelegenheiten anderer. Das hat wenig damit zu tun, dass wir die wirkliche Not beim anderen wahrnehmen. Ein-

und Vermischen hat stets auch ganz persönliche, unterbewusste Absichten als Hintergrund.

Sich um die Probleme anderer zu kümmern, sich einzumischen in Äußeres ist für das Ich meist ein wunderbares Mittel, vom Eigenen abzulenken. „Liebe deinen Nächsten wie dich selbst ..." ist ein berühmtes Zitat aus der Bibel und der Heiler Tom Johanson sagte im gleichen Sinne: „Erst heile dich selbst, bevor du andere heilst." Wir sollen bei uns beginnen, bei unseren ureigenen Angelegenheiten, nur dann kann jene Kraft wachsen, die nicht mehr Einmischung ist, sondern Liebe. Jede Art von Beziehung erschafft für unser Ich einen wunderbaren Spiegel für sich selbst, eine Plattform für seinen Auftritt. So lange das Gegenüber, das Du aber Spiegel- oder Projektionsfläche ist, können wir sein wahres Wesen nicht erkennen. Wir finden darin mehr oder weniger nur Teile von uns selbst. Das ist keine Grundlage für eine wirkliche Beziehung zwischen zwei Wesen oder Seelen.
Zirkelarbeit kann eine Hilfe sein, hinter den Spiegel zu schauen, mehr in die eigene Wirklichkeit hineinzukommen.

4. Freiheit

Freiheit ist nicht einfach zu definieren. Wir verstehen heute im individualistischen Sinne vielfach darunter die Freiheit des persönlichen Wollens, das vor allem auf den materiellen, irdischen Aspekt des Lebens gerichtet ist. Wir möchten dorthin reisen, wohin wir wollen – wir wollen essen, was wir wollen – wir möchten zusammensein, mit wem wir wollen usw. Das sind legitime, persönliche Wünsche an die Freiheit. Aber sie gehen nur in eine Richtung. Im Althochdeutschen steht „Freiheit" in Zusammenhang mit dem Wort „Freihals", denn in alten Zeiten wurde der Sklave am Halsring geführt. Wer also einen freien Hals hatte, der war ein freier Mensch. Der Hals steht wiederum aber auch für das Recht auf Selbstausdruck, für Mitsprache und freie Meinungsäußerung. Gott sei Dank haben wir uns in Europa heute ein großes Maß an „freiem Hals" erobert und wir wollen beten, dass es so bleibt, denn viele Völker der Erde haben andere Vorstellungen von Freiheit. Wir haben zwar den Hals frei, aber viele fragen sich heute, ob wir letztendlich nicht doch auch unfrei sind. Wir sind z.B. an das Geld-, Energie-, Gesundheits- und Arbeitssystem gebunden und ein Aussteigen davon ist nicht einfach. In vielem sind wir also frei in Europa, aber das System, in dem wir leben, hat auch uns fest im Griff.

Gehen wir auf der Suche nach dem Wort „Freiheit“ weiter zurück, so finden wir im Altgermanischen die Bedeutung wie „Liebe, Gunst, Friede, Freund, froh, hegen, schonen, beistehen“. Es geht hierbei also nicht um äußere Bewegungsfreiheit, sondern um ganz andere Qualitäten, die sich auch mit der Zusammenarbeit im Zirkel verbinden. Es ist vor allem die Qualität oder Haltung der Liebe als Grundlage zu benennen, die Freiheit schafft, denn Liebe ist froh, hegt, verschenkt, schont, fördert und steht bei. Sie lässt den anderen bestehen in seinem ganzen Sein, modelt nicht um, will nichts und fordert nicht. Freiheit in diesem Sinne ist für Beziehung extrem wichtig. Wer einen gut funktionierenden Zirkel hat, weiß um die Macht dieser Kraft. Daraus erwächst die Bereitschaft, die Freiheit jeder Seele anzuerkennen, denn wir können nicht wissen, warum jemand diesen oder jenen Weg wählt, warum er so ist, wie er ist, so lange wir seinen Seelenweg nicht kennen. Jeder Zirkel bedarf als Arbeitsgrundlage der Harmonie. Besteht diese nicht, ist ein Arbeiten unmöglich. Jeder kann sein, wie er möchte, aber die Energien müssen zusammenpassen und zueinander geführt werden, müssen eine Harmonie ergeben. Aus dieser Harmonie erwächst im Laufe der Zeit Freude am anderen, Zuneigung und vielleicht auch das, was wir echte Liebe nennen.

5. Kräfte erfahren und lenken

Im Zirkel können sich die eigenen Kräfte weit entfalten. Im Alltag haben wir zumeist gelernt, bestimmte Energien zu unterdrücken oder beiseite zu schieben, weil sie Probleme machen oder unangenehm sind. Wer z.B. in einer fanatisch religiösen Familie groß wird, wird seine Freude und seinen Humor verstecken lernen. Solche Kräfte gelten dort als nicht „dem Herrn gefällig“, unangebracht oder gar dämonisch. Wer als Kind von einem Lehrer gehört hat, dass seine Singstimme furchtbar klinge, wird nicht wieder singen wollen im Leben. Viele Kräfte ruhen daher versteckt oder blockiert in unserem Inneren. Sie sind Schätze, die es zu heben gilt. Haben wir sie befreit aus ihrem Kerker, so strömt nicht nur neue Energie in uns ein, sondern wir werden neue Menschen dadurch kennen lernen, uns neue Kreise erschließen.
Andere Kräfte in uns wiederum sind so mächtig oder ungelenk, dass wir

sie unterdrücken aus Angst, ihnen nicht gewachsen zu sein. Wir kennen sicherlich alle solche Situationen, in denen wir innerlich etwas völlig anderes beabsichtigen, als es die äußere Handlung zeigt. Wie sagt doch der schwäbische Volksmund: „Nicht geschumpfen ist genug gelobt!" Noch krasser finden wir dies in der Auffassung der früheren Lehrer, die die Meinung vertraten, dass die Liebe zum Schüler durch den Stock, also über die Schläge geht. Die innere Absicht steht also oftmals dem äußeren Verhaltensmuster direkt entgegen.
Der Zirkel holt alle Kräfte nach und nach an das Tageslicht und lehrt uns den Umgang mit ihnen. Das Entdecken, Fördern und Schulen der eigenen Kräfte bringt uns in ein sich wirklich „Zueigen-Sein", in eine positive Eigenmächtigkeit hinein. Wir werden zu einem ausstrahlenden Zentrum, das wiederum andere anzieht. Je blockierter, energieloser wir im Innern sind, desto weniger strahlen wir, desto weniger findet Austausch und Beziehung statt. Je mehr wir wir selbst sind, desto gesünder strahlen unsere Lebensfarben.

2. Teil

Zirkel – Praxis

Die ganz praktische Seite der Zirkelarbeit wurde schon in unserem Buch „Moderne Medial- und Heilerschulung"[1] vorgestellt. Wir werden sie im Folgenden noch vertiefen. Zuvor aber steht eigentlich die Frage, warum oder weshalb wir im Zirkel sitzen sollten. Zirkel bedeutet Aufwand, Arbeit, Energie, Disziplin, er fordert also eine ganze Menge von uns. Wenn wir uns in etwas voll und ganz eingeben, viel Zeit und Energie opfern, so möchten wir zuvor doch gerne wissen, was wir zu erwarten haben und was unser persönlicher Nutzen davon ist. Das ist eine legitime menschliche Forderung. Daher beginnt dieser Teil des Buches mit einigen Punkten zur Gewinnseite der Zirkelarbeit.

6. *Der persönliche Nutzen aus der Zirkelarbeit*

Ein Ort der medialen Schulung

Weit verbreitet ist die Meinung, dass Medialität etwas sei, wofür man sozusagen nicht zu arbeiten brauche, was einem geschenkt oder in die Wiege gelegt werde. Das Medium wird als besonderer, auserwählter Mensch betrachtet. Das ist der Standpunkt des Ich-Bewusstseins. Wir können die Medialität am besten mit den Künsten vergleichen. Es gibt einige wenige Menschen, die werden schon mit einer außergewöhnlichen künstlerischen Begabung geboren. Das enthebt sie aber trotzdem nicht des harten, unermüdlichen Übens und einer starken Selbstdisziplin. Viele gibt es, die besitzen eine „durchschnittliche" Begabung. Sie arbeiten hart daran voranzukommen und werden ebenfalls zu sehr guten Künstlern. Wir haben erlebt, dass es Begabte gibt, die nichts aus ihrer Begabung machten und wir haben weniger Begabte erlebt, die ihr Potenzial zu 100 % entwickelten und nutzten. Entscheidend für den Entwicklungsweg ist vor allem die brennende Liebe für etwas. Wenige werden als Medien geboren, sagte unsere Freundin und Lehrerin Mary Duffy, bei der die mediale Begabung sich über Generationen vererbt hat. Viele tragen die Begabung in sich und wissen nichts davon oder glauben nicht daran. Zu den letzteren haben wir gehört. Wir waren sehr gute Musiker, aber für medial begabt hielten wir uns nicht. Das ist natürlich, denn wenn

[1] s. Anhang

wir mit der Arbeit beginnen, dann sind die Ergebnisse zunächst nicht sehr vielversprechend. Vor allem ist unser Fokus stets auf das Falsche gerichtet, nämlich auf vorprogrammierte Ergebnisse, die dann so nicht eintreffen. Unser Vorteil war, dass wir zwar nicht glaubten, welche Begabung uns unsere englischen Freunde zutrauten, aber wir waren unermüdliches Üben und Disziplin durch die Musik gewöhnt. Also haben wir einen Zirkel gegründet und geübt, über viele Jahre hinweg. Als wir es nicht erwartet hatten, trat uns das entgegen, wofür wir geübt hatten. Aber alles war ganz anders, als unser Verstand es sich vorgestellt hatte. Es ist also irrig, davon auszugehen, dass Medialität eine Sache der Begabung sei oder man lediglich unsere Kurse zu besuchen brauche und alles andere würde dann von selbst kommen. Der Zirkel ist sozusagen das „Trainingslager" unserer Begabung. Das regelmäßige, kontinuierliche Üben und Erleben bringt den Fortschritt.

Fast alle Übungen unseres Ausbildungssystems sind ganz auf das Feedback ausgerichtet, d.h., dass es gar keine andere Möglichkeit gibt, als mit anderen zusammenzuarbeiten. Das Feedback gibt uns einen Rahmen, der es uns ermöglicht, unsere Wahrnehmungen auf ihre Echtheit und Wirklichkeit hin zu überprüfen. Gleichzeitig ist die Gruppe stets ein Spiegel für uns selbst. Er hilft uns, uns selbst besser wahrzunehmen, den Stand unserer Entwicklung zu erkennen und das auszudrücken, was uns wirklich berührt und bewegt. Die anderen geben ihre Energie mit ein, um uns zu helfen, unsere Fähigkeiten und Potenziale zu entwickeln, so wie auch wir unsere Energie für alle anderen im Zirkel bereitstellen. Auch das ist eine Spielart des Feedbacksystems, der Rückmeldung: Jeder fördert jeden und damit sich selbst!
Der Zirkel ist also der Ort, wo wir bestimmte Kräfte und Energien üben, damit sich innere, mediale Fähigkeiten entfalten. Es findet dabei ein Wachstum der ganzen Persönlichkeit statt. Der Zirkel unterstützt uns, motiviert uns und erleichtert uns die Disziplin. Nichts ist ja schwerer, als eine Disziplin alleine einzuhalten. Schnell findet unser Ich seine passende Ausrede.

Erweiterung unserer Wahrnehmung

Unsere Wahrnehmung ist im Alltag zumeist ganz auf uns selbst gerichtet. Wir betreiben eine intensive Selbstschau, stets untersuchend, ob alles in Ordnung ist. Unsere Wahrnehmung arbeitet nach einem Muster, das von eigenen Erfahrungen und unserem Glaubens- oder Wertesystem vorgegeben wird, wir hören also das, was wir hören wollen, oder sehen das, was wir sehen wollen. Wir sind weitgehend in unserem System befangen, was verhindert, dass wir die Welt in der unendlichen Dimension wahrnehmen können, wie sie zu jeder Zeit wirklich ist. Wir erleben die Welt als das, wie wir beschlossen haben, sie zu erleben. Das ist ein nützlicher, überaus empfindlicher Gleichgewichtszustand, den wir aus wohltuenden wie auch schmerzlichen Erfahrungen abgeleitet haben und der auch als „Komfort- oder Schonhaltung" bezeichnet wird. Indem wir einen solchen Status quo zu erhalten trachten, werden unsere Kräfte vor allem für die Erhaltung verbraucht und nicht für unsere Entwicklung.

Wie fixiert unsere Wahrnehmung arbeitet, möchte ich an einem Beispiel aufzeigen, das ich selbst erlebt habe: Es ereignete sich zu der Zeit, als ich noch Konzerte gab. Ich hatte mich zu jener Zeit aber schon intensiv mit Themen wie Spiritualität und Medialität beschäftigt. Mit meinem Ensemble gab ich ein Konzert in einem Kloster, an das ein Krankenhaus angeschlossen war. Auf dem Programm stand sehr lebendige italienische Barockmusik. Wir gaben unser Bestes, aber ein Blick ins Publikum genügte, um uns zu ernüchtern. Die meisten Zuhörer saßen regungslos, mit stummem Blick. Der Applaus am Ende eines Stückes war dünn. Der Künstler lebt aber mindestens ebenso sehr vom Applaus wie vom Honorar. Das Erlebnis war für uns frustrierend, was wir nach Ende des Konzertes auch ziemlich aufgebracht dem Veranstalter mitteilten. Da erzählte uns dieser, dass die allermeisten Zuhörer des Konzertes Krebspatienten aus dem Krankenhaus waren. Viele befänden sich im Endstadium ihrer Krankheit, sie standen vor dem Ende ihres Lebens. Die Kranken hätten sich gerade dieses Programm gewünscht, weshalb er uns eingeladen hätte. Selten waren wir beschämter und kleinlauter nach Hause gefahren, innerlich uns entschuldigend. Und was wäre gewesen, wenn wir mit dem Veranstalter nicht darüber gesprochen hätten, dies als negative Erinnerung so mitgenommen hätten? So viel zum Thema nicht gerade erweiterter Wahrnehmung. Unseren Fokus hatten wir ausschließlich auf uns selbst gerichtet, auf unsere Bedürfnisse und Erwartungen. Alles andere, und das wäre gerade das Wichtigste gewesen, war in unserer Wahrnehmung ausgeklammert, war nicht existent. Im eigentlichen Sinne waren wir nicht wirklich am Publikum interessiert. Wie weit hätte für uns die Welt werden können, wenn wir gar mit einigen Besuchern nach dem Konzert über ihr Erleben gesprochen hätten!

Unsere erlernte, konditionierte Wahrnehmung schneidet die Welt für uns so zurecht, damit sie erträglich, nützlich und scheinbar sinnvoll wird. Unser Ego ist ein wunderbarer Regisseur und wir sind die Hauptdarsteller in seinem Film. Das Ego ist ein Ergebnis der Erfahrungen unseres Lebens, seien sie ererbt oder selbst erworben. Es ist ein Ergebnis unserer Ängste und Befürchtungen, vor allem der Angst, sterblich und ersetzbar zu sein. Das Ego ist wie eine Art Übermutter, die um den Preis des Schutzes und der Stabilität jegliche Weiterentwicklung verhindert.

Auf der Grundstufe sind die Übungen im Zirkel dazu da, uns zu helfen, diese konditionierte Wahrnehmung abzulösen, damit wir mit der Zeit immer mehr das Ganze um uns herum wahrnehmen können. Wir lernen im Zirkel die Energie des Raumes zu spüren, die Atmosphäre wahrzunehmen. Während des Einschwingens erfahren wir intuitiv unsere Gefühle, aber auch jene der anderen. Dann richten wir uns ganz auf die höhere Ebene der Wahrnehmung aus, auf die spirituelle. Die Arbeit im Zirkel führt so zu einer Integration unserer Wahrnehmungen, sie macht uns wacher. Wir gelangen auf diese Weise über die von unserem Ich begrenzte Wahrnehmung hinaus und erfahren mit der Zeit viel mehr Wirklichkeit und Wahrheit als zuvor.

Förderung der Kommunikation und des Ausdrucksvermögens

Im Zirkel lernen wir in den vielen Übungen unseren Ausdruck und unsere Präsentation von dem zu finden, was wir wahrnehmen, erleben und was uns wichtig ist. Die Rückmeldung bei den Übungen und spezielle Übungen wie das „Inspirierte Sprechen" sind wichtige Hilfsmittel dafür. Im Laufe der Jahre haben wir viele Menschen erleben dürfen, deren Ausdrucksvermögen mithilfe der Zirkelarbeit rapide angewachsen ist, ein unschätzbarer Vorteil auch für den praktischen Alltag. Gespräche mit anderen Menschen nehmen einen ganz anderen Verlauf. Erziehung und Schule trainieren ja unsere Originalität weg zugunsten einer nivellierenden, distanzierten Sachlichkeit, damit wir nirgendwo anecken. So versuchen wir das Wohlwollen anderer, vielleicht höhergestellter oder mächtigerer Menschen oder des Kollektivs zu erreichen. Das ist ein Weg, eine Möglichkeit, aber der Preis dafür ist hoch. Wie viele Menschen verbiegen sich selbst, um ein solches Wohlwollen zu erhalten, oft um den Preis, dass man sie als erste fallen lässt, so bald man sie nicht mehr braucht. Im Zirkel lernen wir unsere Authentizität und Originalität wieder zu leben, aber so, dass ein positives Ausleben und eine positive Ausstrahlung derselben möglich wird.

Viele Partnerschaften leiden heute vor allem an mangelnder Kommunikation, also unter Sprachlosigkeit, weil immer weniger Menschen ihre wirklichen Anliegen formulieren und ausdrücken können. Das Fernsehen führt uns in seinen Shows Kommunikation in Form von Schlagabtausch der persönlichen Standpunkte vor, was weder eine wirkliche Kommunikation ist, noch irgendetwas bewegt oder wirklich verändert. Der bekannte Komponist Johann Sebastian Bach pflegte solche hohlen Aussagen als „leeres Stroh" zu bezeichnen. Die Kommunikationstechnik, die man dagegen im Zirkel erlernen kann, kommt ohne Scheu ganz aus dem Inneren der Menschen und drückt das Wesentliche, das echte Anliegen aus. Jedes Anliegen, das aus unserer seelischen Ebene kommt, wird die seelische des Gesprächspartners erreichen. Das praktische Leben gibt genügend Beispiele für eine solche Wirksamkeit. Da haben wir den Personalchef, der eigentlich niemanden mehr einstellen möchte, doch es kommt ein Bewerber oder eine Bewerberin, die in einer wirklichen Notlage sind. Meist wird diese Not nicht verbal geäußert, aber die Schwingung kommt in der Seele des Personalchefs an und gegen seine verstandesmäßige Absicht stellt er diese Person ein. Wenn Seele zu Seele spricht, was keine Kommunikation über Petitionen und Worte ist, dann werden Dinge möglich, die auf der Verstandesebene nie möglich sind.

Verstärkt das Vertrauen in sich, andere und das Leben

Die Individualisierung unserer Gesellschaft, der unantastbare Freiraum des Persönlichen ist in vieler Hinsicht ein großer Fortschritt und Segen, hat aber auch seine Schattenseiten. Zum einen bildet sich der Gemeinschaftssinn zurück, die Identifikation mit dem Ganzen. Das kann zur Isolation des Einzelnen und damit zu Beziehungsproblemen führen, aber auch zur Zersetzung der Gemeinschaft. Außerdem entsteht der Druck, dass alles von uns selbst abhängig ist. Siege erleben wir als Ergebnis persönlicher Anstrengung und Leistung, Rückschläge aber im Gegenzug als persönliches Versagen. Viele Menschen empfinden ihr Leben als Bürde, weil sie glauben, alles hänge allein von ihnen ab, sie seien die „Macher" oder „Zerstörer" ihres Lebens. So gaukeln ja viele Autoren vor, es liege an einer Person selbst, wenn sie nicht gesund, reich, verheiratet etc. ist. Es brauche lediglich ihre Einsicht und eine Veränderung ihrer selbst, um

sie von der Verlierer- auf die Gewinnerseite zu bringen. Natürlich liegt viel an uns selbst, wir sind der Schlüssel zu uns selbst. Ein Vertrauen in sich selbst ist hilfreich. Aber wir sind auch eingebettet in weitere, kollektive Felder. Wir können Vertrauen in uns haben, aber was ist, wenn wir den anderen nicht trauen oder vertrauen?
Die Zirkelarbeit berührt all diese Themen. Über das Üben stärkt sich das eigene Vertrauen und Selbstbewusstsein. Zum anderen befinden wir uns dabei in einem Feld, einem Kollektiv. Wir lernen, dass das, was für uns alleine sehr schwierig zu erreichen ist, in der Gemeinschaft über das Feld erreichbar wird. Es tut gut, Dinge einfach einmal an eine andere, manchmal höhere Stelle abgeben zu können, an die Gruppe oder an die Wesen der geistigen Welt. Das ist eine der ganz wichtigen Erfahrungen in der Zirkelarbeit: Man ist nicht allein und muss nicht alles alleine tragen.

Die Individualisierung unserer Gesellschaft hat natürlich den Aspekt der Konkurrenz überaus stark gefördert, was im Positiven wie auch Negativen zu einer Leistungsgesellschaft führt. Wir stehen im Wettbewerb mit anderen, müssen uns beweisen. Alle Leistung ist stark an den Eigenwillen und die Durchsetzungskraft des Ichs gebunden. Beide arbeiten linear und zielgerichtet. Vor allem sensitive, sensible Menschen haben hierbei natürlich besonders schlechte Karten, da ihnen „die Nerven" dafür fehlen und sie vor allem kreativ sind. Ihr Denken ist eher zirkulär zu nennen und daher fehlt ihrem Wollen die Stoßkraft. Leicht kommen da Gefühle der Minderwertigkeit und Minderbegabung auf. Im Zirkel erleben sie dann genau das Gegenteil. Mit Willen, brillantem Verstand und Leistung ist bei den Übungen gar nichts zu machen. Es bedarf eher des Spiels der Kräfte, des Loslassens und Geschehenlassens. Und immer wieder steht der Gedanke zentral im Mittelpunkt: Jeder Erfolg in der Übung ist der Erfolg aller; jeder Misserfolg ist der Misserfolg aller! Während einer übt, unterstützen ihn die anderen, indem sie ihm Energie geben. Ist ihre Energie stark und richtig, so wird der Übende einen Erfolg haben. Alle arbeiten auf ein positives Ziel hin zusammen, keiner wartet auf das Versagen eines anderen. Irgendwann entdecken plötzlich alle Mitglieder, welche Kreativität und Einzigartigkeit in jedem einzelnen von ihnen steckt, was die ganze Gruppe bereichert und inspiriert. Das entwickelt ein Vertrauen in die eigenen Fähigkeiten jedes Einzelnen, die dann auch dem Alltag zugute kommen. Und natürlich stärkt sich das Vertrauen in das Leben selbst, in eine höhere, geistige Kraft, wenn man sie immer mehr als wirksame Wirklichkeit erkennt.

Bringt eine positive Lebenseinstellung und ein Wachstum der Heilkraft

Unsere Schulung betont ja immer wieder das Potenzial, die Fülle und das Positive. Wir sind überhaupt nicht am Mangel, an den Fehlern interessiert, denn diese Wahrnehmung funktioniert bei uns allen doch schon ganz automatisch und meist viel zu gut. Durch diese stete Orientierung am Positiven werden wir und damit unsere Ausstrahlung ebenfalls viel positiver. Das bedeutet nun nicht, dass wir alles nur in rosa Farben sehen, dass alles nur schön ist auf der Welt. Das wäre wohl kaum realistisch zu nennen. Aber wir ändern unseren Fokus, sehen nicht zuerst auf den Mangel, sondern zuerst einmal auf die Fülle. Es ist wie mit dem berühmten „halben Glas Wasser". Für den einen ist es glücklicherweise noch ein halb volles Glas, während es für den anderen leider schon halb leer ist. Positivität bedeutet ein Vermehren von aufbauender, vitalisierender Energie, ein Bereichern, was Ausstrahlung möglich macht. Ein solcher Zustand führt uns hinaus und die Fülle des Herzens möchte sich der Welt mitteilen. Negativität führt uns dagegen nach innen, schließt uns ab von der Welt und verstärkt die abbauende Energie. Das hat seine Wirkung auf unsere Lebenskräfte und damit auch auf unsere Heilkraft. Ein Beispiel:

Nehmen wir an, jemand wacht am Morgen auf, es ist herrliches Wetter und er überaus gut gelaunt. Er freut sich auf den Tag. In bester Laune kommt er ins Büro und da sitzt ihm gegenüber ein Kollege mit sauertöpfischer Miene. Zwei Kräfte treffen da aufeinander und die Kommunikation wird schwierig sein. Lässt er sich von dessen momentaner „Dunkelheit" anstecken, so wird seine bis dahin lichte Welt ebenfalls um einige Grade dunkler und seine gute Laune wird schnell verfliegen. Damit ist dann ein „kleines dunkles Feld" entstanden, was seine Schatten wirft. Schafft er es aber mit seinem Lächeln, die dunkle Stimmung seines Gegenübers aufzuhellen, dessen eigene Sonnenkraft hervorzukitzeln, so wird eine Kommunikation entstehen und er wird erzählen, was ihn bedrückt. Zwei lächelnde Gesichter geben ein „sonniges Feld" für alle anderen. Nichts anderes ist Heilkraft. Wer es schafft, das dunkle Gemüt seines Gegenübers aufzuhellen, besitzt Heilkraft. Im Zirkel lernen wir, unsere dunklen, negativen Gefühle draußen zu halten, was ihnen auf Dauer Kraft entzieht. Der Zirkel ist ja keine Runde für persönliche Probleme oder ein Ort der Gesprächstherapie. Üben wir auf diese Weise die Positivität, so nimmt das Ausstrahlungsfeld des Zirkels zu, was seine Rückwirkung auch auf die Mitglieder hat. Wir entwickeln eine andere

Haltung, eine andere Sprache, unsere Sinne orientieren sich am Heilsamen. Das führt dazu, dass viel Heilkraft sich entwickelt und wir werden dann anders mit uns selbst und auch mit anderen umgehen.

Anregung der Kreativität

Zirkelarbeit fördert und erweitert unsere Wahrnehmungsfähigkeit und so kann es nicht ausbleiben, dass wir auch an uns selbst viele neue kreative Potenziale entdecken. Solche haben wir vielleicht bisher nie in uns vermutet oder wir haben sie erahnt, aber kein Zutrauen zu unseren Fähigkeiten gehabt. Oftmals sind es aber auch Potenziale, die wir als Kinder gehabt haben, die aber irgendwann einmal „abgewürgt" wurden. Häufig habe ich z.B. von Kursteilnehmern oder Klienten gehört, dass sie früher gerne gesungen oder gemalt hätten, bis irgendwer einmal sagte, dass ihre Stimme scheußlich klinge oder das gemalte Bild hässlich sei. Danach hätten sie nie wieder gesungen oder gemalt, was sich in ihnen dann als folgendes Glaubensmuster festgesetzt hatte: „Ich kann nicht singen oder malen, ich bin künstlerisch völlig unbegabt!" Nun ist aber gerade das Künstlerische ein ganz wesentlicher Aspekt im Menschen. Was das spirituelle Wissen schon lange wusste und Forscher heute endlich sich selbst bewiesen haben: Alles Künstlerische wie z.B. Musik und Malerei entstammen einer ganz eigenen Welt, der der schöpferischen Lebensenergien, einer völlig anderen Dimension als der unseres Verstandes. Sie hat ihre ganz eigene Sprache, die sich über Symbole, Farben und Klänge ausdrückt. Wenn Kinder malen, dann kommunizieren sie mit dieser Welt. So verwundert es nicht, welche tiefe Wandlung Menschen erleben, wenn sie das irgendwann „abgewürgte" Potenzial nochmals aufgreifen und z.B. in einen Chor eintreten oder Malkurse besuchen. In unserem allerersten Zirkel gab es eine ältere Dame, die Diakonissin im Ruhestand war. Als Margaret Pearson einmal an unserem Zirkel teilnahm, erkannte sie ein malerisches Talent in dieser Dame, die das aber weit von sich wies. Sie habe noch nie malen können und werde das wohl auch nicht mehr lernen in ihrem hohen Alter. Wir malten damals viele Aurabildchen im Zirkel und mit der Zeit schien es ihr wohl Spaß zu machen, denn sie belegte einen Malkurs, ohne dass wir dies wussten. Später brachte sie ein erstes, gut gelungenes Bild mit, was uns alle sehr erstaunte und heute macht sie Bilderausstellungen mit ihren Aquarellbildern. Ihre kreative Gabe war nicht nur für sie wunderbar, sondern auch für den Zirkel und ist heute für viele andere Betrachter ein Gewinn. Auch an uns selbst haben wir wahrlich sehr fern liegende Potenziale entdecken dürfen. Es war zu jener Zeit, als wir noch voll begeistert und ausschließlich in der Musik tätig waren. Ihr galt unser Fokus, unsere Begeisterung. Da kam in einem Zirkel plötzlich die Botschaft für Rosina, dass sie in naher Zukunft mit Tieren heilerisch arbeiten würde. Sie hatte als Stadtmensch überhaupt kein Bezug zur Tierwelt und auch keinerlei Interesse an Tiermedizin. Und wie ihre Bücher und Kurse heute zeigen, hat sich dieses Potenzial mehr als bewahrheitet.

Wenn wir die vielen Zirkel, gewachsen aus unseren Kursen, betrachten, sind wir immer wieder aufs neue erstaunt, welche breite und farbige Palette an Potenzialen und Talenten sich bei den Teilnehmern entwickelt hat. Sein Potenzial zu leben, seine Kreativität auszudrücken gibt Lebenssinn und tiefe Befriedigung. Und dabei geht es nicht darum, z.B. ein berühmter Künstler zu werden, zu werden wie ein Vorbild, es geht auch nicht darum, so gut wie andere zu sein, sondern es geht lediglich darum, sein eigenes Potenzial zu 100 % auszuschöpfen und zu leben, oder, um es biblisch auszudrücken, „mit seinen Pfunden zu wuchern".

Sicherheit auf unserem Weg der Entfaltung

Wie vorher schon erwähnt, können die anderen Zirkelmitglieder ein Spiegel für uns sein. Sie können uns zeigen, welch wunderbare Entwicklung wir schon gemacht haben, sie können uns aber auch auf Defizite hinweisen. Der Zirkel kann uns also eine Hilfe zur eigenen Regulation sein. Jede Beschäftigung mit Spiritualität beinhaltet das Problem der Bodenhaftung. Wer sich in höhere Sphären begibt, wo alles mental und luftig ist, der kann leicht abirren. Wir müssen uns immer wieder darüber klar sein, dass die mediale Arbeit mit den exkarnierenden Kräften zu tun hat. Für den Ausgleich braucht es daher eine stabile Erdungs- oder Inkarnationskraft. Stimmt das Gleichgewicht zwischen beiden Kräften nicht, dann können daraus sehr egozentrische und bizarre Welten entstehen, was sich auch auf die eigene Gesundheit und Vitalität auswirken wird. Groß ist die Gefahr also für jene, die sich im Alleingang schulen, die keine liebevolle Korrektur von Freunden erfahren. Daher war in klösterlichen Schulungen die Gemeinschaft so wichtig und wurde so viel wert auf die ganz einfachen Alltagsverrichtungen gelegt. Beides erdet, bindet ein. Muss man den materiell orientierten Menschen darauf hinweisen, dass es auch einen spirituellen Anteil in ihm gibt, so muss man spirituell orientierte Menschen oftmals darauf hinweisen, dass sie auch ein irdisches Leben haben. Beides muss zusammenkommen und macht den Weg der Mitte. Theresa von Avila sagte einmal: „Wenn Fest, dann Fest; wenn Fasten, dann Fasten!" Jeder Anteil braucht sein Recht. Der Zirkel versucht beide Kräfte in Balance zu bringen. Jede aus der spirituellen Welt empfangene Botschaft wird auf ihre irdische Seite hin geprüft, sie muss sich in ihrer Tatsächlichkeit beweisen lassen. Da kann niemand einfach behaupten, er habe aus höchster kosmischer Instanz eine Botschaft, wenn sie keine Beweiskraft hat. Im englischen Spiritualismus war man daher von Anfang an überaus pragmatisch. Es wurden nur Geisthelfer anerkannt, die ihre Persönlichkeit beweisen können, d.h., dass sie irgendwann einmal auf der Erde gelebt haben und somit ihre Existenz beweisbar wird. Gleichzeitig muss die Qualität ihrer Botschaften einer Überprüfung standhalten. Das sei schwierig genug, so war man der Meinung.

Wir können viel lernen von dieser englischen Bodenständigkeit. Diese gilt auch für den Zirkel. Innerhalb der Zirkelarbeit gibt es nur die spirituelle Welt, wird der Alltag ganz draußen gelassen. Vor und nach dem Zirkel ist jeder wieder ganz „normaler" Erdenbürger mit all seinen Pflichten und Aufgaben. Aber im Laufe der Zeit wird sich der Einfluss der spirituellen Welt vom Zirkel auch auf den Alltag übertragen und der Alltag ist dann der Prüfstein, wie weit man in seiner Entwicklung gekommen ist. Wir alle wissen, wie überaus schwierig es ist, Spiritualität und Alltag zusammenzubringen. Ich bin z.B. immer wieder erstaunt, wenn ich auf Geistheiler treffe, die Kettenraucher sind und eine Ernährung bevorzugen, die nun alles andere als heilsam sein kann. Oder wie zerstritten manche Heiler in ihren Organisationen sind. „Zuerst heile dich selbst...", forderte Tom Johanson. Das fällt mir auf und gleichzeitig fällt mir aber auch auf, wie ungeduldig ich z.B. als Autofahrer bin, wie mit mir manchmal „die Pferde durchgehen". Daran merke ich dann, dass mein Bewusstsein eine Entwicklung gemacht hat. Ich sehe nicht mehr nur, was andere vielleicht falsch machen, ich erkenne auch meine eigenen

Unzulänglichkeiten. Dann kann ich an ihnen arbeiten und meine Entwicklung wird sicher vorangehen. Immer wieder gilt es, Himmel und Erde zu verbinden.

Die Möglichkeit, spirituelle Gemeinschaft zu erleben

Wir haben zuvor schon gesehen, dass wir für unsere moderne Individualgesellschaft auch einen Preis zu bezahlen haben. Dieser bedeutet den Verlust von Bindungen und Beziehungen. „Vereinzelung" und Vereinsamung sind heute große Themen in unserer Gesellschaft, vor allem dann, wenn man nicht mehr an gesellschaftlichen Prozessen wie z.B. der Arbeit teilnehmen darf oder kann. Gemeinschaft, sozialer Austausch und Sinnbezug haben sich immer mehr zur Arbeitsstelle hin verlagert. Zirkelarbeit war und hat stets auch ein soziales Element in dem Sinne, dass sie Beziehungen ermöglicht. Durch die spirituelle Ausrichtung der Arbeit wird ein dem Alltag übergeordneter Sinn angestrebt.

Im Zirkel trifft man auf Gleichgesinnte, mit denen man über alles reden kann. Das stärkt auch das eigene Lebensgefühl. Der Zirkel kann zu einer geistigen Heimat werden und auf seine Zirkelfreunde kann man sich stets verlassen. Freundschaft ist eines der höchsten Güter, die wir im Leben erfahren können.

Der Zirkel ist eine Gemeinschaft von Gleichgesinnten, wobei jeder seinen Platz ausfüllt, aber er hat auch eine gewisse Hierarchie, denn jeder Zirkel hat seinen Leiter, dessen Anweisungen unbedingt zu befolgen sind. Die Funktion des Zirkelleiters bleibt über längere Zeit in der Hand einer Person, aber irgendwann geht sie zur nächsten Person über. So schult jeder seine hierarchische Kraft, aber immer innerhalb des Ganzen. Abwechselnd bekommt jeder, auch der Zirkelleiter, seine Aufgaben im Zirkel, sei es das Öffnen oder Schließen des Zirkels oder anderes. Dadurch wird jeder gleich wichtig und jeder kann sich in den verschiedenen Funktionen schulen. In diesem Sinne ist der Zirkel auch ein wirklich kluges Schulungssystem für Teamarbeit und hilft, dass wir uns als Gleiche(r) unter Gleichen empfinden. Das Spiel der Kräfte wird erlebt, in ihrem Gleichklang, aber auch in ihrem Energiegefälle.

Diese Fähigkeit, ganz unterschiedliche Positionen und Funktionen einnehmen zu können, ist auch für den Alltag überaus wichtig. Viele von uns leben stets das gleiche Muster in einer Gruppe. Es gibt jene, die werden in jeder Gruppe zum Anführer und es gibt jene, die z.B. stets die Rolle des „stillen Beobachters" einnehmen. Es gibt die Arbeiter, die stets zur Verfügung stehen, wenn es z.B. einen Stand aufzubauen gilt und jene, die immer Schriftführer werden, gleich in welche Gruppe sie auch kommen. Betrachte ich im Rückblick meine Funktion in einer Gruppe, so fällt mir auf, dass ich stets die Führung übernommen habe. Natürlich haben die anderen das so gewollt, haben mich in diese Rolle gedrängt, nur kam ich nie auf die Idee, einmal „Nein" zu sagen. Für mein Empfinden war es eine gute, mir zustehende Rolle, zumindest für kurze Zeit, aber dann hatte ich schnell den Druck, die Verantwortung, den steten Krafteinsatz satt. Anstatt die Rolle zu wechseln, habe ich die Gruppe dann verlassen oder gar selbst aufgelöst. Welche Kraftvergeudung! Später erst habe ich dann erkannt, dass es mir überaus schwer fällt, einfach nur Mitglied zu sein oder eine andere Rolle zu übernehmen. Stiller Beobachter zu sein oder als Arbeiter Anweisungen entgegen zu nehmen, fand ich für mich überaus schwierig und es war eine harte Lehrzeit. Im Zirkel kann man sehr gut verschiedene Aspekte oder „Rollen" leben. Indem jeder dies tut, entsteht wieder eine wunderbare Gleichheit in einem selbst und in der Gemeinschaft. Es können sich auch verschüttete Talente entwickeln, die ein wertvoller Beitrag für das Ganze sind, weil sie zu einer neuen Rolle führen. Ich denke da an ein Zirkelmitglied, das im ersten Jahr der Zirkelarbeit stets sehr ernst war. Plötzlich brach sich eine lang verschüttete Gabe in ihm Bahn, nämlich die Gabe zu Komik und Kabarett. Er kann heute so vollendet komisch andere Menschen nachmachen, dass dann überall Lachen herrscht. Aus seiner Rolle des stillen Beobachters war er hinübergewechselt zum „Narren" oder „Unterhalter". Auch das hat seinen Platz im Zirkel. Wo das Ernsthafte am Tisch zu finden ist, da sitzt ihm meist das Komische oder Närrische gegenüber. Und wunderbar ist es, wenn beide Kräfte und Rollen integriert und ausbalanciert sind. Ein Zirkel ist also ein Ort, wo die unterschiedlichsten Charaktere und Rollen zum Zuge kommen können, aber er bleibt stets eine feste Gemeinschaft, deren Ziel es ist, eine spirituelle Entwicklung zu machen.

Ermöglicht Orientierung und Einbindung des eigenen Seins in die Ganzheit

„Religio" bedeutet „Rückbindung" und in diesem Sinne ist Zirkelarbeit eine religiöse Arbeit. Der Mensch ist gleich dem Baum das Bindeglied zwischen den zwei Welten oder Realitäten, nämlich Himmel und Erde. Daher braucht er die Rückbindung an seine eigene irdische Natur, den Körper und auch an seine geistige Natur, die Seele. Alles, was wir an medialen und spirituellen Erkenntnissen haben, muss seine Resonanz auf der irdischen Ebene haben. Jede Botschaft braucht eine Rückmeldung der irdischen Realität, muss irgendjemandem hilfreich sein, sonst ist die Arbeit völlig überflüssig. Was macht es für einen Sinn in einer „Akasha-Chronik" zu lesen, wenn ich weder mit meinem Leben klarkomme, noch irgendjemandem damit helfen kann? Was macht es für einen Sinn, die Welt mit düsteren Zukunftsprophezeiungen zu überschütten, wenn ich auch nicht die leiseste Idee habe, wie der Welt zu helfen ist und welchen Beitrag ich selbst dazu leisten kann? Gleichzeitig gilt es im umgekehrten Sinne in allem, dem wir auf der irdischen Ebene begegnen, das Höhere, Göttliche zu sehen, es zu würdigen und zu ehren. So kommen wir zu einem eigenen Standpunk im Leben, werden zu einem Zentrum. Von dort aus erfahren wir dann unsere Stellung oder unseren Standort innerhalb des Ganzen. Damit erfahren wir auch Orientierung im Leben.

Pfauenaugen – Sinnbild der geistigen Welt

Signal an die geistige Welt zur Zusammenarbeit

Ich bin immer wieder erstaunt, wenn Menschen von ihrer Zusammenarbeit mit Engeln und Meistern berichten und ich dann erleben muss, dass sie weder mit anderen zurechtkommen noch ihre eigenen Probleme lösen können. Man muss sich klar machen, dass Wesen der geistigen Welt nicht sehnsüchtig darauf warten, dass irgendjemand hier unten ruft und winkt. Sie wissen um die Dimensionen des kosmischen, göttlichen Plans, haben weitreichende Aufgaben und daher weder Zeit noch Lust, sich auf irgendeine spekulative Zusammenarbeit einzulassen. Medialität ist Teamarbeit, basiert auf Zusammenarbeit und wie soll das funktionieren, wenn wir nicht einmal auf der Alltagsebene dazu fähig sind! Also ist der Zirkel zunächst einmal das „Feld", auf dem wir unsere Teamfähigkeit unter Beweis stellen können. Hier können wir unseren guten Willen und unsere aufrichtige Motivation beweisen. Gelingt das, dann kann dies eine Signalwirkung für die geistige Welt haben, dass hier Menschen zur Zusammenarbeit bereit und fähig sind. Diese Fähigkeit im Zirkel hat auch ganz praktische Auswirkungen auf den Alltag. Man signalisiert aus einer tiefen, unterbewussten Ebene heraus anderen Menschen den eigenen guten Willen, die lautere Absicht und die Bereitschaft von Akzeptanz und Zusammenarbeit. Das legt wahre Wunderkräfte frei, denn plötzlich erlebt man Unterstützung von anderen und nicht Ablehnung.

Licht- und Erlösungsarbeit

Jeder Zirkel kann mit der Zeit zu einem Brennpunkt für Licht und Erkenntnis werden. Er kann diese weit hinausstrahlen und kann so zum Licht für andere werden. Im Zirkel verfeinern wir den „Mechanismus" unserer verschiedenen Körper und machen sie lichter oder feiner. Daher braucht es die Schattenarbeit in den Kursen. Diese wirkt vor allem über unseren Emotionalkörper befreiend auf den Ätherkörper ein, der wiederum in das Ätherfeld der Erde eingebettet ist. Somit hat die durchlichtende Arbeit an uns selbst auch eine Rückwirkung auf das Ganze. Indem wir unsere eigenen Schatten erleuchten, helfen wir auch die Dunkelheit des kollektiven Schattens der Menschheit zu durchlichten. Alles Böse auf unserer Welt entspringt dem Schattenreich, das die dunklen Gedanken und Taten der Menschheit selbst über die Jahrtausende geschaffen haben. Wir wollen mit dem Zirkel helfen, das Lichtreich zu stärken. In diesem Sinne ist Zirkelarbeit auch Licht- und Erlösungsarbeit.

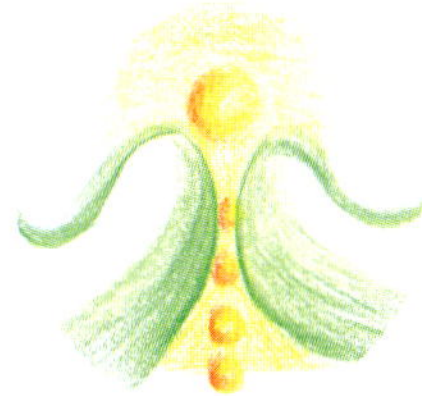

7 ◆ Die Praxis des Zirkels

Bevor man einen festen Zirkel gründet, sich in diese dauerhafte Arbeit eingibt, sollte man sich grundlegende Gedanken über die eigene Motivation machen. Dies lohnt sich schon deshalb, weil Zirkelarbeit viel Einsatz an Energie, Ausdauer und viel Geduld, vor allem mit sich selbst, erfordert. Die richtige Motivation unterstützt uns, trägt uns über die Hindernisse und vermeidet Frustration. Es lohnt sich, einmal fünfzig Gründe zusammenzutragen, weshalb man im Zirkel sitzen möchte. Das ist zugegebenermaßen keine einfache Aufgabe, aber sie lohnt sich. Außerdem ist eine positive, innere Einstellung wichtig, da in einem solchen Kreis viel Energie entsteht und diese nicht zwischen Licht und Schatten unterscheidet. Sie wird also unsere dunklen Punkte genauso energetisieren wie unsere lichten. Folgende Fragen können hilfreich sein, um die eigene Motivation zu prüfen:

1. Ist die wirkliche Motivation meines spirituellen Strebens eigentlich eine Flucht vor dem Leben, vor seinen Schwierigkeiten?

2. Strebe ich nach medialen Fähigkeiten, um Kontrolle oder Macht ausüben zu können? Möchte ich etwas Besonderes sein?

3. Was möchte ich mit jenen Kräften tun, die sich durch die Zirkelarbeit entfalten können?

4. Bin ich bereit, mich einer höheren Führung anzuvertrauen, auch wenn diese keine spektakulären Gaben wie Hellsehen oder Magie für mich vorgesehen hat?

5. Bin ich bereit, dem größeren Ganzen zu dienen?

6. Bin ich bereit, all jene Potenziale zu entfalten, die sich auftun, auch wenn ich sie nicht erwartet habe?

7. Erwarte ich schnelle Ergebnisse oder freue ich mich einfach darauf, was sich entwickeln wird?

7.1 *Wie gründet man einen Zirkel?*

Haben wir uns entschlossen, die Arbeit aufzunehmen, so kommt die Frage, wie beginnen? Eigentlich braucht es keine großen Voraussetzungen, um einen Zirkel zu gründen, wenn man in unseren Kursen die Grundlagen der Zirkelarbeit kennen gelernt hat. Weitaus schwieriger ist für viele die Frage, wie man Mitglieder für den eigenen Zirkel findet. Mit entscheidend dabei ist, wie wir die Zirkelarbeit anbieten. Garantiert wirkt es abschreckend auf eventuell Interessierte, wenn wir vom Kontakt zur geistigen Welt oder gar zu Verstorbenen sprechen. Auch hohe spirituelle Erwartungen oder Anforderungen können hinderlich sein. Die Anforderungen, Erwartungen und Ansprüche, die wir an andere stellen, sind oftmals viel zu hoch geschraubt. Je weniger Vorgaben wir machen, desto einfacher wird es. Eine Gruppe ist etwas Organisches. Sie wächst aus einem kleinen Keim und entwickelt nach und nach den Fluss ihrer Energien. Offenheit, Humor und im besten Sinne „Spielfreude" sind daher hilfreich. Zu empfehlen sind am Anfang die Alphareisen als entspannende, harmonisierende Übung. Entspannungsübungen sind zudem jedem heute geläufig, so dass dies keine Hürde darstellt. Dann sollten wir vor allem die Kreativität der Übungen betonen. Mit Farben zu arbeiten ist für jeden eine schöne Erfahrung.

Es liegt nahe, zunächst einmal solche Personen zu fragen, die man schon kennt, zu denen man ein gutes Verhältnis hat. Es ist nicht wichtig, dass diese besonders spirituell oder esoterisch bewandert sind. Sie müssen zuverlässig sein, entdeckungsfreudig, offen, tolerant und untereinander harmonieren. Eine gute Erdung ist von Vorteil. Wir selbst haben oftmals Leute für die Zirkelarbeit angesprochen, die wir noch kaum kannten. Gerade zu Beginn unserer eigenen Zirkelarbeit, als wir sozusagen frisch aus England kamen, bestand keine Möglichkeit, an erfahrene Gleichgesinnte zu kommen. Es schien schwierig, bis wir einfach darauf vertraut haben, die richtigen Mitglieder zu finden. Wir hatten dann auch eine kunterbunte Mischung in unserem ersten Zirkel beisammen: einen Computerfachmann, zwei Diakonissinnen, eine Dame, die sich als „Hexe" bezeichnete und eine Dame, die sehr große persönliche Probleme hatte. Eine solche Zusammensetzung mag auf den ersten Blick als überaus problematisch erscheinen. Es war das Gegenteil der Fall, wir hatten eine wunderbare Zeit als Zirkel. Jeder war in seiner Art sehr eigen, aber ein

gutes Maß an Toleranz und viel Humor wirkten harmonisierend und machten diese Gruppenarbeit über lange Zeit erfolgreich.
Auf einem unserer Kurse klagte eine Ärztin darüber, dass sie keine Zirkelmitglieder fände und auch nicht wüsste, wo sie suchen solle. Ich fragte sie dann, an welchem Ort sie selbst die meisten Menschen treffe. Sie antwortete: „In meiner Praxis – aber ich kann doch nicht meine Patienten fragen!" Sie hat es dann doch getan, einen Aushang in der Praxis gemacht und war verwundert, dass sich weitaus mehr Leute meldeten, als sie brauchen konnte. Sie wollte aber niemanden wegschicken und hatte dann plötzlich drei Zirkel, was ihr bis heute viel Freude macht. Manchmal braucht es den Sprung über den eigenen Schatten.

Zu Beginn ist der Zirkel ein Experiment, weshalb sich alles noch verändern kann, vielleicht auch die Zahl der Mitglieder. Mancher Wechsel mag in dieser Zeit stattfinden. Das nennt man einen offenen Zirkel (s. Kapitel 8). Irgendwann muss der Zirkelleiter den Zirkel „schließen" und den Kreis der Mitglieder festlegen. Dies wird der „geschlossene Zirkel" genannt. Ab jetzt findet nach Möglichkeit kein Wechsel mehr statt und die Energiearbeit kann somit in die Tiefe gehen.

7.2 *Die Harmonie als Grundbedingung für den Zirkel*

Ein harmonisches, sympathisches Gefühl der Teilnehmer untereinander ist absolut unerlässlich. Es ist wichtiger als Bildung, esoterisches Wissen oder der Grad spiritueller Entwicklung der einzelnen. Nur in harmonischer Atmosphäre gewinnen wir Vertrauen. Vertrauen macht es möglich, dass wir uns öffnen können, dass wir so sein dürfen, wie es in uns gestimmt ist. Die menschlichen Qualitäten haben also absolute Priorität. Die Mitglieder eines Zirkels müssen sich verstehen, müssen eine harmonische Atmosphäre erzeugen können, denn nur so kann sich ein gemeinsames Kraftfeld aufbauen. Der Zirkel ist ein Freundeskreis. Jemand, der nicht harmoniert in einem solchen Kreis, kann jegliche Bemühung zunichte machen. Das heißt nun nicht, dass wir alle nur noch nett sind oder nur nach Menschen suchen, die uns ähnlich sind. Das ist weder möglich noch wünschenswert, denn jede Gruppe braucht ein Maß gesunder Spannung für ihre Entwicklung. Harmonie hat etwas mit „ausgeglichener Bewegung" zu tun. Fähigkeiten wie Akzeptanz, Achtung, Respekt, Verständnis und Toleranz sind wichtige Voraussetzungen für eine Freundschaft und sind für die Harmonie und Balance einer Gruppe unverzichtbar. Dazu kommt noch die Leichtigkeit, weshalb wir auch Freude und Humor als Qualität betonen. Leichte Energien mischen sich besser als schwere.

7·3 *Die Einstellung der Teilnehmer*

Nachfolgende Kriterien mögen vielleicht helfen, nach den richtigen Personen Ausschau zu halten. Niemand wird alle Qualitäten vollendet in sich tragen, aber schon ihr Vorhandensein erleichtert das Arbeiten.

Offenheit ist eine wichtige Qualität, denn sie bringt die Leichtigkeit und Beweglichkeit der Energien mit. Jemand kann skeptisch und kritisch sein, was kein Problem für diese Art Arbeit ist, so lange er dabei nur offen und bereit ist, Neues zu lernen. Schwierig sind die ewigen, destruktiven Zweifler, die tausend Fragen zu allem haben. Aus diesem Grunde werden während des Zirkels weder Fragen beantwortet, die der zweifelnde Verstand aufwirft, noch wird diskutiert oder analysiert.

Je unumstößlicher das Glaubens- und Wertesystem, je fanatischer oder ideologischer die Meinungen und Vorbehalte, desto enger ist das Weltbild und desto schwieriger die Zirkelarbeit. Zirkelarbeit hat mit innerer Freiheit und Gelöstheit zu tun. Bereitschaft zur Veränderung und zum Lernen sind von großem Vorteil. Auch die Fähigkeit, sich und seine Überzeugungen immer wieder einmal im positiven Sinne zu hinterfragen, ist wichtig. Das hat nichts zu tun mit einer inneren Haltung, die wir als „Wie ein Blatt im Wind" bezeichnen. Gerade die Fähigkeit, Dinge zu verändern, weil sie sich nicht mehr als tragfähig und fruchtbar erweisen, zeugen oftmals von innerer Klarheit und Struktur des eigenen Weges.

Humor haben wir als wichtigen Faktor in unserer Arbeit kennen gelernt. Als Begriff ist er nicht leicht zu definieren und leitet sich aus dem Lateinischen her. Dort bedeutet er „Feuchtigkeit". Angelehnt ist er an den antiken medizinischen Begriff von den „humores", der alten Lehre von den vier Körpersäften. Humor entspringt aus der Ausgewogenheit der Säfte oder Temperamente. Ein solcher Zustand vermag alle Unstimmigkeiten auszugleichen. Noch der Homöopath Samuel Hahnemann bezeichnete Krankheit als Verstimmung der Lebenskräfte eines Menschen. Aus einer Stimmigkeit der Säfte und Kräfte entsteht die Leichtigkeit des Seins, der Humor. Humor legt nicht alles auf die Goldwaage, bleibt nicht in einem Zustand stecken, kann auch das Unfertige, Ungeschickte einfach so stehen lassen, bewegt sich wie die heiteren Wolken am blauen Himmel.

Die östliche Philosophie verlegt die Stimmigkeit in den Hara, den Körpertiefpunkt. Aus diesem heraus lachen die chinesischen Glücksgötter mit ihrem dicken Bauch oder auch die Buddhas. Humor ist eine transzendierende, balancierende und erdende Kraft, denn wer über sich und die Welt herzlich lachen kann, der ist gelöst, befreit von der Schwere des Seins, die alles niederdrückt. Wer echten Humor besitzt, hat keine Probleme im Umgang mit anderen Menschen oder deren Botschaften. Nur wer sich als besonders wichtig empfindet, was aus einem Defizit des Selbstwertes oder der inneren Mächtigkeit heraus entsteht, reagiert stets empfindlich. Humor zeigt die Fähigkeit an, Dinge transzendieren zu können; eine förderliche Eigenschaft im Zirkel.

Freude an Spiel und Ernsthaftigkeit: Wir betonen gerade bei den Anfängern in unseren Ausbildungskursen den spielerischen Charakter der Übungen. Sie sollen die Übungen eher als eine Art Gesellschaftsspiel sehen. Die meisten sind nämlich zu Beginn sehr auf Leistung, Perfektion und spirituellen Ernst bedacht. Damit können die gewünschten Energien aber nicht entstehen und der Verstand behält die Kontrolle. Je spielerischer die Herangehensweise ist, desto sicherer die Freude und auch der Erfolg. Das Erleben in der Übung ist zunächst wesentlich entscheidender für das innere Wachstum als das konkrete Ergebnis. Diese Signale gilt es nach außen zu senden, womit wir vermeiden, dass andere denken, sie müssten im Zirkel Leistungen absolvieren. Mancher mag uns vorwerfen, das seien eher Kinderspiele und es fehle der nötige Ernst. Den Ernst, der hier gemeint ist, leiten wir aber meist unterbewusst von der christlichen Vorstellung ab, die Gott als einen würdigen, strengen, alten Herrn gesehen hat. Das sind Illusionen. Die von uns entwickelten Zirkelübungen sind in der Tat spielerisch, aber spielerisch in der Tiefe der Absicht, wie sie so großen Weltspielen wie dem I Ging oder den Runen zugrunde liegen. Es ist ein heiliger Ernst in dem Spiel und der Zirkel beileibe kein Spielplatz oder Zeitvertreib für Partys. Aber der Zirkel ist auch kein Ort jenes schweren Ernstes, den manche suchen und erwarten, der alles ausschließt, was sinnlich, leicht und farbig ist. Es ist jener falsch verstandene Ernst, jene Missdeutung von Achtung oder Würde dem Göttlichen gegenüber, was früher zu sektiererischen, engstirnigen Gebetsgemeinschaften geführt hat, zu jener unglückseligen Schwere, die uns bis heute anhaftet. Der wunderbare Roman „Der Name der Rose" von Umberto Ecco beschreibt jenen falschen Ernst, der einen Mönch dazu treibt, all jene zu vernichten, die mit einem antiken Buch, das vom Humor handelt, in Berührung gekommen waren. Vom Wort her betrachtet bedeutet Ernst so viel wie „entschlossen, sicher, fest im Kampf", wobei es dabei um eine innere, energetisch gestraffte Haltung geht, die dem wahren Krieger zueigen ist. Japanische Samurai-Schriften über das Kämpfen enthalten viele Hinweise auf eine solche ernsthafte Haltung, in der es gilt, bei sich zu bleiben, nirgendwo anzuhaften, sondern stets im Fluss der Energien zu sein. Das ist nur möglich, wenn man seine eigene Mitte, seinen Hara, gefunden hat. Dann fließen die Energien ähnlich wie in einem Grashalm, der vom Wind in alle Richtungen bewegt wird und doch stets zur Mitte zurückkehrt.

„Geneigt sein" und Toleranz

Wir sprechen heute viel von positiver Lebenshaltung, was immer sehr abstrakt klingt. Ich halte den alten Begriff „geneigt sein" für eine viel stimmigere Bezeichnung. Wenn Menschen sich geneigt sind, dann kann man offen miteinander sprechen, muss keine Verletztheit aus emotionaler, persönlicher Empfindlichkeit fürchten. Dann finden Ehrlichkeit und Wahrheit ihren angemessenen Platz im Zirkel. Wenn alle Masken tragen, dann kann nichts Echtes wachsen. Und „geneigt sein" ermöglicht echte Toleranz. Viele üben sich heute in einer Scheintoleranz, die den wirklichen Verhältnissen oft nicht entspricht und sich daher früher oder später als unhaltbar entlarvt. Echte Toleranz bedingt Weite und Abgrenzung, Eigenraum und Respekt. Aufrichtiger Respekt und Würdigung entsteht aus „geneigt sein". Und wie leichter wird auch der Alltag, wenn wir diese freudvolle Haltung in ihn hineintragen.

7.4 *Anzahl der Mitglieder und Sitzordnung*

Wie viele Menschen brauchen wir für einen Zirkel? Dies hängt natürlich von den Möglichkeiten ab, also wie groß unser Bekanntenkreis ist, wie groß der Übungsraum und wie unsere persönliche Einstellung zur Größe des Zirkels ist. Des Weiteren spielt die Höhe des Energiepegels eines jeden Teilnehmers eine Rolle. Ich habe schon Zirkel mit drei Mitgliedern getroffen, die so viel Energie hatten, wie manch anderer Zirkel mit sechs oder sieben Mitgliedern. Viele Menschen ergeben zweifelsohne viel Energie, aber sie können auch ein Mehr an Problemen bringen.

„Man behalte stets im Auge, dass die Harmonie des Zirkels, welche in erster Linie erforderlich ist zum Zwecke denkbar bester Ausnutzung des Zirkelfluids, um so leichter gestört und um so schwerer zu erhalten ist, je größer die Anzahl der Teilnehmer ist! Nirgends gilt das Sprichwort ‚Viele Köche verderben der Brei!' so sehr, als für die richtige Zahl der Zirkelmitglieder!"
Hans Arnold

Das ist ein bedenkenswerter Aspekt, obgleich ich gut funktionierende Zirkel kenne, die mehr als 10 Mitglieder haben.
Ich gebe im Folgenden Zahlen aus unserer eigenen Erfahrung an, die sich als sinnvoll gezeigt haben. Drei Personen sind das absolute Minimum, während 8-10 Personen das absolute Maximum darstellen. Der Kreis sollte nicht zu klein aber auch nicht zu groß sein, um eine effiziente Energiearbeit zu gewährleisten. Wir haben besonders gute Erfahrungen gemacht mit ungeraden Teilnehmerzahlen, also fünf oder sieben Mitglieder. Die Spannkraft innerhalb des Zirkels ist größer.

Eine Ausgewogenheit der Mitglieder, also eine gute Mischung zwischen Frauen und Männern, wäre wunderbar, ist aber leider nicht immer möglich. Außerdem ist es gut, Menschen von unterschiedlichem Temperament im Zirkel zu haben. Weiterhin ist eine gute Mischung von älteren und jüngeren Menschen zu begrüßen. All diese unterschiedlichen Energien geben ein Mehr an Farben und Möglichkeiten.

Es gibt keine vorgeschriebene Sitzordnung. Wir empfehlen stets mit der Sitzordnung zu experimentieren. „Wie fühlt sich jeder an seinem Platz, in welcher Anordnung läuft die Energie im Zirkel ungehindert?", das sind Fragen, die helfen herauszuspüren, ob die Sitzordnung günstig ist. Hat man mehrere Männer und Frauen im Zirkel, so ist es gut, dass diese im polaren Wechsel sitzen, Frauen also neben Männern.

7.5 Wer sollte unter keinen Umständen im Zirkel sitzen

Tiere sind in England zum Zirkel nicht zugelassen, denn sie reagieren stark auf die Energien und werden unruhig. Zudem mögen sich die vielen Energien im Raum auf Dauer ungünstig auf das Tier auswirken. Tiere sind ja überaus sensitiv. Während der Arbeit eines Heilerzirkels können Tiere als Patienten da sein.

Kinder werden aus ganz ähnlichen Gründen nicht zum Zirkel zugelassen, Jugendliche nur im Ausnahmefall. Auch sie sind sehr sensitiv und die vielen Eindrücke mögen verwirrend sein, obwohl oder gerade weil Kinder der sensitiven Welt noch näher sind. Aber Kinder kommen von dort und gehen weiter in dieses Erdenleben hinein. Sie müssen sich weiter inkarnieren, ihre physische Existenz hier verankern. Ein Zuviel an feinstofflichen Schwingungen und Kontakten mit anderen Welten kann Kinder auf ihrem Weg in dieses Leben verwirren, weil sie es nicht einordnen können. Gerade auch pubertierende Jugendliche verfügen über enorme psychische Kräfte, die eng an die Sexualkraft gebunden sind. Auf diese Kräfte sollte man nicht noch zusätzlich verstärkend einwirken. Ausnahme kann sein, dass man neugierige Kinder, die unbedingt wissen wollen, was ihre Eltern „da so treiben", einmal in den Zirkel holt, um ihre Neugier zu stillen. Sonst bleibt ihre nagende Neugier stets wach. Meist erleben sie die Arbeit als „so langweilig", dass sie kein besonderes Interesse mehr an den Tag legen. Erst wenn in späteren Jahren Erdung und Mitte erreicht sind, ist es sinnvoll, sich wieder den exkarnierenden, geistigen Energien zu widmen.

Menschen mit schweren psychischen Problemen sollten wir ebenfalls nicht zum Zirkel zulassen, da sie nicht in ihrer Mitte sind. Menschen, die zur Zeit wegen schwerer Probleme in einer psychotherapeutischen Behandlung sind, Menschen, die starke Ängste haben oder über den Tod eines Angehörigen nicht hinwegkommen, sind für den Zirkel ungeeignet. Ihr Fokus liegt zumeist gänzlich auf ihren Problemen und das ist nicht Sache der Zirkelarbeit. Zirkelarbeit ist zudem hochenergetisch, weshalb eine innere Balance unumgänglich ist, um Symptome nicht noch zu verschlimmern. Zu Anfang ist Zirkelarbeit ja eine reine Energiearbeit und hat mit der geistigen Ebene noch nicht viel zu tun. Um diese zu erreichen, braucht es Zeit der Entwicklung. Energie aber fördert und unterstützt alles, die lichten wie die dunklen Anteile in uns. Daher ist es wichtig, dass wir mit uns selbst im Lot und in unserer „Mächtigkeit" sind.

Menschen mit absonderlichem Verhalten eignen sich ebenfalls nicht für den Zirkel. Wir sollten also keine Menschen zulassen, die sich seltsam benehmen, sonderbare Vorstellungen haben oder seltsame Rituale pflegen. Immer wieder einmal gibt es Menschen, die verfallen z.B. in seltsame Zuckungen, wenn sie angeblich die Heilenergie durch sich strömen oder die Anwesenheit einer geistigen Kraft fühlen. Zuckungen aber sind unnatürlich, sie zeugen von einer krampfhaften, unrhythmischen Entladung der Nervenzellen, was zu Verspannung und verkrampfter Atmung führt. Das ist auf Dauer für den Körper überaus ungesund. Im sehr seltenen, dann eher günstigen Fall können es Anzeichen einer unkontrollierten Trance sein, aber wir arbeiten im Zirkel nicht mit Trance.

7.6 Zeitliche und räumliche Bedingungen

„..., dass die Regelmäßigkeit der Sitzungen (nach Zeit und Ort) von Wichtigkeit für gutes und beschleunigtes Gelingen der Phänomene ist. Es ist hiermit gerade so wie mit dem guten Einfluß, den die Regelmäßigkeit in der Diät und Lebensweise auf das Wohlbefinden des Menschen auslöst."

„Hält man die Sitzungen regelmäßig um dieselbe Zeit ab, so wird der Körper zu der betreffenden Stunde von selbst in die günstige Disposition zur Fluidausstrahlung gelangen und hierzu wird der in gleicher Art wiederkehrende Einfluß derselben örtlichen Umgebung auch sein Teil beitragen."

Hans Arnold

Der Zirkel findet stets im gleichen Raum und zur gleichen Zeit (gleicher Tag, gleiche Uhrzeit) mit den gleichen Mitgliedern statt. Von Vorteil ist es, den Zirkel einmal pro Woche abzuhalten und dies am besten zur Abendzeit, da wir körperlich dann in einem entspannteren Zustand sind. Der Stand der Sonne spielte ja für Übungen und Rituale in allen spirituellen Schulungen eine wichtige Rolle. Ich kenne aber auch Tierärzte, die zirkeln morgens um halb acht, bevor sie in die Praxis gehen. Natürlich geht das auch.

Es gibt nun Zirkel, die treffen sich alle zwei oder gar drei Wochen, da die Mitglieder weit auseinander wohnen oder der Terminplan es nicht anders zulässt. Das geht auch, wir müssen flexibel sein. Aber der Aufbau eines ätherischen Kraftfeldes geht dann langsamer vonstatten. Die Häufigkeit des Treffens hängt auch davon ab, was jeder im Zirkel erreichen möchte. Wer nach einer Entwicklung medialer Fähigkeiten strebt, wird am besten jede Woche zirkeln. Für die Dauer des Zirkels schlagen wir eine Stunde vor, weil es sich bewährt hat.

Zum Raum: Es braucht keinen besonderen Raum für die Zirkelarbeit. Jeder Ort, an dem wir stehen oder sitzen, kann zur Kathedrale werden. Ein Schlafzimmer als Zirkelraum ist dagegen nicht anzuraten, da die Energie zu anregend für einen Ruheraum ist. Aber wenn es nur einen Raum gibt, wird man auch diesen nutzen. Der Raum sollte kein Durchgangszimmer sein und während der Arbeit müssen wir darin ungestört sein. Also kein Telefon, keine Handys, keine hereinstürmenden Kinder oder Tiere. Diese Zeit des Zirkels widmen wir der spirituellen Welt. Der Raum sollte eine durchschnittliche Temperatur haben, die für alle angenehm ist. Förderlich ist nach unserer Erfahrung eher eine kühlere Raumtemperatur als eine zu warme. Der Raum selbst bedarf nicht unbedingt irgendwelcher spiritueller Symbole. Wichtig ist nur, dass alle Teilnehmer sich wohl fühlen darin. Wunderbar ist es natürlich, wenn man einen Raum hat, der nur für die Zirkelarbeit genutzt wird.

7 • 7 *Mit welchen Übungen beginnt man im Anfänger-Zirkel?*

Wir empfehlen, wie schon erwähnt, mit einfachen Übungen anzufangen. Am besten beginnt man die ersten Sitzungen mit einer der Alphareisen, die wir im Kurs lehren. Dabei lernen die Teilnehmer sich zu entspannen und wahrzunehmen. Die Harmonisierung der Energien geht dann leichter vonstatten. Ansonsten empfehlen sich die einfachen, kreativen Übungen von unserem ersten Kurs. Je kreativer und spielerischer, desto besser und leichter für alle. In den ersten Wochen sollten keinerlei schwere, tiefgehende Übungen gemacht werden. Je einfacher und entspannender die Übungen sind, desto mehr Vertrauen gewinnt jedes Mitglied in seine eigenen Fähigkeiten und auch in die Gruppe. Ist das Vertrauen und die Begeisterung da, kann man den Zirkel in vertiefende und erweiterte Übungen führen.

Singen im Zirkel

Zu Beginn des Zirkels können wir uns zusätzlich vor oder nach dem Eröffnungsgebet auch mit einem Lied einstimmen. Das kann ein besinnliches Lied sein, ein tönendes AUM oder auch ein fröhliches Lied, je nach Geschmack und Energie. Ist der Energiepegel zu Beginn oder auch während eines Zirkels zu niedrig, so lässt er sich über das Singen anheben. Wir haben in unserem Zirkel auch schon Lieder wie „Hoch auf dem gelben Wagen" mit voller Kehle angestimmt, wenn die Energie völlig abgesunken war.

Singen ist etwas Heilsames und hat eine anregende Wirkung auf unser Nervensystem. Zudem befreit Singen und ist vor allem jenen im Zirkel hilfreich, die unter einem schwachen Selbstausdruck oder unter Schüchternheit leiden. Wenn wir die Haltung des Singens einnehmen, mit erhobenem Kopf und gefüllter Brust, dann haben Ängste keinen Platz mehr in uns. Im Singen erleben wir zudem unmittelbar unsere eigene Selbstwirksamkeit, d.h. wir setzen etwas in Gang, von dem wir sogleich eine Rückkopplung erfahren, nämlich ob wir den richtigen Ton getroffen haben oder nicht. Weiterhin fördert das Singen mit anderen die Fähigkeit der Einstimmung.

7.8 Regeln für den Ablauf des Zirkels

„Zirkel bedeutet, wir haben eine Verabredung mit der geistigen Welt. Da kann man nicht einfach zu spät kommen, so wenig wie man zur eigenen Beerdigung zu spät kommen kann."
Margaret Pearson

„Der Zirkel ist kein Ort, an dem persönliche Probleme besprochen werden und er ist kein Ort der Therapie. Er ist ebenfalls keine Diskussions- oder Gesprächsrunde. Er ist ein Ort spirituellen Wachstums, ein Ort der Seelenarbeit."
Harald Knauss

Es mutet uns etwas ungewohnt an, wenn wir auf der einen Seite von der Freiheit der spirituellen Arbeit hören und auf der anderen Seite die festen Anordnungen lesen. Der Zirkel birgt in sich den Widerspruch der Dualität, dass es die völlige Freiheit nur geben kann, wenn es irgendwo auch eine völlige Ordnung gibt. Freiheit ohne Ordnung ist Chaos, Anarchie. Eine Demokratie braucht ihre Ordnung, wie auch die Zen-Übungen, der Yoga und eben auch die Zirkelarbeit. Manche Regeln erschienen uns zu Beginn selbst etwas kleinlich, aber wir haben ihre sinnvolle Bedeutung im Laufe unserer Zirkelarbeit erfahren dürfen. Es lohnt, sich mit diesen Regeln auseinanderzusetzen und sie zu verinnerlichen.

1. Jeder Teilnehmer ist einige Zeit vor Zirkelbeginn (mindestens 15 Minuten) am Zirkelort anwesend, um wirklich anzukommen. Der Zirkel beginnt pünktlich und nach Eröffnung des Zirkels kann jemand, der zu spät kommt, nicht mehr teilnehmen. Wir haben z.B. niemanden im Haus, der die Haustür öffnen könnte, wenn wir zirkeln. Die verspätete Person müsste also draußen vor der Tür bis zum Ende des Zirkels warten. Das ist auch eine eiserne Regel in England. Denkt immer daran: Wir haben eine Verabredung mit der geistigen Welt oder Gott; was könnte es Wichtigeres geben? Und wie pflegte Margaret Pearson mit ihrem englischen Humor hinzuzufügen: „Für deine eigene Beerdigung kannst du auch nicht zu spät kommen!"
2. Vor dem Zirkel bitte keine schweren Mahlzeiten einnehmen und nicht zu viel trinken, damit wir während der Zirkelzeit nicht zur Toilette gehen müssen. Auch während des Zirkels nehmen wir nichts zu uns,

auch kein Wasser. Diese Stunde der Zirkelarbeit gilt einzig dem Spirituellen. Ausnahme ist, wenn jemand einen starken Hustenreiz hat. Der sollte ein Glas Wasser für sich bereithalten.

3. Der Zirkel ist in England eine wirklich wichtige Verabredung mit festlichem Charakter, vergleichbar dem Kirchgang am Sonntag in alter Zeit. Dementsprechend präpariert man sich und kleidet sich „festlich“, was uns zu Beginn selbst noch ziemlich „spießbürgerlich“ erschien, erinnerte es uns doch an den Kirchgang am Sonntag zur Zeit unserer Kindheit. Aber die Kleidung soll ein Signal für uns und die geistige Welt sein, dass es hierbei nicht um den Alltag geht und wie hoch wir diesen Zeitpunkt der Begegnung mit der geistigen Welt schätzen. Es geht also um Ehren und Würdigen. Indem wir der geistigen Welt die Ehre erweisen, erweisen wir auch uns selbst die Ehre, denn ein Teil von uns gehört ebenfalls ihr an.
4. Ein harmonisches Gefühl unter den Teilnehmern ist überaus wichtig. Daher bitte keine starken Parfums verwenden, die andere irritieren könnten. Auch Räucherstäbchen empfehlen sich nicht, da jeder einen anderen Geschmack hat. Man sollte im festen Zirkel alles weglassen, was vom Fokus der eigentlichen Arbeit, dem eigentlichen Ziel – nämlich der Kontakt zur geistigen Welt – ablenkt oder zu Irritationen führt.
5. Die Sitzordnung lässt sich am besten während der ersten Sitzungen erspüren. Wie fühlt sich die Energie im Kreis an? Wie fühlt sich jeder an seinem Platz? Hat jeder das Gefühl, dass die Energie frei fließt? Man kann auch ein Aurabild der Gruppe malen und deuten. Irgendwann hat dann jeder seinen optimalen Platz im Kreis gefunden, so dass eine gute Gruppenenergie vorhanden ist. Die gefundene Sitzordnung sollte über sehr lange Zeit beibehalten werden, solange es keine zwingenden Gründe gibt, sie zu ändern.
6. Für die Anfänger in der Zirkelarbeit wird die Zeitdauer eines Zirkels am besten vom Leiter vorgegeben. Es macht vom energetischen Standpunkt aus keinen Sinn, zu kurze Zeit zu sitzen, aber auch nicht länger als eine Stunde. Eine Stunde erscheint uns optimal. Nach einiger Zeit der Übung finden die Zirkelmitglieder selbst heraus, wie lange ihr Energiepegel für die jeweilige Sitzung reicht. Die Höhe der Energie zur jeweiligen Sitzung bestimmt dann die Dauer.
7. Während der Dauer des Zirkels darf es keine Störung geben. Ruhe und Ungestörtheit haben oberste Priorität. Also, wie gesagt, keine hereinstürmenden Kinder, kein Telefon, keine Handys im Raum usw.
8. Jeder Zirkel hat einen Leiter, dessen Anweisungen unbedingt zu befolgen sind. Zu Beginn wird natürlich jemand den Zirkel leiten, der

bei uns die Kurse besucht hat. Harmonie ist ein ganz wichtiger Faktor für die Arbeit. Gibt es Konflikte zwischen zwei Mitgliedern oder im Zirkel überhaupt, gilt es diese zu klären. Dies geschieht aber nach dem Zirkel. Während des Zirkels gibt es keine Diskussionen oder Debatten. Disharmonie sabotiert jeglichen Erfolg, denn Zirkelarbeit basiert auf „Synthese der Kräfte". Notfalls muss man sich von einem Zirkelmitglied auch trennen, wenn der ganze Zirkel darunter leidet. Kommt man selbst mit einem Zirkel nicht mehr klar, was immer sein kann, wenn man über längere Zeit hinweg zusammenarbeitet, dann ist es besser, man gründet einen neuen, eigenen Zirkel.

9. Selbstverständlich unterliegt alles, was im Zirkel geschieht, der Schweigepflicht. Tratsch ist unter allen Umständen zu vermeiden. Die ethischen Regeln, wie sie in unserem Ehrenkodex niedergelegt sind, werden beachtet.
10. Die Einstellung der Mitglieder zur Zirkelarbeit sollte freudig, aufrichtig und ernsthaft sein. Humor und Erdung sind wichtige, tragende Kräfte. Es ist gut, keine Erwartungshaltung zu hegen, welche Fähigkeiten man entwickeln möchte. Die geistige Welt entscheidet selbst, welchen Dienst jemand an der Welt zu leisten vermag und welche Fähigkeiten er dafür braucht. Weiterhin sollte die Grundeinstellung eines jeden sein, anderen im Kreis zu helfen, sie zu bestärken und positiv zu fördern.

7·9 *Die Aufgabenverteilung im Zirkel*

Es gibt einen **Zirkelleiter**, der über einen längeren Zeitraum (Minimum sechs Monate) den Zirkel leitet. Dies wird in den meisten Fällen der Zirkelgründer sein, denn er ruft den Zirkel ins Leben. Er hat bei uns die Kurse besucht und somit das nötige Wissen, um einen Zirkel zu leiten und kann dieser Verantwortung auch gerecht werden. Seine Erdung sollte ebenso gut sein wie sein gesunder Menschenverstand. Er achtet darauf, dass die Regularien eingehalten werden und seinen Anweisungen ist Folge zu leisten. Fehlt jemand zu häufig, kommt immer zu spät usw., so wird er das zu unterbinden versuchen oder jemanden gegebenenfalls auch von einer weiteren Teilnahme ausschließen. Er bereitet die Übungen vor, delegiert Übungen, kümmert sich darum, wer den Zirkel eröffnet und schließt.

Treten im Zirkel unerwünschte Aktionen, Exzentrik oder seltsame Verhaltensweisen auf, die nicht mit den spirituellen und ethischen Prinzipien im Einklang stehen, sollte er darauf hinweisen und solches auch unterbinden. Zum Wohle des ganzen Zirkels und im Einklang mit der Mehrheit kann er im Notfall auf Ausschluss einer Person drängen.
Die Zirkelleitung kann später in andere, inzwischen auch erfahrene Hände übergehen, so dass jeder einmal diese Position im Zirkel inne hat. Der Leiter hat die schwierige Aufgabe, die Energie und das Ziel der ganzen Gruppe im Auge zu behalten und gleichzeitig auch selbst an den Übungen teilzunehmen.

Das Eröffnen und Schließen

Jede Zirkelsitzung wird durch ein Gebet eröffnet und abgeschlossen. Meist findet sich auf freiwilliger Basis jemand, der eröffnet und ein anderer, der schließt. Der Zirkelleiter achtet darauf, dass jeder ausgewogen diese Aufgaben übernimmt. Er kann dies auch notfalls bestimmen. Der Zirkelleiter wacht darüber, dass alle in die Stille gehen, aber auch wieder ins Wachbewusstsein zurückkehren.

Grundsätzlich ist es von Vorteil, wenn die Zirkelmitglieder zu Hause eine tägliche Meditation pflegen, die den spirituellen Rhythmus aufrechterhält und die Energie des Zirkels zusätzlich anheben kann. Das hilft auch, spirituelle Erkenntnisse und Erfahrungen vom Zirkel auf den Alltag zu übertragen, eine ganz wesentliche Aufgabe eines jeden Zirkelmitglieds, denn es nützt nichts für eine Stunde pro Woche spirituell zu sein und zu Hause dann mit dem gewohnten Alltagsbewusstsein zu leben.

Das Halten der Energie

Für eine effektive Zirkelarbeit braucht es eine Beachtung der Ökonomie des Energiekreislaufes. Alles, was den Aufbau und die Zirkulation der Energie behindern könnte, sollte vermieden werden. Also z.B. unregelmäßiges Erscheinen, zu langes Reden, störende Unkonzentriertheit, stete Müdigkeit sind solche Faktoren, auf die der Zirkelleiter achtet. Seine Aufgabe ist es, darüber zu wachen, dass sich stets Energie regeneriert.

7.10 *Der praktische Ablauf des Zirkels*

Die äußere Form des Ablaufes eines Zirkels ist recht einfach:

* Eröffnungsgebet
* Einstimmung in der Stille (ca. 10 Minuten). Entspannende Hintergrundmusik kann hilfreich sein, die Energien zu beruhigen und zu harmonisieren. Es findet ein Einschwingen auf die Gruppe und die geistige Welt statt. Ist die Energie jedoch zu gering, so vermag z.B. Singen diese anzuregen, bevor man in die Stille geht. Auch ein Halten der Hände, um sich gegenseitig besser zu verbinden, mag eine Hilfe sein.
* Kurze Mitteilung von eventuellen Wahrnehmungen. Es können Gefühle oder Symbole auftauchen, die jemand wichtig findet und den anderen mitteilen möchte. Allerdings nur, wenn er auch den Sinn seiner Wahrnehmung und Botschaft mitteilen kann. Keine Bildbeschreibungen!
* Je nach Art des Zirkels, der Zeit und der Energie, werden unterschiedliche Übungen vorgenommen. Das Feedbacksystem, wie in unseren Kursen gelehrt, ist die Grundlage dafür.

* Nach den Übungen und zu Ende der Zirkelzeit kann Heilenergie an kranke Personen, die Krisenherde der Welt etc. ausgesandt werden. Das bildet den Abschluss der spirituellen Arbeit.
* Abschlussgebet
* Eventuell ein kleiner Vortrag über ein spirituelles Thema zum Ausklang.

Die Übungen während eines Zirkels können vom Zirkelleiter oder von allen gemeinsam festgelegt werden. Der Zirkelleiter achtet auf die Zeit und auch darauf, dass ein energetisches Gleichgewicht herrscht. Manche Teilnehmer brauchen mehr Zeit für eine Übung als andere, andere wiederum können gar nicht aufhören zu reden. Der Zirkelleiter achtet daher darauf, dass eine energetische Balance gewahrt wird. Während des ganzen Zirkelablaufes steht nur die geistige Welt und die Spiritualität im Mittelpunkt, also nicht das Ego und sein Verstand. Das erfordert, dass wir alles meiden, was dem Verstand zu viel Nahrung gibt. Während der Zirkelzeit wird also nicht analysiert und diskutiert, es werden keine Standpunkte erörtert oder persönliche Probleme gewälzt. Das kann alles außerhalb des Zirkel geschehen, also z.B. nach dem Zirkel. Hat ein Zirkel über längere Zeit viel Erfahrung gesammelt, dann kann ein Mitglied auch einmal eine wichtige persönliche Frage als Übung in den Zirkel einbringen. Das ist möglich. Aber grundsätzlich ist der Zirkel kein Gesprächs-, Problemlösungs- oder Therapiekreis. Der Zirkel ist nur für die spirituelle Arbeit da. Mit der Zeit wächst das Vertrauen, dass die geistige Welt schon das ihrige tut, wenn jemand aus dem Kreis private Probleme hat.

Wie gesagt, können nach dem Abschluss des Zirkels Standpunkte diskutiert oder Fragen vertieft werden. Bei einem Anfängerzirkel wird dies unvermeidlich sein und viele Fragen haben ihre Berechtigung. Wir selbst legen bei einem fortgeschrittenen Zirkel Wert darauf, dass vor und nach dem Zirkel nicht direkt zu Alltagsgesprächen oder gar Tratsch übergegangen wird. Die Gespräche sollten sich um spirituelle Themen oder Anliegen drehen, um nicht gleich wieder in die „Niederungen des Alltags" abzugleiten. Als Ausklang des Zirkelabends hat sich die Einführung von kleinen Vorträgen bewährt, die ein spirituelles Thema zum Inhalt haben. Jedes Mitglied sollte einmal einen solchen Vortrag halten und danach kann man über dieses Thema gemeinsam sprechen.

7.11 *Werkzeuge des Zirkels*

a) Arbeitsmaterialien

Grundsätzlich können im Zirkel alle Übungen und Materialien benutzt werden, die wir auch in unseren Kursen verwenden. Es empfiehlt sich also, „Arbeitsmaterial" wie Farben, Bänder, Papier und Schreibzeug, Inspirationskarten etc. für die Arbeit stets bereitzuhalten. Derjenige im Zirkel, der eine Übung für die Sitzung vorbereitet, sollte auch Sorge tragen, dass alles griffbereit ist, so dass es während des Zirkels nicht zu größeren Aktionen kommt, die den Energiefluss unterbrechen.

b) Zirkel-Tagebuch

Es ist günstig, ein Tagebuch zu führen, in dem Erkenntnisse, wichtige Wahrnehmungen, Inspirationen etc. festgehalten werden. Wir hatten dies lange Jahre nicht praktiziert und uns später geärgert, dass wir tolle Eingebungen und Inspirationen hatten, die später einfach vergessen waren. Manchmal sieht jemand ja auch etwas für die Zukunft, was sich dann viel leichter anhand des Buches nachprüfen lässt.

c) Besondere Anlässe

Das Tagebuch kann auch für besondere Anlässe im Zirkeljahr wichtig sein, um alles festzuhalten. Hat ein Zirkelmitglied Geburtstag, so schwingen wir uns in unserem Zirkel auf dieses ein und schauen, was das neue Jahr für ihn bringen wird, welche Entfaltungsmöglichkeiten es bietet. Ein weiterer Anlass ist die Jahreswende. Zu Neujahr schauen wir im Zirkel, was das neue Jahr für uns als Gruppe oder auch für die Welt bereithält. Im Laufe des Jahres lässt sich dann überprüfen, was von unseren Wahrnehmungen Sinn gemacht hat.

d) Feedback-Bögen für den Zirkel

1. Feedback-Bogen für sensitive Übungen

„Worauf kommt es in der Zirkelarbeit an?" ist eine viel gestellte Frage in den Kursen. Schnell sind die Punkte für eine Antwort aufgezählt. Aber halten wir uns dann wirklich daran, wenn wir üben? Oftmals merken wir und unsere Zirkelmitglieder gar nicht, was unsere Botschaften enthalten. Daher wäre es eine gute Idee, einen Feedback-Bogen für alle Zirkelmitglieder auszuteilen, so dass das Augenmerk auf das Essenzielle gerichtet bleibt. Dieser Fragebogen eignet sich vor allem für Übungen, in denen Botschaften oder Informationen an eine andere Person weitergegeben werden. Dies sind natürlich vor allem Übungen zu zweit im Zirkel. Welche Fragen könnte so ein Bogen enthalten:

Was wurde wahrgenommen? Fakten der Botschaft? . . . .

Wie viel Positivität enthielt die Botschaft? . . . .%

War sie auf das Potenzial gerichtet? . . . .

Wie korrekt waren die Fakten und Informationen
für den Klienten? . . . .%

Wie hilfreich war die Botschaft? . . . .%

Wurde die Ethik in der Sitzung beachtet? . . . .

2. Feedback-Bogen für Fernheilung

Für die Fernheilung kann man einen Bogen anlegen, mithilfe dessen man Wahrnehmungen und Tatsachen vergleichen kann. Zunächst hat man ja oft nur einen Brief mit Namen und Foto einer erkrankten Person. Später lassen sich schriftlich oder mündlich weitere Informationen einholen.
Im Folgenden der Auszug aus einem Beispielbogen. Ein Mann bat uns um Hilfe für seine erkrankte Mutter und er sandte uns den Bogen ausgefüllt zurück.

Name des Patienten	Wohn- oder Aufenthaltsort
Wahrnehmungen des Zirkels	Feedback (Patient, Angehörige)

Von der Grundeinstellung her: Lebensfreude	Ist richtig, – im Moment aber pessimistisch
Gefühl der Trauer	Richtig
Rheumatische Symptome	Ja, auch Gicht
Verlust (Bild eines Mannes taucht auf)	In der Tat hat sie vor etwa fünf Monaten ihren Mann verloren.
Kleiner Hund (kommt mit Mann herein)	Ja, hielten stets Rauhaardackel, da der Mann passionierter Jäger gewesen war.
Schmerzen bei Bewegung	Kunstfehler bei einer OP, Schmerzen in den Beinen, Füßen. Einnahme von Opiaten.

In der Folge kann der Zirkel sich dann Bögen anlegen, die Veränderungen festhalten, so dass überprüft werden kann, ob es im Zirkel ähnliche Wahrnehmungen bezüglich der Person gab.

Name:	Wohn-/Aufenthaltsort
Was hat sich körperlich verändert?	
Was hat sich emotional verändert, was von der Einstellung her?	
Hat sich im Umfeld etwas verändert, also Angehörige, Pfleger, Haustiere etc.?	
Konnten Sie energetisch, spirituell etwas wahrnehmen?	

7.12 *Gebete zum Eröffnen und Schließen*

Über die Jahre haben mir Kursteilnehmer einige ihrer im Zirkel verwendeten Gebete zugesandt, die ich als Anregung im Nachfolgenden wiedergeben möchte. Nicht für jeden ist es einfach, ein Gebet laut vor anderen zu sprechen. Bei mir war das „Gebete sprechen" durch kirchliche Erfahrungen negativ vorbelastet und so musste ich erst einmal üben. In einer anderen Sprache, wie z.B. dem Sanskrit, fällt das manchem leichter und „Mantra" hat einen anderen Klang für uns als Gebet. Allerdings bleibt der Inhalt unerschlossen, wenn man nicht Sanskrit beherrscht oder man ist auf Übersetzungen angewiesen, also auf eine Deutung aus zweiter Hand. Ich selbst finde es wichtig, dass wir uns in unserer eigenen Sprache ausdrücken, da in der Muttersprache unsere Emotionen von Kindesbeinen an energetisch verankert sind. Wir empfinden anders in der Muttersprache und tiefes Empfinden ist für ein Gebet wichtig. Beten aus einer Verstandesreflexion heraus erzeugt keine Wirkung, denn das alleinige Formen der Worte hat keine Kraft. Die wirkliche Kraft des Gebetes kommt aus dem Urgrund, dem geistigen Selbst, zu dem wir über tiefes Empfinden kommen.

Die Hinwendung, ja Hingabe an die geistige Seite des Lebens macht erfolgreiches Beten möglich. Das Eröffnungsgebet ist für den Zirkel eine ganz wichtige Angelegenheit, da es zunächst die Gemüter aller Anwesenden beruhigt und besänftigt. Luther sagte einmal, dass niemand das Beten und Bitten nötiger hätte, als jene Menschen, die unduldsam, uneins und unzufrieden seien in ihrem Leben. Unsere heutige, hektische Zeit fördert solch negative Nervenzustände in uns und ein Gebet kann solche, die wir eben aus dem Alltag mitbringen, auflösen. Das Gute – also eine positive Lebenseinstellung – schult sich am besten über das Bitten und Danken, und das Gebet hat direkt damit zu tun. „Wir danken der geistigen Welt, dass wir uns heute hier in Frieden wieder zu unserem Zirkel versammeln können …". Dank und Bitte stehen zu Beginn und am Ende eines Zirkels. Je mehr sich jemand seinem inneren Geist hingeben kann, desto ergreifender und stärker wird die Wirkung seines Gebetes auf alle sein. Gebet hat mit innerlicher Begeisterung zu tun. Auf diesem enormen Kraftstrom beginnt die Zirkelarbeit, der auch Schutz bietet vor niederen Kräften und Schwingungen. Zum Schluss eines Zirkels steht wieder ein Dank, wieder ein Gebet. Dieses setzt einen Schlusspunkt, fasst alle aufbauenden Energien nochmals zusammen, die jedes einzelne Mitglied mit in dessen Alltag begleiten. Daher sollten die Gebete nie als notwendiges Übel gesehen werden oder als ein Punkt, über den man möglichst schnell hinweg geht, sondern es sind Anfangs- und Schlussstein dieses „Tempels“, den wir Zirkel nennen. Wer sich seiner Seele oder seines Geistselbst bewusst ist, für den ist jeder Ort, an dem er weilt, ein Tempel, eine Kathedrale. Die Kraft dieses Ortes ist verschlossen wie mit einem Siegel und es ist das Gebet, das dieses zu öffnen vermag.

Im folgenden einige Beispiele für Gebete im Zirkel.

Eröffnungs-Gebete

1.

„Wir wollen uns jetzt einlassen
Auf die Energie unseres Zirkels,
Loslassen alles, was wir wissen –
Sein mit dem, was ist, jetzt – und immer …
Offen für das, was ist,
Offen für einander und für das Ganze.
Wir bitten Gott und alle seine Helfer in der geistigen Welt,
Uns zu helfen und zu führen.
Wir danken, dass wir da sein dürfen!
Damit ist der Zirkel eröffnet.“
(Madelaine Lehmann-Buri)

2.

(Klangschale ertönt …)

„Ich atme ein und komme zur Ruhe
Ich atme aus und weiß, ich lebe
Ich atme ein und lächle dem Leben zu
Ich atme aus und weiß mich gesegnet
Ich atme ein und bin dankbar für diese Gemeinschaft

Ich atme aus und weiß mich getragen
Ich atme ein und fühle mich als Teil von allem, was ist
Ich atme aus und weiß:
Das Band der Liebe eint mich mit allen Wesen.

Wir bitten um Beistand und Hilfe aus der geistigen Welt,
Kanal für diese Liebe zu werden, um heil zu werden, um heilsam wirken zu können.
Damit ist der Zirkel eröffnet."
(Hildegard Bradt)

Abschluss-Gebete

1.
„Wir danken den Helfern aus der Geistigen Welt,
dass sie uns dabei unterstützen,
das Göttliche in uns selbst für-wahr-zu-nehmen,
dass wir auf unser Leben blicken mit den Augen der Fülle,
statt mit den Augen des Mangels,
dass wir unsere Begrenzungen im Denken und Handeln auflösen können,
und so immer mehr Harmonie und Ordnung in unser Leben kommt.
Lasst Dankbarkeit unsere Welt durchstrahlen,
damit wir segenspendend wirken können.
So sei es!"
(Hildegard Bradt)

2.
„Wir danken für die gemeinsame Stunde
Und die Wirk-Weise Gottes unter uns.
Wir danken den Helfern aus der geistigen Welt
Für ihre Gegenwart und Unterstützung.
Wir bitten um Geleit bis zum nächsten Zirkeltreffen.
Wir bitten für jeden Tag um Lauterkeit der eigenen Gefühle,
Gedanken und Handlungen,
damit göttliche Liebe von uns ausgehen kann und alle segnet,
die in unsere Atmosphäre gelangen.

Damit ist unser Zirkel geschlossen."
(Hildegard Bradt)

7.13 Erfahrungsberichte aus einigen Zirkeln

Ich habe im Laufe der Jahre Berichte von vielen Zirkelmitgliedern gesammelt, die zum Teil auch in der Zeitschrift „Mediale Welten" veröffentlicht wurden. Es ist überaus spannend, welche Erfahrungen Menschen im Zirkel gemacht haben. Hier einige Beispiele:

1.

„Am schönsten für mich ist es zu beobachten, wie sich die Menschen verändern und immer mehr werden, wie sie gemeint sind, wie Andreas Krüger es ausdrücken würde. Mutiger, selbstbewusster, mit kreativen Ideen gespickt, überraschen mich meine Freunde ein ums andere Mal. Unser Umfeld verändert sich stetig, weil wir uns für diese Entwicklung und Transformation öffnen. Und da nichts im Verborgenen bleibt, der schützende Rahmen aber gegeben ist, liegt hier der Nährboden, konstruktive Kritik annehmen zu lernen und das macht Veränderung erst möglich.

War die Woche mal wieder sehr aufreibend und die Energien liegen fast unter dem Teppich, dann lassen wir es uns im Zirkel gut gehen. Durch Meditation und heilende Hände kommen wir in einen entspannten, bereicherten und heileren Zustand von Körper, Geist und Seele.

Sind unsere Energien extrovertiert, nutzen wir diese, anderen Menschen und Tieren zu helfen. Wir bemühen uns um eine Verfeinerung unserer Sensitivität und nähern uns allmählich unserer Spiritualität und Medialität.

Ich bin sehr dankbar für diese Möglichkeit, auf diese Art und Weise uns und anderen helfen zu können, unseren Lebensweg zu gehen."

2.

„Ich war eine kopfgesteuerte, mathematisch denkende Frau. Es fiel mir schwer, auf meine innere Stimme zu hören, auf meine Intuition zu vertrauen. Seit einigen Jahren habe ich immer wieder Menschen kennen gelernt, die sensitiv sind. In mir hat sich eine Tür geöffnet. Ich habe einen Zugang zu einer neuen Welt bekommen. Meine geistige Weiterentwicklung kam ins Fließen. So war es nur eine logische Konsequenz, dass ich mit A. D. ins Gespräch kam. Ich musste dazu zwar erst Elternbeirat im Kindergarten werden, aber die geistige Welt hat uns

zusammengeführt. Der Haller Zirkel wurde gegründet und meine Entwicklung konnte nun wöchentlich Fortschritte machen. Mir war relativ schnell klar, dass alles, was mit Heilenergie zu tun hat, mich am meisten erfüllt. Das Erspüren und Wahrnehmen von Lebewesen aller Art hat für mich nur ein Ziel: das Leben in „Liebe"! Die Energie, die alles umfassende, erfüllende Liebe, die uns immer umgibt, ist für alle zugänglich. Wir müssen nur einen Weg finden, uns zu öffnen und sie anzunehmen. Das klappt nicht immer, aber immer öfter!
Wenn ich anderen Menschen oder Tieren Heilenergie gebe oder schicke, bin ich selbst so durchflutet, so erfüllt von dieser Energie, dass es mich einfach glücklich macht."

3.
„Durch die Zirkelarbeit habe ich so viel neue Lebensweisheiten und neue tiefe Erkenntnisse über mich erfahren (die nicht immer unbedingt einfach zu verkraften sind), dass es mein Leben grundsätzlich verändert hat. Ich habe den Eindruck, ich bin dadurch aufgewacht und habe angefangen, meinen Weg zu gehen. Vor anderen Menschen und auch vor mir selbst habe ich mehr Achtung und Toleranz entwickelt.
Es gibt ja so viele tolle, abwechselungsreiche Übungen, dass es mir schwer fällt, davon Lieblingsübungen zu benennen. Das Erspüren von Heilpflanzen, Homöopathika und anderen Heilmitteln gehört aber auf jeden Fall dazu. Ebenso spannend finde ich auch, aus Sand, Bändern u. ä. zu lesen. Die Resonanz der Partner ist mir immer wichtig, da für mich daraus die Sicherheit erwächst, meinen Empfindungen und Bildern zu vertrauen. Dadurch habe ich für den Alltag gelernt, mehr aus dem Bauch heraus zu agieren, was sich meistens als richtig und sinnvoll erwiesen hat.
Für eine im Alltag sehr nützliche Übung halte ich das „Inspirierte Reden", obwohl oder vermutlich gerade weil ich mich damit noch schwer tue.
Der Zirkel löst nicht alle Fragen und Probleme des Lebens für mich, aber er kann mir teilweise entscheidende Hinweise für den Alltag und auch für den Lebensweg eröffnen."

4.
„Willkommen zum Lichtblick der Woche!
Als mich S. damals zum ersten Zirkel eingeladen hatte, war ich zwar

neugierig, aber auch zutiefst skeptisch. Ich befürchtete eine abgehobene Gruppe ohne alle Bodenhaftung und ohne Realitätsbezug. Nachdem ich A. gesehen und ihr das erste Mal die Hand geschüttelt hatte, ging es mir sofort besser. Ich war mir sicher, diese Frau lebt auf dem Boden und nicht in irgendwelchen esoterischen Wolken.
Dieser Eindruck wurde bestätigt, als sie später in der Zirkelarbeit die Überprüfbarkeit der sensitiven Wahrnehmungen betonte und jeder durch das prompte Feedback in der Runde sehen konnte, wie gut oder schlecht die Wahrnehmung und vor allem deren Interpretation waren..
Die ersten Versuche waren nicht gerade überwältigend. Anfangs spürte ich vor allem vage körperliche Eindrücke, nur selten kamen Bilder oder Worte. Mittlerweile bekomme ich manchmal ganze Geschichten oder ‚innere Filme' und es fasziniert mich immer wieder, wie umfassend diese sensitive Arbeit ist und welch breites Spektrum man damit erfassen kann. Das beginnt bei dem ‚Lesen' der Haarprobe eines Hasen, bei dem ich Probleme im rechten Oberkiefer bekomme (er hatte dort einen Abszess), bis zu den seelischen Ursachen für menschliche Krankheiten.
Der Mittwochabend ist schon lange ein fester und sehr wichtiger Bestandteil meines Lebens. Es tut einfach gut, da zu sein. Egal, ob ich fröhlich oder traurig ankomme oder ob den ganzen Tag um mich herum das Chaos herrschte, nach unserem Zirkel geht es mir immer besser, ich habe mehr Energie und fast immer auch etwas dazugelernt.

Die Zirkelarbeit gefällt mir so gut, dass ich zusammen mit S. und einigen regelmäßigen Gästen unseres offenen Zirkels in einem neuen Zirkel mitmache. Wir sind bereits sechs Personen und treffen uns alle vier Wochen."

5.

„Für uns alle ist der Zirkel ein Höhepunkt. Alle kommen etwas eher, um „anzukommen". Mitunter ergeben sich schon vor dem Zirkelbeginn Gespräche, die wiederum die Menschen einander näher bringen, die dazu beitragen, in dieser Zeit, in der menschliche Werte unterzugehen drohen, genau das zu pflegen, was das Menschsein ausmacht. Und danach gibt es manchmal nur ein Ende, weil der Zeiger der Uhr unausweichlich das Fortschreiten der Zeit anzeigt. Am liebsten bleiben wir alle noch zusammen, um zu reden, Gedanken auszutauschen oder zu singen. Inzwischen haben wir mehr Übungspraxis. Es macht Spaß, die gewonnenen Erkenntnisse und Fähigkeiten im Alltag anzuwenden, sei es im

Arbeitsalltag, beim Einkaufen, beim Gespräch mit Freunden oder in der Familie. Überall kommen die Gaben unserer Sinne zu ihrem Recht. Und ich selbst habe den Eindruck, dass ich sicherer im Auftreten geworden bin, mehr Achtung vor dem anderen Menschen zeige, mein Gegenüber mit mehr Respekt und Liebe behandele, mehr Geduld mit mir und anderen habe und dass ich mich insgesamt mit mehr Vertrauen dem Lebensfluss anvertraue, was mich wiederum gelassener gemacht hat. Ich habe angefangen zu malen, besuche einen Malzirkel, und auch mein schriftstellerisches Hobby ergänze ich jetzt in einem Zirkel. Mich erstaunt wirklich sehr, wie viele Möglichkeiten wir haben und wie gut sich das, was Spaß macht, in das Leben einbauen lässt. Leider hat der Tag nur 24 Stunden!
Ich möchte keine Stunde meiner Zirkelarbeit mehr missen. Es gehört inzwischen zu meinem Leben, es ist ein Stück meines Lebens geworden. Danke für alles!"

6.
„Das regelmäßige Zusammentreffen dieser Gruppe von Menschen, wobei jeder das Ziel verfolgt, seine Seele zum Schwingen zu bringen, gibt uns das Gefühl, von dieser Energie getrieben zu werden. Durch die Zusammenarbeit mit diesen gleichgesinnten Menschen haben wir das Verständnis für unsere Mitmenschen und für uns selbst noch weiterentwickelt und gefestigt.
Am Anfang eines jeden Zusammentreffens machen wir die Alpha-Reise. In der letzten Zeit konnten wir immer besser der eigenen Seele folgen bis in die Kindheit. Von Zeit zu Zeit steigen auch immer wieder unangenehme Ereignisse in uns hoch, so dass wir in den darauffolgenden Tagen und Wochen die Möglichkeit haben, unsere persönlichen Dinge aus einer anderen Sicht zu betrachten. In den vielen Möglichkeiten von Gruppen- oder Partnerübungen haben wir festgestellt, dass fast jeder eine Anregung für die Bewusstseinsarbeit gibt.
Wir sind beeindruckt von den vielen Möglichkeiten. Wir fühlen uns in dieser Gruppe sehr wohl und sind immer gespannt auf das nächste Zusammentreffen und auf das, was es für uns und die anderen bringt. Es ist auch sehr schön, an den positiven Veränderungen der anderen Gruppenteilnehmer teilzuhaben."

7.
„Zirkel: „Gerät zum Zeichnen von Kreisen" – „Geselliger Kreis von Personen". Diese zunächst profanen Aussagen nach dem Duden bekamen spätestens ab Juni 2002 für mich einen neuen, oder vielleicht besser, einen erweiterten Sinn. Mit netten Worten lud „unsere Frau Dr. W." zur Teilnahme an „ihrem Zirkel" ein. Unabhängig von zunächst fragenden Blicken ob des Inhaltes gab es bereits zu diesem Zeitpunkt ein grenzenloses Vertrauen, so dass der erste Termin zustimmend bestätigt wurde. Zugegeben, mit gemischten Gefühlen, aber auch mit großen Erwartungen wurde eben dieser erste Termin angegangen.
Und dann wurde sehr schnell erkannt, dass es sich, natürlich nach kurzer Gewöhnungsbedürftigkeit, um kontinuierlich erfüllende Tätigkeit unter dem Motto: „Hier treffen sich Freunde" handelt. Die Atmosphäre ist von Echtheit, Einfachheit und Wohlwollen geprägt. Kreativität und Humor gehören zum festen Bestandteil.
Die eigentlich geniale Vorbereitung und Regieführung von Frau Dr. W. erscheint als selbstverständlich im Kreise Gleichgesinnter. Dabei kommt der zunehmenden Einbeziehung wohl aller Teilnehmer eine besondere Bedeutung zu. Und so fühlt sich jeder ohne jeglichen Druck durch mögliche Kritik, durch Bewertung seiner Darlegungen als gleichwertig geachteter Mitstreiter im Kreise von Freunden.
Mit Sympathie und gegenseitiger Achtung werden wichtige Energien freigesetzt, man empfängt für sein eigenes Leben und Wirken hilfreiche Impulse, die auch nach den Zirkelabenden nachhallen und gut geeignet sind, seinen eigenen Stand im Lauf der Dinge zu kontrollieren. Man hat natürlich auch das Bestreben, durch intensive Mitarbeit und Erkenntnisfindung andere Menschen zu motivieren und mitzuwirken, vielleicht so manches anstehende Problem helfend zu beeinflussen. Und noch ein Aspekt verdient angesprochen zu werden: die Förderung des eigenen Selbstvertrauens und der inneren Stärke.
So gesehen schließt sich der Kreis, den der Zirkel beschreibt. Er schließt sich aber nicht im Sinne von „Schluss", er wird ständig qualitativ erweitert und gefühlvoll ergänzt. Und das zum Nutzen aller Beteiligten. Und so ist es auch wichtig, den Initiatoren und Gestaltern unserer Zirkelabende Hochachtung und Dank auszusprechen. Wir sind in diesem Zusammenhang stolz auf Frau Dr. W. und ihren Gatten, die sich mit viel Hingabe ständig auf uns vorbereiten und hoffentlich auch auf uns freuen!"

8.

„Bei einem Rückblick auf zwei Jahre Psychometrie-Zirkel werden mir meine eigenen Fortschritte erst so richtig deutlich. Wenn es mir schon bald gelungen war, die neu erworbenen und auch die wiederentdeckte Fähigkeiten bewusst anzuwenden, so spüre ich jetzt um so mehr ein erstaunliches Wachstum meiner Fähigkeiten im Umgang mit anderen Menschen. Es gelingt mir immer besser, die anderen zu verstehen, mich in deren Probleme einzufühlen und auf sie einzugehen. Dabei kommt mir auch die Vorstellung des „Ein- und Ausschaltens" sehr zugute. Früher konnte ich oft nicht richtig zuhören, jetzt schalte ich mich für den anderen ein und höre bereits die ersten Sätze ganz bewusst. Früher konnte ich vor allem nach einem Gespräch nicht abschalten, die Dinge beschäftigten mich noch sehr lange über Gebühr, ohne dass ich etwas bessern oder bewegen konnte. Heute „schalte" ich aus, schließe ab und befasse mich nur noch dann mit den Problemen anderen Menschen, wenn ich selbst etwas zur Lösung beitragen kann. Vor allem auch erkenne ich jetzt, wo ich eingreifen darf und wo ich mich zurückhalten muss.

Insgesamt kommt mir die Schulung der Sinne in allen meinen Tätigkeiten immer mehr zugute. Bei der Arbeit in der Praxis meiner Frau ist es der Umgang mit den Patienten und das Erkennen, was in den einzelnen Räumen geordnet, repariert oder verändert werden muss. Im Haus spüre ich unter den vielfältigen Notwendigkeiten viel besser das Wichtigste heraus. Im Garten fühle ich mich in die Bäume und Sträucher ein und sehe, was diese brauchen. Beim Einkaufen kann ich gute und minderwertige Lebensmittel immer besser unterscheiden. Ich kann besser Rad fahren, Auto fahren und sogar laufen, ruhe mehr in mir und kann Spannungen besser abbauen. Meine historischen Publikationen und vor allem meine Vorträge gelingen mir immer besser.

Ich kann das Leben viel gelassener geschehen lassen und abwarten, wie es Gott für mich fügen wird. Ich bin sehr dankbar für diese neue Sicht aufs Leben. Vor allem bin ich meiner Frau sehr dankbar dafür, dass sie mich immer auf allen ihren Reisen in neue geistige und seelische Welten mitgenommen hat."

8. *Die verschiedenen Zirkel-Arten*

Zirkelarbeit hat etwas mit Freiheit und Freiwilligkeit zu tun und sollte daher keinerlei Zwängen unterstehen. Jeder sollte frei entscheiden, welche Art von spiritueller Arbeit er eingehen möchte. Nicht jeder ist geeignet für eine ganz strenge Schulung, wie sie oftmals östliche Richtungen praktizieren und nicht jeder ist geeignet für einen straffen medialen Zirkel. Daher gibt es eine gewisse Breite in der Zirkelarbeit, so dass jeder die Art Gruppenarbeit wählen kann, die ihm geeignet erscheint. Die leichtere Form nennen wir „Kreis", um sie vom Begriff des Zirkels abzuheben. Ein Meditations- und Gebetskreis ist eine mehr offene Form, wo Leichtigkeit und Harmonie im Vordergrund stehen. Diese Formen eignen sich sehr gut für jene, die vor allem den offenen Zirkel beibehalten wollen. Der geschlossene Zirkel ist in seinen Anforderungen dagegen wesentlich strenger und strikter.
Die folgende Darstellung zeigt die Abstufungen der Zirkelarbeit:

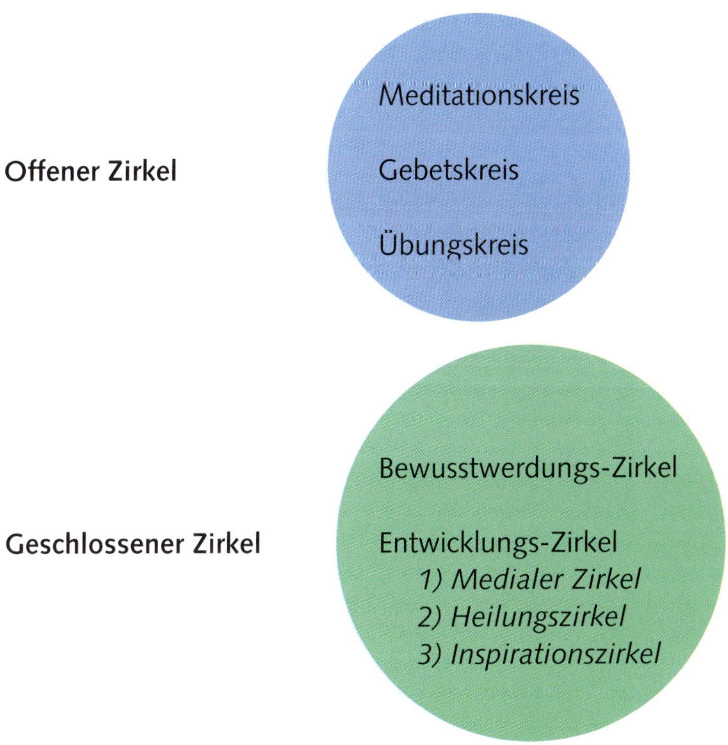

8.1 *Der offene Zirkel*

Schon seine Bezeichnung weist darauf hin, dass diese Art Zirkel viel mehr willkürlichen und spielerischen Freiraum hat. So müssen Zeitpunkt oder Ort nicht stets dieselben sein. Auch kann die Anzahl der Teilnehmer fluktuieren. Den offenen Zirkel pflegt man meist ganz zu Beginn der Zirkelarbeit, um möglichst viele Menschen mithilfe der sensitiven Übungen kennen zu lernen, bis sich dann im Laufe der Zeit jene herausschälen, mit denen man einen festen, geschlossenen Zirkel gründen möchte. Hat man ein gewisses energetisches und spirituelles Niveau über längere Zeit in einem geschlossenen Zirkel erreicht, dann kann man ebenfalls immer wieder einmal einen offenen Zirkel abhalten, um mit „neuen" Menschen den Grad seiner Wahrnehmungen zu üben und zu testen, oder Interessenten einen Einblick in diese Art Arbeit zu geben. Fokus und Ziel bleibt aber stets der geschlossene Zirkel.

Der Meditations-Kreis

Nicht jeder möchte gleich in die mediale Arbeit einsteigen, vor allem, wenn die übrigen Zirkelmitglieder noch vorsichtig und zurückhaltend sind. Da bietet sich an, erst einmal einen Meditationskreis abzuhalten, damit die einzelnen Mitglieder entspannen lernen und in die Welt inneren Erlebens eintreten können. Mit wachsendem Vertrauen kann man dann nach und nach mediale Übungen einbauen. Durchaus ist es möglich, es beim Meditationskreis zu belassen, wenn alle es wünschen. Meditation schult die Fähigkeiten des Entspannens bei gleichzeitiger geistiger Konzentration. Das kann jedem sehr viel geben. Die Fähigkeit zur Meditation ist für jede spätere mediale Zirkelarbeit ein Gewinn.

Der Gebets-Kreis

Dieser Kreis widmet sich keiner Schulung von Sensitivität oder Medialität, weshalb er zum Begriff des offenen Zirkels zu rechnen ist. Auch wenn sich diese Menschen regelmäßig treffen, so bleibt doch meist eine gewisse Fluktuation. Ziel eines solchen Kreises ist die Kontemplation, das Aussenden von Heilungsgedanken, das Beten für den Weltfrieden usw.

Der Übungs-Kreis

Wie oben schon erwähnt, kann man einen Zirkel abhalten, einfach zum Zweck des Übens. Man lernt eventuell neue, begabte Menschen für den Zirkel dadurch kennen. Andererseits können sich die Zirkelmitglieder an den Gästen üben und sehen, welche Fortschritte sie in ihrer Wahrnehmung gemacht haben. Einen solchen Übungskreis unternimmt ein Zirkelleiter und sein Zirkel für kurze Zeit mit bestimmter Absicht. Er ist kein Dauerzustand.

8.2 *Der geschlossene Zirkel*

Ein Zirkel wird als geschlossen betrachtet, wenn sich eine feste Anzahl Menschen zusammengefunden hat und die Energie des Kreises in ihrer Fülle stimmig ist. Bei Farben würde man einen solchen Zustand „gesättigt" nennen. Es sind Menschen, die gewillt sind, ihrer spirituellen, medialen Entwicklung nachzugehen. Ab da treten die Gesetze der Zirkelarbeit verbindlich für alle in Kraft. Es ist eine Art inneren Abkommens, das alle miteinander eingehen. Ich möchte diese Gesetze nochmals anführen, weil sie so sehr notwendig sind für eine erfolgreiche Arbeit:

* Der geschlossene Zirkel besteht immer aus den gleichen Mitgliedern. Es treffen sich also stets die gleichen Menschen zur gleichen Zeit im gleichen Raum zur Zirkelarbeit. Gäste werden nur ausnahmsweise zugelassen, z.B. wenn man einen reinen Heilerzirkel abhält. Für Gäste ist der offene Zirkel da.

* Es ist notwendig, dass stets alle Mitglieder zum Zirkel vollständig versammelt sind. Unser modernes, bewegliches Berufsleben mag das für den einen oder anderen vielleicht schwierig machen, aber die Prioritäten müssen klar sein. Eine Absage der Teilnahme an einer Sitzung darf wirklich nur zwingende Gründe haben. Fehlt eine Person zu häufig, macht das keinen Sinn, weil dadurch kein stabiles Energiefeld in der Gruppe ent-

steht. Da ist es besser, diese Person aus dem festen Zirkel zu entlassen, ihr vielleicht die Möglichkeit eines offenen Zirkels anzubieten. Eine ständige Fluktuation und Erneuerung von Mitgliedern ist der Entwicklung von Medialität nicht förderlich. Es braucht eine Stabilität.

„Geschieht ein vollständiges Austreten schon nach der ersten oder zweiten Sitzung, so mag man noch ein neues Ersatzglied einschalten; keineswegs aber, wenn schon mehrere Sitzungen stattgefunden haben, weil die fluidische Harmonie dadurch einen argen Stoß erleiden würde …"
Hans Arnold

Unter Umständen ist es also besser, manchmal eine ganz Zeit lang mit verminderter, aber fester Anzahl weiter fortzufahren in der Arbeit, als stets nach Ersatz Ausschau zu halten. Wunderbar ist es natürlich, wenn ein Zirkel von Anfang an stabil ist und dies auch bleibt. Aber es ist nicht ausgeschlossen, dass jemand einen Zirkel nach langer Zeit verlässt oder ein Zirkel sich sogar wieder auflöst. Der Zirkel ist ja auch eine Art Weggemeinschaft auf Zeit. Es kann immer der Punkt kommen, an dem deutlich wird, dass eine weitere Entwicklung in dieser Konstellation nicht möglich wird, dass es neue Kräfte braucht.

„Oft genug kommt es vor, dass ein Zirkel, der nach vielen Sitzungen keinerlei Erfolg gehabt, durch Ausschalten einiger Glieder und anderweitigen Ersatz nun sehr bald Phänomene erhält …
Darum lasse man sich vom Verdruß über die fehlgeschlagene Zirkelzusammensetzung nicht verleiten, die Zirkelbildung gleich ganz und gar aufzugeben."
Hans Arnold

Die nachfolgenden Zirkelarten hängen miteinander zusammen. Die erste Stufe bildet stets der „Bewusstwerdungs-Zirkel", gefolgt später vom sogenannten „Entwicklungs-Zirkel". Danach können sich die Wege weiter aufteilen.

Diagramm der Zirkelarten

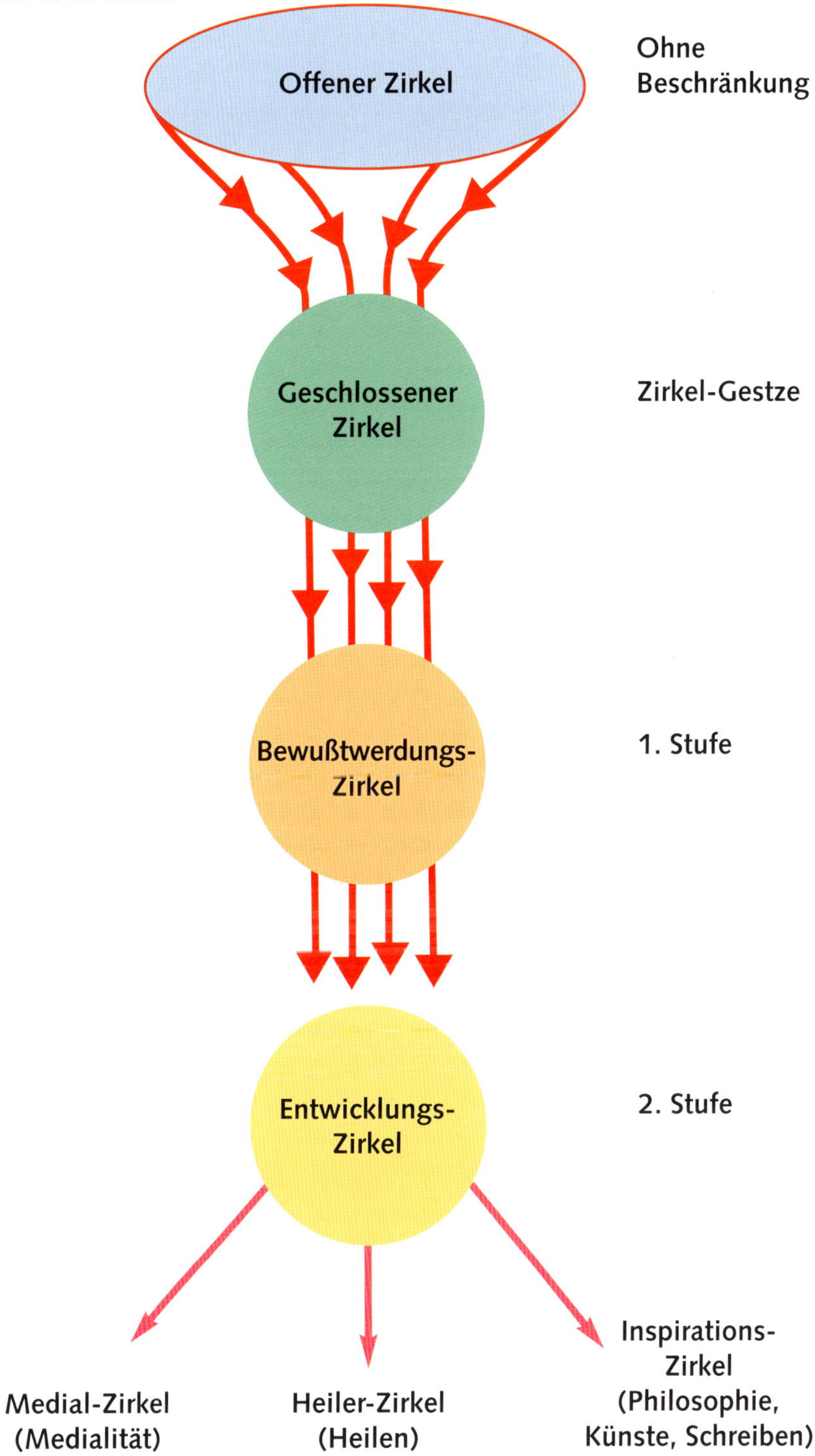

Der Bewusstwerdungs-Zirkel

In England wird das Ziel dieser Art des Zirkels mit „awareness" angegeben. In diesem Begriff „awareness" schwingt auch die Bedeutung von „Ehrfurcht" mit. Es geht dabei um die Ehrfurcht vor den Kräften, mit denen wir umgehen, aber auch Ehrfurcht vor unseren unendlichen Potenzialen. Dies ist der Zirkel, in dem wir unser Wahrnehmungs- und Resonanzinstrument, unsere Sensitivität, in die Schulung nehmen. Alle unsere Sinne sind ja wie die Saiten eines Instrumentes, auf denen wir spielen können und durch welche wir in Resonanz mit allem Leben stehen. Die Übungen gehen hierbei ganz in die Breite oder Fülle, alle Sinne werden geschult. Wir dehnen sozusagen unsere Aura, so dass wir verstärkt in die Ätherebene eintauchen können. Wir entdecken auf diese Weise unsere vielfältigen Potenziale, Energien und Kreativität, lernen die große Fülle kennen, die in uns schlummert. Mit der Zeit entwickeln sich auf diesem Weg die Hellsinne.
Wir erfahren mehr über uns, über unsere eigenen Lebensgesetze, das Wirken der Kräfte in uns, unsere Art der Wahrnehmung, die Ebene der Resonanz, kurzum, wir lernen unser „sensitives Instrument" kennen und korrekt zu benutzen.

Diese Art des Zirkels kann lange Zeit dauern, da es soviel zu entdecken gilt. Gleichzeitig mag einige Zeit vergehen, bis wir von unserem negativen Denken wegkommen und einige grobe Ecken unseres Egos geschliffen sind.

Am Ende dieser Art Zirkelarbeit sollten wir ein erweitertes Verständnis unserer selbst haben, sollten uns über unsere Fähigkeiten bewusst sein und in etwa wissen, in welche Richtung uns unsere Begabung führt. Jemand wird vielleicht erkennen, dass Heilung sein Weg ist, der andere wird vielleicht seine Begabung für Philosophie oder Lyrik entdecken, noch ein anderer seine Begabung für die Arbeit mit Farben oder Klängen. Energetisches oder magnetisches Heilen, Inspiration zum Schreiben, Aurasitzungen und vieles mehr können sich aus dieser Arbeit entwickeln, ja später zu einem Berufsweg und zu einer Berufung werden.

Ziel dieses Zirkels ist die Schulung der Sensitivität. Es braucht Zeit, bis sich die sensitiven Fähigkeiten in ihrer vollen Kraft entwickeln und eine fundierte Selbsterkenntnis eingetreten ist. Erst dann macht es Sinn, sich mit der Frage der Medialität zu beschäftigen und weiter zu schreiten zur nächsten Zirkelform, dem Entwicklungs-Zirkel.

Der Entwicklungs-Zirkel

„Development Circle" heißt diese Art des Zirkels in England und sein Ziel ist die Spezialisierung von Fähigkeiten und gleichzeitig die Vertiefung des Kontaktes, der später zur Medialität führen kann. Hat jemand den Bewusstwerdungs-Zirkel abgeschlossen und seinen Weg, seine Begabung entdeckt, so geht die Schulung jetzt noch weiter, d.h., eine verstärkte Anbindung nach oben, an die geistige Welt wird zum Ziel. Die Übungen bleiben dieselben wie im Bewusstwerdungszirkel, sie sollen aber nun auf einer höheren Ebene stattfinden. Die Botschaften sollen weiter und tiefer werden, sollen zunehmend vom Spirituellen durchdrungen sein. Dazu braucht es eine Spiritualisierung des eigenen Lebens. Spirituelle Qualitäten wie z.B. Geduld, Hingabe, Dienen, Vertrauen und innere Stille werden noch wichtiger.

Die Entwicklung geht Schritt für Schritt vor sich, was gesund ist. Ein gesundes Wachstum braucht Zeit, nur so entsteht echte Reife. Wir sollten stets im Auge behalten, welche Fähigkeiten, Fertigkeiten und positiven Kräfte wir in unserem Leben schon entwickelt haben. Das kann uns helfen zu erkennen, wie beeindruckend unsere Entwicklung schon ist, was sich alles in uns getan hat. Wir selbst sind der Maßstab des Wachstums, nicht die Fertigkeit in den Übungen. Wir können sicher sein, dass keine Anstrengung umsonst ist im Leben, dass nichts jemals verloren geht im Universum, auch wenn unser Ego uns dies manchmal glauben machen will. Es gibt keine „Instant-Spiritualität" und keine „Instant-Medialität". Jeder Schritt, den wir gehen, jeder spirituelle Baustein, den wir unserem inneren Selbst hinzufügen, hilft jene wunderbare Brücke zu erbauen, die später den Kontakt zur geistigen Welt ermöglicht. Haben wir unsere Potenziale entfaltet und ist die Brücke auf ihrem Weg zur Vollendung, dann wandelt sich die Sensitivität um in die Medialität. Dann spielen nicht mehr unsere persönlichen Eigeninteressen eine Rolle, sondern wir werden zum „Werkzeug" oder Boten der geistigen Welt. Das gilt dann auch für den Zirkel und ein solcher Medial-Zirkel ist das Ziel aller Zirkelarbeit. In einem solchen Zirkel wird nicht mehr geübt, sondern man sitzt in Stille und erwartet die Botschaften, Inspirationen und die Heilkraft, die aus der geistigen Welt kommen.

Ziel des Entwicklungs-Zirkels ist also die spirituelle Entwicklung und die Hinführung zur Medialität.

Ist die innere Entwicklung vertieft und weiter vorangeschritten, kristallisieren sich die Arbeitsbereiche heraus, in denen das geistige Wirken stattfinden kann. Jetzt wird es notwendig sein, den eigenen Zirkel ganz nach der Art der Begabung oder des Arbeitsbereiches auszurichten. Das kann eventuell bedeuten, einen eigenen Zirkel aufzubauen, wenn die übrigen Mitglieder des Entwicklungszirkels einen anderen Weg haben oder gehen möchten. Es gibt drei mediale Arbeitsbereiche, die sich anbieten:

1. Der Medialzirkel
Alle Arten der Medialität, sei sie physisch oder mental, subjektiv oder objektiv. Es geht dabei um Botschaften aus der geistigen Welt oder der Seele einer Person.
Dieser Zirkel schult durch die Übungen weiter, aber die Hauptarbeit liegt in der medialen Beratung von Menschen außerhalb des Zirkels.

2. Der Heilerzirkel
Aufgabe ist das geistige Heilen für alle Wesen. Übungen zur Förderung der Heilenergien, Fernheilung und vielleicht auch Heilung anwesender Patienten können im Mittelpunkt dieser Arbeit stehen.

3. Der Inspirationszirkel
Im Zentrum stehen hier die „Schönen Künste", also die Durchgaben von Philosophie, Lyrik, das inspirierte Malen oder Komponieren. Daraus können für die einzelnen z.B. die Durchgabe von Texten entstehen oder das Malen von Seelenbildern oder Portraits Verstorbener. Die Musiker können eine Anregung für Kompositionen erhalten oder vielleicht sogar mediale Durchgaben verstorbener Komponisten (s. das Musikmedium Rosemary Brown).

8.3 *Das Auragraf eines gewachsenen Zirkels*

Unser eigener Zirkel besteht in seiner Grundbesetzung von vier Personen inzwischen 15 Jahre. Seit einigen Jahren sind wir zu fünft. Immer wieder haben wir in diesem Zeitraum ein Auragraf unseres Zirkels gemalt, um uns über die sich entwickelnden Energien klar zu werden und eventuell auch die Sitzordnung zu überprüfen. Im Nachfolgenden möchte ich zwei Auragrafe vorstellen, die wir von unserer Zirkelenergie erhalten haben. Das in seiner Vielschichtigkeit beeindruckendste ist von Francois, der sich vor allem mit Heilung und Geopathie beschäftigt. Er erhielt als Inspiration einen Sechsstern, während er im Zirkel das Auragraf erstellte. Er war darüber etwas verunsichert, da wir fünf Personen sind und nicht sechs. Dazu nachher aber mehr. Er sah auch Tiere und Elemente. Er erstellte aus seiner Inspiration nachfolgendes Auragraf, das er dann zu Hause in der vorliegenden Form ausgearbeitet hat.

Auragraf der Zirkelenergie

Zu Hause machte er sich kundig und fand heraus, dass es eine schamanische Astrologie gibt mit den zwölf Totemtieren. Er war verblüfft, dass die Totemtiere in diesem Buch den Geburtszeiten unserer Mitglieder entsprechen. Zwei Mitglieder unseres Zirkels gehören zum Zeichen des Braunbären, dem das Element Erde entspricht. Ihnen gegenüber sitzen zwei Mitglieder, die zum Wasserelement gehören, nämlich der Grünspecht und der Wolf. Somit treffen sich Stabilität und Bewegung, praktische und emotionale Intelligenz. Ein Zirkelmitglied gehört zum Zeichen des Hirsches, der dem Element Luft zugeordnet ist. Die Luft ist ein verbindendes, Austausch förderndes Element. Dem Hirsch gegenüber war ein Platz oder ein Stuhl, der nicht besetzt ist, da wir wie gesagt fünf Personen im Zirkel sind. Francois fand, dass dieser Platz der Eule oder dem Uhu unterstehen muss, also einem weiteren Luftzeichen. Die Eule steht für Philosophie und spirituelle Einsichten. Dieser Platz sei für die geistige Welt bestimmt, bis jemand käme, der diesen realiter einnehmen würde. Also beschlossen wir alle, einen „leeren" Stuhl in den Zirkel zu nehmen, was die Energie sofort veränderte. Zu den Tieren gehören noch Entsprechungen wie Pflanzen und Steine, was uns auf die Idee brachte, einen für uns angefertigten „Chakren-Stuhl" dafür zu verwenden und auf diesen alle Steine, die zu den entsprechenden Tieren gehören, aufzulegen. Bis heute arbeiten wir in solcher Anordnung, was unsere Zirkelarbeit unglaublich vertieft hat. Wir haben in unserem Zirkel alle Elemente vertreten, bis auf das Feuer. Wahrscheinlich wird daher ein Mensch dieses Elementes den leeren Platz einmal einnehmen.

Die Stühle unseres Zirkels

Michael malte eine andere Art von Auragraf und die Sprache seiner Botschaft war anders, deckte sich aber verblüffend mit der von Francois.

Auragraf von Michael

Ich gebe hier seine Worte wieder:

„Wir sitzen alle um einen See, dessen Oberfläche ruhig und glatt wie ein Spiegel ist. Wir gleichen dabei den Mönchen, die für Emoto einmal einen See energetisiert haben. Wir symbolisieren Bäume, die um den See herum angeordnet sind und die eine Verbindung schaffen zwischen Himmel und Erde, bzw. zwischen geistiger und irdischer Welt. Unser Zirkel, wie auch jeder einzelne von uns, hat sich eine grundlegende Basis geschaffen, hat eine gewisse Reife und Souveränität erreicht, auf der der Zirkel nun aufbauen und sich weiter entwickeln wird. Es wurde eine Voraussetzung geschaffen für etwas Neues: Der Zirkel wird eine spirituelle Note erfahren und daher anders ablaufen als sonst üblich (siehe Bild: Feuer aus dem See, das als spirituelle Energie unseres Zirkels mit der geistigen Welt Verbindung aufnimmt). Also ein neuer Abschnitt, neuer Weg, neue Aufgabe und Gestaltung stehen bevor, was auch eine weitere Person noch mit einbezieht, die ich nicht erkennen oder konkretisieren kann (s. Bild: ein Platz rechts ist noch frei). Es kommt also eine neue Person hinzu, bin aber nicht sicher, ob sie von dieser Welt ist."

Sammelt man solche Auragrafe über Jahre hinweg, so erhält man eine beeindruckende Sammlung von Energiediagrammen, die die Entwicklung eines Zirkels widerspiegeln. Natürlich ließen sich solche Art Auragrafe wunderbar für jede Gruppen- oder Teamarbeit verwenden, da eine völlig andere Art von Wahrnehmung angestoßen wird, die danach eine andere Form der Kommunikation ermöglicht. Oftmals wird ja in Teamsitzungen nur über die rationale Schiene gearbeitet, d.h. es wird endlos und meist aneinander vorbei diskutiert, wenn Worte wie leere Hülsen benutzt werden. Über das Malen kommt das Erleben hinzu und darüber dann zu reden, schafft anderen Inhalt.

9. *Schattenarbeit und Zirkel*

Wie vorher schon angeführt, ist die Harmonie unter den Zirkelmitgliedern die wichtigste, grundlegende Kraft. Das hat seinen Grund, denn wo man eng und tief mit den Energien von anderen in Kontakt kommt, ist das Thema „Schatten“ meist nicht weit. Durch Empfindsamkeit und Sensitivität kommen die Energien in Bewegung. Eine unbewusst sensitive Begabung kann einen manchmal in schwierige Situationen bringen. Ich denke an einen Vorfall, der mir selbst widerfuhr. Während meiner Studienzeit saß ich mit Kollegen abends beim Bier, die Stimmung war überaus locker und witzig. Aus irgendeiner lustigen Situation heraus sagte ich im Scherz zu einem Kollegen aus Hamburg, den ich noch nicht besonders gut kannte: „Ja, wenn man wie du im Rotlichtmilieu und Bordell aufgewachsen ist …“ Plötzlich war die Stimmung eisig, der Kollege versteinert. Er stürmte aus dem Raum. Ein anderer Kollege erzählte mir dann, dass ich da eine ganz wunde Stelle getroffen hätte und ob ich nicht wüsste …. Der lustige Abend war vorbei. Natürlich konnte ich nichts dafür, aber irgendetwas in mir gab es ja, das unbewusst gerade diesen Punkt herausgesucht hatte und nicht etwas anderes aus seinem Leben. Der Kollege hatte sicherlich auch noch nicht an diesem Thema gearbeitet, sonst hätte ihn der Schatten nicht so im Griff. Aber so etwas kann da geschehen, wo Menschen zusammenkommen. Das macht wiederum deutlich, warum wir in unserer Schulung so großen Wert auf positive Botschaften und Potenziale legen, warum uns die Kraft der Harmonie so wichtig ist. Ich möchte mein eigenes Beispiel mit einem von einem Zirkel ergänzen. Mir erzählte eine Kursteilnehmerin, dass bei einer Übung im Zirkel ihr jemand mitgeteilt habe, dass ein „Rumpelstilzchen" auf ihrer Schulter sitze. Das hört sich für viele sicherlich absolut harmlos an, aber bei der betreffenden Person löste diese Wahrnehmung tiefe Bestürzung auf. Seit ihrer Kindheit verabscheute sie diese Figur und nun saß sie ihr im Nacken! Das gerade macht das Problem des Schattens aus, dass ein für andere vielleicht harmloses Bild zu einem Symbol einer inneren, blockierten Kraft wird, die nach Ausdruck und Verwandlung sucht. Für den einen ist eine solche Wahrnehmung ein nettes, harmloses Bild, aber wenn man damit ein Schattenthema hat, dann greift eine andere Realität. Der Schatten ergreift die ganze Person, ihn kann man nicht mit Mentalem und Abstraktem abspeisen. Er ist aus einer anderen Welt, hat eine andere Art von energetischer Realität.

Diese Beispiele sollen nun keine Ängstlichkeit hervorrufen, denn die hier angeführten Beispiele sind keine allgemeinen, häufigen, aber sie können passieren. Je positiver die Haltung der Mitglieder, umso weniger tauchen solche Themen auf.

Meist sind die Schattenthemen im Zirkel harmloserer Natur, aber trotzdem nicht weniger unangenehm. Das Benehmen eines anderen, ein Tick, den er hat, kann uns mächtig „auf den Zeiger gehen". Meist werden wir uns solcher Themen in der Anfangszeit eines Zirkels bewusst. Da gibt es eigentlich fast immer jemanden, der Unliebsames in einem selbst weckt. Das mag vielleicht ein Mitglied sein, das immer wieder zu spät kommt, das Sonderrechte für sich in Anspruch nimmt, jemand, der sich irgendwie seltsam benimmt, jemand, der spirituell nicht weit genug scheint, jemand, der ständig irgendwelche starken Parfums benutzt usw. Die Liste der Schatten, denen man im Zirkel begegnen kann, ist lang. Das mögen ihrem äußeren Anschein nach Unzulänglichkeiten und Schwächen sein, aber sie können tief Verborgenes in uns anregen. Gerät gar der ganze Zirkel in Schieflage durch ein Thema oder Problem, so wird deutlich, dass es sich um einen echten „Schatten" handelt und nicht um eine Schwäche.[2] Die Arten des Schattens, die in der Zirkelarbeit auftauchen können, sind recht vielfältig. Einige möchte ich kurz im Folgenden anführen:

[2] Zum Thema Schatten s. mein Buch „Leben und Sterben aus medialer Sicht".

1. Helfersyndrom: Einer in der Gruppe fühlt sich z.B. vom Leiter schlecht behandelt, spricht aber nicht offen mit diesem, um Klärung zu erreichen. Oftmals halten ihn Angst oder Schwäche davon ab. Aber mit einigen aus der Gruppe spricht er über die „Ungerechtigkeit" und manch einer von ihnen mag dann zum Gruppenleiter gehen und diesem mitteilen, dass einige in der Gruppe es nicht in Ordnung fänden, wie der „arme" Betroffene von ihm behandelt werde. Das ist einer der häufigsten Schatten, die ich kenne, jemand tritt an die Stelle eines anderen, schwingt sich zum Stellvertreter auf und übernimmt Verantwortung. Weder hilft er dem Betroffenen damit zu lernen, für sich selbst zu stehen und selbst zu sprechen, noch hilft er der Gruppe.

2. Ich bin eine wichtige Person: Natürlich ist es gut, seine eigene Bedeutung wertzuschätzen. Wenn aber jemand ein Defizit darin hat, so taucht dieses Thema als Projektion auf. Eine Facette davon kann sich darin zeigen, dass eine Person in der Gruppe zu dir kommt und sagt: „Ich habe gerade gespürt, dass es zwischen dir und der Person X eine ungute Spannung gibt!" Weder geht es diese Person etwas an, noch hatte sie um Erlaubnis gefragt, ob sie sich darauf einschwingen darf. Und welche Kraftverschwendung ist das, sich auf Angelegenheiten einzuschwingen, die nicht die eigenen sind. Eine andere Form tritt oftmals bei Zirkeln mit ungerader Zahl auf. Einer bleibt übrig beim Üben, kommt nicht zum Zug und fühlt sich übergangen, zurückgesetzt. Er ist verstimmt.

3. Unzufriedenheit: Wir werden im Zirkel erfahren, dass andere Menschen einen anderen Puls haben, ein anderes Zeitraster. Sie können schneller sein, vielleicht zu schnell für uns, sie können uns aber auch zu langsam sein, zu umständlich. Sie sind vielleicht brillanter als wir oder auch langweiliger. Alles, was nicht im gleichen Maße mit uns schwingt, macht uns Schwierigkeiten, da unsere Sinne eine Erwartung haben und entsprechend bedient werden möchten. Geschieht dies nicht, sind wir unzufrieden.
Später kann dies auch andere Facetten im Zirkel annehmen. Da kommt die Langeweile, immer mit den gleichen Leuten zu üben. Oder die Fortschritte im Zirkel sind nicht sensationell genug, der Zirkel bringt also nichts. Auch die Übungen sind immer dieselben. Jegliche Unzufriedenheit kommt von den Sinnen und ist eine Angelegenheit des Egos.

Was also tun, wenn ein Schattenthema im Zirkel auftaucht? Zunächst einmal sei nochmals betont, dass der Zirkel keine Therapiegruppe darstellt. Es gibt viele Therapierichtungen, in denen man seine persönlichen Schattenthemen aufarbeiten kann, wie z.B. Kinesiologie, prozessorientierte Homöopathie, Psychotherapie usw. Der Hinweis auf das Wesentliche im Zirkel ist hilfreich. Im Zirkel haben wir eine andere Ausrichtung, da wir uns, wie in allen guten spirituellen Schulungen auch, nicht am Mangel und Defizit orientieren. Schatten ist ein Teil des Ego, hat also mit Defizit, Unvollkommenheit und Vergangenheit zu tun. In der Zirkelarbeit richten wir aber unseren Blick konzentriert auf die Seele, also unsere Zukunft und Potenziale. Unser Ziel gilt der Vision von uns, wie wir werden, zu was wir uns entwickeln möchten. Seele bedeutet Licht und Bewusstsein. Wir können in der Zirkelarbeit einen „Schatten" als Thema registrieren, aber wir lassen ihn vorbeiziehen und betrachten ihn als Hinweis auf etwas in uns, was sich offenbaren und verändern möchte. Ist es ein Schatten mit Namen „Ungeduld", dann verbinden wir uns mit der göttlichen Geduld unserer Seele. Ist der Name des Schattens „Abneigung", so verbinden wir uns mit der freundlichen Kraft der Zuneigung unserer Seele. Diese Art von „Schattenarbeit" ist ein wahrer Freundesdienst: „Ein Freund tritt nicht auf den Schatten eines Freundes." Das Auftauchen von Schatten gehört zu jeglicher spiritueller Entwicklung, denken wir an die Versuchung Jesu in der Wüste. Dort, wo viel Licht ist, wird der Schatten stärker fallen. Die Frage ist, wie wir damit umgehen.
In der Zirkelarbeit analysieren wir „Schatten" nicht, geißeln uns auch nicht dafür und unterdrücken nichts. Was wir tun, ist, dass wir nach der positiven Seite der Kraft des Schattens suchen und uns mit dieser verbinden. Steigt Hass in dir auf, weil dir dein Gegenüber „auf den Geist" geht, dann verbinde dich mit dem Licht deiner Seele, lasse göttliche Liebe dein ganzes Sein durchströmen und sende diese Liebe auch an dein Gegenüber. Fokussiere die Qualität der allumfassenden, göttlichen Liebe. Hass entsteht ja oftmals, weil man sich von der Liebe ausgeschlossen fühlt, ist also eine Art Angst vor Zuneigungsverlust. Bemerkst du Ungeduld in dir, so spüre die Geduld und die Achtsamkeit auf, die der Göttliche mit dir schon viele Leben hatte und die auch deine Seele mit dir hat. Danke dieser Geduld, lasse sie dein Sein durchströmen und sende diese Geduld an dein Gegenüber. Ungeduld resultiert ja oftmals aus einer Angst vor Schwäche und Versagen. Schatten zeugt von einem ungeheuren Potenzial an Energie, das aber blockiert, verzerrt oder unbewusst ist. Jesus selbst war ja in gewissem Sinne ein „Fan" von Menschen, die einen starken Schatten lebten. Er wusste, dass ein Mörder, wenn er die Stimme

Gottes hört und sich verwandelt, im Nu zu einem Heiligen werden kann. Die „Lauen" dagegen mochte er gar nicht, also solche Menschen, die sich auf irgendwelche Gesetze und kollektive Normen zurückzogen, um ja nicht einen klaren Standpunkt einnehmen, die Verantwortung für sich übernehmen zu müssen. Betrachten wir die Lehre von Jesus, so kann uns erlebter Hass helfen, dass wir uns verstärkt auf die Liebe hin entwickeln, erlebte Unduldsamkeit kann uns helfen, dass wir uns auf innere Stärke und Hingabe hin entwickeln.

Es gibt vier Grundhaltungen, die für Gruppenarbeit und gerade für das Thema „Schatten im Zirkel" sehr erhellend und hilfreich sind. Diese sind:

1. Empfindsamkeit (sich selbst spüren, erleben, lernen)
2. Unpersönlichkeit (Losgelöstheit, Fähigkeit zur Distanz)
3. Sensitivität (erweiterte Wahrnehmung)
4. Mentale Polarisation (Orientierung auf die Potenziale und nach vorne)

1. Empfindsamkeit

Empfindsamkeit hat nichts zu tun mit passiver Reizaufnahme, auch nicht damit, dass wir ständig mit einer analytischen Selbstwahrnehmung beschäftigt sind. Es geht dabei vielmehr um eine Erweiterung der Kontakte, Beziehungen, um eine Ausweitung des Bewusstseins, der Aufmerksamkeit und der Wahrnehmung. Ziel ist die richtige Wahrnehmung, also Erkenntnis der Wirklichkeit. Die Schulung der Empfindsamkeit soll helfen, besser auf das Leben in seiner Fülle zu reagieren, Beziehungen klar zu erkennen und besser auf die Nöte in der Welt reagieren zu können. Empfinden und Selbsterleben sind miteinander verbunden und nur das hat für uns als körperliche Wesen Wirklichkeit. Das, was wir abgesondert in unserem Kopf denken und wollen, entspricht nicht immer der Wirklichkeit. Aus der Verbindung von Denken, Fühlen und Selbsterleben entsteht jene innere Mittigkeit, aus der Wirklichkeit und Sinn entspringen.

2. Unpersönlichkeit

Eine Haltung der Unpersönlichkeit hat nichts zu tun mit einer inneren Kälte oder einem Pesönlichkeitsverlust, sondern mit der Fähigkeit, sich

von seinem Ego jederzeit loslösen zu können. Das Ego ist wie ein Stein im Fluss. Es widersteht dem Fluss des Lebens, möchte sich wenig verändern und hält an alten Mustern fest. Das Ego lebt in einem Glaubens- und Wertesystem, das ganz auf sich selbst ausgerichtet ist und mit emotionalen Färbungen verbunden ist. Unpersönlichkeit bedeutet, dass wir uns nicht alles zueigen machen, nicht alles zu unserer Sache machen. Wir sagen auch: „Wir sollen etwas nicht persönlich nehmen."
In der Zirkelarbeit steht die spirituelle Aufgabe, der Kontakt zur geistigen Welt, absolut im Vordergrund. Es mag Menschen im Zirkel geben, die ein Problem darstellen, vielleicht ist man auch selbst eines. Da entstehen schnell problematische Resonanzen unter den Schattenanteilen. Daher ist es wichtig, sich aus seinem Ego zurückzunehmen, sich ganz auf die spirituelle Absicht zu konzentrieren. Wichtig ist es, sich nicht einzumischen und keine Kritik zu üben, nicht den anderen nach seinem eigenen Bild formen zu wollen („Ich hatte ja die beste Absicht, wollte nur sein Bestes ..."). Liebe, Dienst und Hingabe sind die Leitmotive im Zirkel.

3. Sensitivität

Die Schulung der Hellsinne, die auch als psychische Kräfte bezeichnet werden, ist nur die Basis der Sensitivität. Vom Standpunkt der geistigen Welt aus betrachtet haben die sensitiven Fähigkeiten folgende Aufgaben:

a) Intuitive Empfänglichkeit für geistige Inspirationen (Haltung der Offenheit)
b) Schnelles Reagieren auf Not (Stärkung der Herzenskraft)
c) Das Erkennen der Wirklichkeit von der Seelenebene aus, die innere Klarheit (Auflösen von Illusion, Nebel und Verblendung)
d) Richtige Handhabung der schöpferischen Kräfte (die eigenen Potenziale entfalten)
e) Das Verstehen des Phänomens der Zeit und der Zyklen. Es geht dabei um das Steigen und Fallen der Energien. Nur so finden wir die rechte Zeit und den rechten Ort für unser Handeln. Eine Fähigkeit, die sich nur durch die Beseitigung von Eile und das Entwickeln von Geduld erlangen lässt. Sensitivität erschließt uns unterschiedliche Zeiträume und zeigt uns die Unendlichkeit des Lebensflusses.

4. Mentale Polarisation

Eine Haltung, die man als „Der Welt den Rücken kehren" bezeichnen könnte. Es gilt, sich stets am Licht der Seele zu orientieren und das Leben aus diesem Blickpunkt zu betrachten. Es bedeutet keinesfalls ein Abkehren von der Welt oder deren Verneinung. Es gilt, dem Leben die Stirn zu bieten, aber aus einer Seelenhaltung heraus, die man als „In der Welt und doch nicht von dieser Welt" bezeichnet.

Tauchen also Schattenthemen im Zirkel auf, so kann sich ein jeder die vier vorher aufgeführten Punkte vornehmen, vielleicht am besten als Fragen:

1. In welchem Kontext taucht das Problem auf? Aus welcher Einheit entspringt es? Welche Art von Fülle des Lebens erkennst du darin? Zeigt es dir, wohin deine Kräfte wachsen wollen?
2. Schaffst du es, dich von deinen persönlichen Gefühlen zu lösen oder bist du fixiert? Kannst du von deiner persönlichen Meinung ablassen? Kannst du den Fluss des Lebens sehen, in dem viele verschiedene Steine liegen?
3. a) Bist du empfänglich für Inspirationen aus der geistigen Welt in deiner jetzigen Verfassung?
   b) Kannst du die Not des anderen erkennen?
   c) Glaubst du die Wirklichkeit klar aus deinem Seelenlicht heraus zu sehen?
   d) Verwendest du die im Raum vorhandenen Energien schöpferisch und aufbauend?
   e) Passen dein Verhalten, dein Handeln zu Ort und Zeit, sind sie der Situation angemessen?
4. Kannst du das Problem aus einer anderen Dimension heraus betrachten? Stell dir z.B. vor, du stehst vor dem Abschluss deines Lebens und schaust zurück, wie wirkt dann das Problem auf dich? Oder stell dir vor, du schaust von einem Stern auf dein irdisches Problem, wie groß ist es da wirklich?

Ich möchte dies an einem Beispiel zeigen. Nehmen wir an, es gibt jemanden in deinem Zirkel, der unter Blähungen leidet. Immer wieder mal geht ein Wind ab, was dich unmäßig ärgert. Vielleicht bist du so erzogen worden, dass es schicklich ist, solche Dinge zu unterdrücken. Etikette nennen wir das. Mit der Zeit hast du schon vor jeder Sitzung die klare Erwartungshaltung, dass sich wieder eine Blähung lösen wird. Und natürlich geschieht es, wie bei allen sich selbst erfüllenden Prophezeiungen. Gehen wir die obigen Fragen einmal durch, auf welche Weise wir vielleicht eine Antwort finden können:

1. Die Blähungen erlebe ich im Zirkel, denn da treffe ich die betreffende Person. Ich begegne ihnen, weil die andere Person und ich gemeinsam im Zirkel sitzen, spirituell wachsen möchten. Es führt uns also etwas zusammen. Ob abgehende Blähungen uns zeigen können, wohin unsere Kräfte wachsen sollen? Ich denke ja. Es hat mit loswerden, loslassen, Druck beseitigen zu tun. Was hat Druck und Loslassen mit dir selbst zu tun? Ist es ein Thema für dich? Wer hat gesagt, es ist ein Ärgernis, wenn man in der Öffentlichkeit seinen Druck los wird? Und es geht um das Thema „Körper". Was sagt dir das über deinen Körper?
2. Wie weit hast du deine Sinneswahrnehmungen und deine Aufmerksamkeit im Griff? Bleibt die Blähung an sich das Ärgernis oder wird vielmehr die Person als ganzes zu einem solchen für dich?
3. Wenn du so in deinem „Ärger" bist, kannst du da wahrnehmen, medial arbeiten oder lenkt dich der Ärger total ab? Kannst du die Not des anderen erspüren? Sind Ort und Zeit richtig, sich zu ärgern?
4. Wie sieht das Problem von einer erweiterten Dimension aus? Es geht um dein spirituelles Wachstum im Zirkel. Lässt dieses sich durch eine Blähung beeinflussen oder gar aufhalten?

Es ist schon spannend, auf diese Weise den eigenen Themen nachzuspüren.
Es gibt eine interessante Übung, die auch im Zirkel das Gruppengefühl voranbringen kann und uns gerade bei Problemen hilft, aus der persönlichen, emotionalen Reaktion herauszukommen. Diese Übung kann jeder im Zirkel für sich selbst machen und sie muss nicht unbedingt in der Gruppe veröffentlicht werden. Das kann sehr privat und persönlich bleiben. Zwingend angebracht sind diese Fragen in dem Fall, wenn man ein konkretes Problem mit jemandem hat. Jeder lässt sich in der Übung einmal von einem Zirkelmitglied zu nachfolgenden Fragen inspirieren. Dabei ist es hilfreich, die Antworten in schriftlicher Form niederzulegen:

* Was vervollständigt der andere in mir?
* Welche Gabe und Kraft kann er mir geben?
* Welche seiner Qualitäten kann mich inspirieren?
* Mit welchem Teil seines Schattens komme ich leicht in Resonanz und welche Lehre ziehe ich daraus für mich selbst?

3. Teil

Hintergrund der Zirkelarbeit

In England habe ich nur Weniges über Übungen und Verhaltensvorschriften im Zirkel erfahren, über den Hintergrund so gut wie gar nichts. Das Büchlein des Deutschen Hans Arnold „Wie errichtet und leitet man Spiritistische Zirkel" entsprach in vielen Details dem, was ich dort gehört hatte. Im Laufe meiner eigenen Zirkelarbeit eröffneten sich mir aber immer mehr Details und Hintergründe zu dieser Art des Arbeitens und Wachsens. Auch die Aufgabe des Zirkels als spirituelle „Arbeits-Gemeinschaft" für die Zukunft wurde für mich immer deutlicher. Die Philosophie des Zirkels beruht also zum größten Teil auf meinen eigenen Erkenntnissen, Gedanken und Forschungen. Das Wissen hierüber ist für alle hilfreich, die in der Zirkelarbeit weiter voranschreiten möchten und es wird ihnen auch im Alltag hilfreich sein können. Ich betone stets, dass alle Philosophie für den Leser eine Anregung sein kann. Keine Philosophie im Sinne des gesprochenen oder geschriebenen Wortes vermag absolute Wahrheiten wiederzugeben. Wahrheit webt hinter dem Äußeren und muss vom Suchenden selbst gefunden werden. So entspricht das Folgende dem, was ich selbst erfahren habe und für richtig oder wirklich anerkenne. Meine Absicht ist es, zu eigenem Nachdenken anzuregen und die Zirkelarbeit zu inspirieren. Wenn man mit der Zirkelarbeit beginnt, ist alles neu und man hat zahlreiche Übungen zur Hand. Je länger man aber im Zirkel sitzt, vielleicht über Jahre, desto bedeutsamer und faszinierender werden die spirituelle Dimension und die Kräfte, die aus dem Hintergrund einwirken.

10. Die Gemeinschaft

„Das Thema ist die Vereinsamung des geistigen Menschen in unserer Zeit und die Not, sein persönliches Leben und Tun einem überpersönlichem Ganzen, einer Idee und einer Gemeinschaft einzuordnen. Das Thema der Morgenlandfahrt ist Sehnsucht nach Dienen, Suchen nach Gemeinschaft, Befreiung vom unfruchtbar einsamen Virtuosentum des Künstlers.
Man kehrt aus dieser zeitlosen Welt der Religionen, Philosophien und Künste in die Probleme des Tages, auch in die praktischen und politischen, nicht geschwächt zurück, sondern gestählt, bewaffnet mit Geduld, mit Humor, mit neuem Willen zum Verstehen, mit neuer Liebe zum Lebenden, seinen Nöten und Irrungen."
Hermann Hesse

Hermann Hesse hat in seiner Erzählung „Die Morgenlandfahrt" auf wunderbare Weise einen zentralen Gedanken der Zirkelarbeit formuliert, nämlich die Suche nach geistiger Gemeinschaft. Aus solcher Gemeinschaft, aus ihrem starken Energiefeld, vermag der einzelne Inspiration und Kraft zu schöpfen. Im Gegensatz zu abgesonderten Gemeinschaften, wie sie Klöster oder Sekten pflegen, ist die Zirkelgemeinschaft Teil des eigenen Alltages. Sie bildet einen spirituellen Lichtpunkt im Leben des einzelnen. Gerade in dem ständigen Wechselspiel zwischen Alltag und Spiritualität besteht die wahre Schulung. Eine sektenförmige Gruppe versucht den Einzelwillen auszuschalten zugunsten einer Gruppennorm. Der Zirkel dagegen betont die Einzelpersönlichkeit, fördert sie in all ihren Farben und versucht sie harmonisch in die Ganzheit des Lebens einzubinden. So erlebt sich das Ego als Teil des Ganzen. Die Zirkelarbeit steht im Kontrast zur Vermassung und Normierung einer perfekt durchorganisierten modernen Welt, wie sie Huxley in seiner Erzählung „Schöne neue Welt" vorweggenommen hat und die heute immer mehr Realität wird. Spiritualität hatte nie die Aufgabe, das Einzelne, Persönliche auszuschalten oder abzuwürgen, sondern es intelligent zu entwickeln und zu formen, damit es seine vollen Gaben entfalten kann, allerdings eingebettet in das ganze Leben. Der abgehobene Solotrip ist nicht das Ziel, sondern, um es musikalisch zu beschreiben, die Verschmelzung von Solist und Orchester zu einer Einheit.

Die spirituellen Wege sahen es stets als Aufgabe an, die Dualität zu überbrücken, die beiden Pole zu einer Einheit zu verbinden. Im Menschen finden wir seine Polarität im Wollen des Egos und dem Willensimpuls der Seele, die sich über Spannungen ausdrückt. Das Ego lebt in der Spannung des Ich und Du, während die Seele die Verwandtschaft mit allem betont. Eine wirkliche Beziehung zum Du, eine Verwandtschaft aufzubauen, bedarf zuerst der Erkenntnis des eigenen Selbst. Wir müssen wissen, wer wir sind, sonst können wir nie sicher sein, wie wirklich der andere, das Du für uns ist oder ob es doch nur ein Spiegelbild unserer selbst ist. Das spielt für Partnerschaften und Beziehungen eine entscheidende Rolle. Wir müssen die Partnerschaft zu uns selbst entwickeln, um Partnerschaft mit dem Du leben zu können. „Erkenne dich selbst!“ stand als Leitsatz über der Eingangspforte zu den Mysterienstätten alter Zeit und es ist auch ein Leitsatz für die Zirkelarbeit.

Das eigene Wollen des Ichs ist ein wirres Knäuel aus eigenen Empfindungen, Erfahrungen, Seelenfragmenten, Schattenaspekten und kollektiven Anteilen. Das Wollen liegt oftmals weit neben der Wirklichkeit, wie wir alle aus unserem eigenen Leben wissen. Wollen bringt stets Verspannung und Stress. Dort, wo wir etwas auf Biegen und Brechen durchsetzen wollen, herrscht völlige Ver- oder Überspannung. Alles muss schnell gehen, denn so hohe Spannung lässt sich nicht ewig ausdehnen. Ein solcher Zustand des Wollens ist kein Ausdruck von Lebendigkeit, denn alles Lebendige fließt in sich rund und gelöst. Die Zirkelarbeit erfordert gerade diese Gelöstheit und damit fördert sie Gemeinschaft. Denn dort, wo Wollen auf Wollen prallt, ergibt sich ein Kampf der Standpunkte, die vom Verstand gefüttert werden. Dort wo Seele auf Seele trifft, kann die Energie lebendig fließen.

Gemeinschaft ist ein sehr wichtiger Aspekt in der Zirkelarbeit. Auch die geistige Welt oder das Jenseits sind von Gemeinschaft geprägt. Nur die irdische Form ermöglicht die Abtrennung und die Haut bildet die natürliche, absolute Grenze zum anderen, zum Du. In der feinstofflichen Hülle fällt diese Grenze weg, ohne dass sich unsere Individualität verliert. Dies ist eine nicht denkbare Vorstellung – als wenn das, was außen ist, gleichzeitig auch innen wäre. Das Denken kennt nur ein Entweder – Oder. Daher wird ein Mensch, der sich absondert, der sich als etwas Besonderes empfindet und sich dabei als medial oder spirituell bezeichnet, stets das Opfer seiner eigenen Illusion sein. Jegliche spirituelle Arbeit ist ein Einüben hin auf die geistige Welt, in die wir nach dem Tode zurückkehren werden.

„Der natürliche Wunsch nach Sympathie und Freundschaft, wie wir ihn auch auf Erden hegen, ist im Jenseits zehnfach, und der Grundsatz von einer „gemeinsamen Aktion", gemeinsamen Tuns, ist ein Entdecken reiner Freude für jene, die schon auf Erden jene Haltung einer aktiven, freundlichen Zusammenarbeit für einen intelligenten, sprich höheren Zweck erlangt haben. Das ist die große Quelle der Lebensfreude auf jeder Ebene der Existenz überhaupt."
Stanley de Brath

De Brath führt weiter aus, dass im Jenseits alle in Gruppen „organisiert" sind und jeder Verstorbene fühlt sich automatisch zu jener Gruppe hingezogen, die seiner eigenen Schwingung entspricht oder um es in den Worten der Bibel zu sagen: „Gegenseitig werden sie sich wiedererkennen." Dieser Gedanke, dass auf höherer Ebene alles über ein Gruppendenken bewegt wird, findet sich auch in der Lehre der Theosophie, die für Tiere, Mineralien und Pflanzen Gruppenseelen konstatiert. Solche Gruppenseelen leiten die Entwicklung auf Erden in den jeweiligen Naturreichen. Die alten Kräuterkundigen sprachen auch stets davon, dass man beim Pflanzensammeln darauf achten sollte, nie den König oder die Königin einer Pflanzengruppe zu schneiden oder auszugraben. Im Gegenteil pflegten sie jenen eine Opfergabe zu bringen, damit die Heilkraft ihrer „Untertanen" erhalten bleibe.
Aber auch jeder Mensch wird in der Beziehung zu einer „kosmischen Gruppe", einer „Gruppe auf den inneren Ebenen" gesehen. Es sind sozusagen spirituelle Gemeinschaften, deren Mitglieder eine gemeinsame Lebensaufgabe oder Mission auf Erden haben. So ist es natürlich, dass wir auf Erden nach unserer Gruppe oder deren Mitgliedern suchen, die mit uns an einem bestimmten Teil des göttlichen Werkes arbeiten. Es ist doch interessant, wie uns der so genannte Zufall mit jenen uns unbekannten Menschen zusammenbringt, die wir dann später als Wahlverwandtschaft erkennen.

Der Zirkel ist also nicht nur Schulungsstätte für das Hier und Jetzt, sondern auch für die Zeit danach, die wir in der geistigen Welt verbringen. Die medialen Fähigkeiten und Kommunikationsmöglichkeiten sind solche, wie sie auch im Jenseits verwendet werden. Außerhalb der physischen Ebene gibt es ja keinen Kehlkopf mehr, mit dessen Hilfe sich jemand sprachlich äußern kann. Daher ist Telepathie, die Übertragung von Gedanke zu Gedanke, eine völlig normale Fähigkeit im Jenseits. Wer diese Art der Kommunikation erlernt, hat den Vorteil, dass er auch im

Jenseits ein geschulter Helfer wird, wenn ein irdisches Wesen nach Kontakt mit ihm sucht.

Tatsache ist es, dass es eine Kraft gibt, die Menschen für eine gemeinsame Absicht oder Aufgabe zusammenführen. Wir mögen das Zufall nennen, aber das dahinter wirkende Prinzip hat mit Schwingung und Resonanz zu tun. Es bleibt für den Verstand ein Geheimnis, wie sich vier Musiker zusammenfinden und zu den „Beatles" werden oder acht Menschen sich finden, die einen guten Zirkel bilden. Andere finden sich ebenso, lösen sich aber wieder schnell auf. Es scheint eine Art geheimen Lebens zu geben, was wir „Gruppe" nennen können und ihre Schwingung nennen wir „Gruppenbewusstsein". Zu welcher Gruppe wir uns hingezogen fühlen, gibt uns Auskunft über eigene innere Bestrebungen. Zieht es mich zu Gruppen, die der Welt helfen wollen, zu Gruppen, die die Welt künstlerisch verschönern wollen? Solches Streben zeigt Tendenzen der eigenen Lebensmission und Affinität zu bestimmten großen Lehrern der Menschheit auf, die heute aus dem Jenseits wirken.

Eine Autorin, in deren inspiriertem Werk die Gruppe und das sogenannte „Gruppenbewusstsein" eine zentrale Stellung einnehmen, ist Alice A. Bailey. Sie beschäftigt sich fast ausschließlich mit dem Thema Gruppenarbeit. Darin enthalten sind einige Ansichten, die ich so interessant für das Thema Zirkelarbeit finde, dass ich sie an dieser Stelle zitieren möchte. Wer sich näher mit diesem Thema beschäftigen möchte, dem seien die entsprechenden Bücher von Alice Bailey empfohlen.[3]

1. *„Ihr müßt unbedingt so weit kommen, dass es euch leicht fällt, euch mit den tiefen Gefühlen der Liebe und des Verstehens aufeinander einzustellen. Ihr müßt die „Haltung der Unpersönlichkeit" so weit entwickeln, dass wenn ein Bruder sich auf eine Schwäche oder Stärke, auf ein fehlerhaftes oder richtiges Verhalten einstellt, dies bei euch nicht die geringste Reaktion hervorruft, die etwa die Harmonie der gemeinsamen, geplanten Gruppenarbeit stören könnte. Ihr müßt eine Liebe in euch wachsen lassen, die immer danach trachten wird, zu bestärken und zu helfen, und ihr müßt die Fähigkeit ausbilden, euch gegenseitig zu ergänzen und zu vervollständigen. Wenn ihr bei einem Bruder eurer Gruppe eine Schwäche entdeckt, so sollte das bei euch nur eine noch tiefere Liebe aufrufen; so sollte euch diese Erkenntnis*

[3] s. Bibliographie

nun erst recht zu einer neuen, impulsiven Anstrengung veranlassen, seiner Seele noch näher zu kommen. Wird euch die Stärke eines Bruders offenbar, so habt ihr damit einen Hinweis, wohin ihr euch jederzeit um Hilfe wenden könnt, wenn ihr selbst in Not seid. Stellt wahrheitsgemäß fest, was ihr empfindet und wahrnehmt, aber schaltet bedachtsam jede Kritik aus. Laßt an die Stelle der Kritik lieber eine – unpersönlich gegebene – Analyse treten.

2. *Ihr müßt euch unaufhörlich, unbeirrt und bedachtsam bemühen, eine Gruppenliebe von solcher Stärke zu entwickeln, dass nichts sie zerbrechen kann und keine Schranken sich mehr zwischen euch erheben können. Ihr müßt die Gruppenfähigkeit entwickeln und entfalten, als Einheit zu wirken, so dass es in der inneren Haltung irgendeines Gruppenmitglieds nichts mehr geben wird, was auf den behutsam hergestellten Rhythmus störend einwirken könnte. Denn es ist durchaus möglich, dass ein Mitglied der Gruppe die Arbeit verzögert und die Gruppe zurückhält, da es zu sehr von seinen eigenen Angelegenheiten und von Gedanken der eigenen Weiterentwicklung in Anspruch genommen ist. Ein erprobter und erfahrener Jünger wird seinen inneren Rhythmus durch eine solche Veränderung nicht stören lassen, ein weniger erfahrener jedoch bedarf einer wirklichen seelischen Wachsamkeit gegenüber der Gefahr, dass die Lebensinteressen von den geistigen Zielen auf persönliche Dinge und Interessen abgelenkt werden.*

3. *Jede Bemühung einer Gruppe, das Denken eines Einzelmenschen oder einer Gruppe zu beeinflussen, muss hinsichtlich des Motivs und der Methode strengstens überwacht werden. Jedes Bestreben einer Gruppe, die darauf abzielt, in gemeinsamer Anstrengung Veränderungen des Gesichtspunktes, in der Lebensanschauung oder in der Art der Lebensführung herbeizuführen, muss selbstlos bis zum Äußersten sein; sie muss mit höchster Weisheit und behutsam unternommen und freigehalten werden von jeder Betonung der Persönlichkeit, jedem persönlichen und mentalen Druck, der vom Standpunkt individueller Meinung, individueller Vorurteile, Dogmen oder Ideen diktiert ist. In dem Augenblick, wo bei einer Gruppe oder einem Mitglied einer Gruppe auch nur die geringste Tendenz besteht, irgendeine Entscheidung zu erzwingen und einem Einzelnen oder einer Gruppe einen derartigen*

mentalen Druck aufzuerlegen, dass diese unter dem stürmischen Einfluß anderer Denker hilflos werden, da haben wir schon das, was man „schwarze Magie" nennt. Alles wahre telepathische Wirken dagegen und alle in rechter Weise gelenkten Bemühungen, auf ein Wesen einzuwirken, wird dahin führen, dass dieses Wesen einen kräftigeren Willen zu rechtem Handeln bekommt, dass sein inneres Licht sich verstärkt und sein Körper lebenskräftiger wird. Die ungeheuere Macht, die von einer Gruppe ausgehen kann, sollte euch dazu anspornen, die Reinheit des Lebens zu behüten, über Gedanken und Ideen zu wachen und eine tiefe Liebe zu haben, die euch vor jeder Neigung zur Macht schützen wird."

Alice Bailey

Alice Bailey betont, dass sich psychische Kräfte über die Gruppenarbeit natürlich entwickeln können und werden, die Absicht dieser Arbeit aber stets auf ein spirituelles Ziel gerichtet ist, nämlich der Entwicklung seelischer Eigenschaften, die eine Übertragung der Impulse aus der geistigen Ebene möglich machen. Das Streben der Gruppe sollte sich am Wunsch orientieren, in der Welt hilfreich zu sein. Als wichtige Voraussetzung einer spirituellen Gruppenarbeit nennt sie die Fähigkeit zur „Unpersönlichkeit", was nichts anders heißt, als die Fähigkeit sich selbst loslassen zu können, sich von seinem Ego lösen zu können. Alice Bailey misst den erreichten Grad von Unpersönlichkeit innerhalb einer Gruppendynamik vor allem an der Beantwortung folgender Fragen:

- *„Reagierst du schneller auf die negativen Eigenschaften deines Gegenübers, als auf seine göttlichen Charakterzüge?*
- *Wie reagierst du, wenn jemand nicht mit dir übereinstimmt?*
- *Kannst du deine eigenen Probleme von der mentalen Ebene aus sehen und handhaben?*
- *Bist du mehr mit deinen eigenen Problemen beschäftigt, als mit den Zielen der Gruppe?"*

Alice Bailey

Jedes Zirkelmitglied sollte über diese Fragen nachdenken. Ihre hohen Anforderungen an die Gruppenarbeit gelten vor allem für diejenigen, die nach einer medialen Arbeit streben. Bailey benennt auch konkrete Eigenschaften, die man entwickelt haben sollte, wenn man medial arbeiten möchte:

1. *„Intuitive Empfänglichkeit für Ideen und Empfindungsfähigkeit (Sensitivität).*
2. *Schnelle Reaktion auf wirkliche Not. Ich beziehe mich hier nicht auf eine Reaktion des Solarplexus, sondern auf die Erkenntnis des Herzens.*
3. *Richtige Beobachtung der Wirklichkeit auf der Seelenebene. Dies führt zu rechter mentaler Wahrnehmung, zu Befreiung von Illusion und zu Erleuchtung des Gehirns.*
4. *Richtige Handhabung von Kraft, was daher ein Verständnis für die Arten und Eigenschaften von Kraft und ihr rechtes schöpferisches Verweben in den Dienst auf der äußeren Ebene erforderlich macht.*
5. *Ein wahres Verständnis für das Zeitelement, mit seinem zyklischen Steigen und Fallen und für die rechten Zeiten zum Handeln. Eine Fähigkeit, über die man durch den Einsatz geduldigen Wartens und durch Ausschaltung jeglicher Eile Herr werden kann."*

Alice Bailey

In einfachen Worten können wir diese Qualitäten benennen als:

Intuition

Herzensbildung

Wirklichkeitssinn

Wissender Umgang mit Kräften

Wissen um die rechte Zeit, den rechten Ort.

Das ist das, was eine spirituelle Gemeinschaft letztendlich ausmacht. Das Verständnis untereinander ist intuitiv und der Kontakt geht über das Herzzentrum. Jeder weiß um seine Wirklichkeit und er hat Erfahrung im Umgang mit den Kräften. Dazu kommt, sich zur rechten Zeit am rechten Ort zu treffen. Der Vogelzug hatte für unsere Vorfahren eben aus diesem Grunde eine große Mystik, da Vögel auf ihrer Ebene genau dies leben. Sie formieren sich instinktiv zum Zug und es gibt eine Schwingung, die sie zusammenhält auf der Reise. Sie kennen die Realität und die nötigen Kräfte, was die Vögel manchmal zur grausam anmutenden Tat treibt,

einen schwächeren oder kranken Artgenossen zu Tode zu bringen, weil seine Kräfte für den Zug nicht ausreichen und das ganze Unternehmen gefährden würde. Und Zugvögel wissen instinktiv um die richtige Zeit und um die Orte, die ihr Zug nimmt. Sie sind stets am richtigen Ort zur richtigen Zeit. Der Vogelzug ist nach wie vor ein Geheimnis für die Wissenschaft, genauso wie das Wesen von „Gemeinschaft". Jeder Vogelzug nimmt ja eine bestimmte geometrische Form an und diese ist bedeutsam für die Orientierung und die Energiegewinnung in der Gruppe. Der Vogelzug in ferne Länder zeigt, was Gemeinschaft zu leisten vermag.

II. Die Kraft des Kreises

„Für Zen bedeutet der Kreis Erleuchtung. Er symbolisiert die menschliche Vollkommenheit."

Zen-Weisheit

„Kreis bedeutet Fülle, Reichtum, Gabe,
auch Freude, Achtung, Wert.
Was uns wichtig ist, kreisen wir ein;
was uns lieb ist, umringen wir.
Ring und Reif sind Symbole des Lebens
und der Einheit. Auch der Sonne."

Heinrich Rombach

II.I Sonne und Mond

Die vollendete Kreisform findet unser Auge am Himmel. Tagsüber ist es die Sonnenscheibe, die uns kreisrund entgegenlacht, des Nachts der volle Mond. Der kreisförmige Wandel der Himmelskörper, das Kosmische stand daher schon immer im Mittelpunkt einer jeden spirituellen Weltsicht. Beobachten wir den Aufgang der Sonne, so ist der Horizont, der sich unserem Auge bietet kreisbogenförmig. So weit unser Auge reicht, erstreckt sich für uns die bekannte Welt. Wir können das ergreifen und erkennen, was in diesem Kreisbogen liegt. Alles, was jenseits davon liegt, ist das Unbekannte. Wenn wir also etwas in unser Wahrnehmungs- und Wirkungsfeld hineinnehmen möchten, so kreisen wir es ein. Wollen wir den Kreis absolut perfekt rund ziehen, so benutzen wir dazu einen Zirkel. Der Kreis beinhaltet die Kräfte, auf die wir Zugriff haben, daher ist er ihr Wirkungsraum. Unsere Vorfahren pflegten daher alles zu umrunden und zwar im richtigen Gang mit der Sonne, also rechts herum. Die Rechtsläufigkeit steht für das Licht und Bewusstsein, die Linksläufigkeit für das Dunkle, Unbewusste. Heilige Bäume, heilige Bezirke oder auch die Felder im Frühling umrundeten unsere Vorfahren in kreisförmigem Gang, um kosmischen Segen zu erbitten. Der Kreisgang vermittelt den Einklang mit den kosmischen zeugenden Kräften und damit werden diese ihre fruchtbare wie auch schützende Wirkung entfalten.

Die Sonne steht für den „Vater" (das Göttliche), also die ursprüngliche Einheit allen Seins, das große Licht oder Feuer. Der Sonnenstrahl ist der Geist (der Gottessohn, die göttliche Tochter, die Götter überhaupt) der das Leben wachkitzelt.

Der Mond ist das andere große Licht am Himmel, aber er besitzt nur ein geborgtes Licht, ist Spiegel der Sonne. Er ist nicht immer voll und rund, sondern er ist das sich Wandelnde, der Wanderer am Himmel und durch das Leben (Lebenswandel). Eigentlich ist er eine Sie, nämlich die Mondgöttin, die große Mutter des Lebens. Sie steht für die Feuchtigkeit und Fruchtbarkeit, und ihr wird das Element Wasser zugesprochen. Die Sonne zeugt das Leben, der Mond lässt es wachsen und vermehrt es. Alles, was sich kreisförmig wölbt, ist Leben tragend. Der Bauch der werdenden Mutter wölbt sich in weitem Bogen, so wie auch der Tau- oder Wassertropfen. Leben bedeutet Wölbung, Kreisform und daher galt der Bauch als glückliches Zeichen, wie wir es bei den Glücksgöttern in der chinesischen Kultur finden.

Chinesischer Glücksgott

Der Sonnenkreis ist also seit Urzeiten das Symbol für die Ganzheit und Einheit allen Seins. Der spiralige, kreisförmige Gang der Sonne durch das Jahr wurde zum Sinnbild des ganzen, sich stets erneuernden Lebens. Der Kreis verbindet alles, schließt alles in sich ein und erneuert alles. Er offenbart in seinen sich stets wiederholenden Stufen von Entstehen, Werden und Vergehen das Leben der Natur. Daher war die Drehung des Sonnenrades immer auch ein Abbild des fortwährenden Wirkens des Göttlichen, sein bindendes Wort vom ewigen Leben gegenüber den Menschen. Im Wandel erzeugt und erneuert die Sonne alle Energie und erhält so die Schöpfung. Alle Lichtwesen, wie z.B. die Blumen, haben den Kreis als bestimmende Größe.

Der Gang der Sonne durch das Jahr geht über verschiedenen Stationen, deren bedeutsamsten die der Sonnwenden sind. An jeder Station entfaltet die Sonne ihre besondere Kraft. Schon früh markierten die Menschen die wichtigen Stationen des Sonnenlaufs mittels Holzpfählen oder Steinnadeln, den Menhiren. Wenige der altzeitlichen Steinkreise sind heute noch erhalten und der berühmteste liegt wohl in England – Stonehenge. Ein Mensch, der sich in einem solchen Steinkreis zu einer bestimmten Zeit aufhält, dem wird eine besondere Kraft zuteil. Daher fanden in der Frühzeit alle Riten innerhalb von Steinkreisen oder heiligen Hainen statt.

Steinkreis

Kreis- und Rundtänze bei den Ritualen zeichneten den Sonnenlauf nach und sollten den Menschen ihre Kraft auf symbolische Weise erschließen. Auch die Ballspiele sind aus dem Sonnenkult hervorgegangen, wie auch eine der bedeutendsten Erfindungen des Menschen, das Rad. Wenn Menschen im guten Sinne zusammenkamen, wenn es um Gemeinschaft und Beratung ging, saß man im Kreis zusammen, in dessen Mitte meist ein Feuer loderte.

Der Kreis steht für das Begrenzende, Endliche und Raumumfassende. Er ist Dunkelheit und Stille. Er steht aber auch für die unendliche Ganzheit, den Zustand der Leere, in der alle Fülle verborgen ruht. So ist der kleinste Kreis die irdische Sphäre und der nicht fassbare größte Kreis das Göttliche. Der leere Kreis ist auch Sinnbild der potenziellen Fülle des noch nicht offenbarten Jahres.

Es ist der Strahl der wiederkehrenden Sonne, der die Fülle des Jahres wieder lebendig werden lässt. Dem Wiedererscheinen der Sonne waren große Feste geweiht. Wir finden in Kreis (Sonne) und Gerade (Sonnenstrahl) eine Polarität. Der Kreis ist das ruhende Schöpferische, die latente Kraft, während die Gerade, das Aktive, Schaffende, das Wollende darstellt. Leiten wir einen fließenden Strom (die Gerade) durch eine Spule (den Kreis) entsteht ein elektromagnetisches Feld.

Die Gerade strebt weg, hinein ins Unendliche, während der Kreisbogen sie rückbindet. Nur so wird Beziehung und Verhältnis zwischen Innen und Außen, Ich und Welt möglich. Die Senkrechte strebt dabei dem Geistigen zu, die Waagrechte erobert den stofflichen Raum. Die Gerade ist also mit dem Wollen und dem Verstand verbunden, ist geistig und abstrakt. Eine Gerade ist in ihrer Linearität unerbittlich und streng, strebt hinweg vom Ursprung hin zu einer Zukunft. Das Abgerundete dagegen, der Kreisbogen, stellt eine sinnliche Erfahrung dar. Das Runde hat stets etwas Schönes, sinnlich Bejahendes und steht für Gegenwärtigkeit.

Die Schöpfung und Entwicklung der Welt haben unsere Vorfahren anhand der Symbolik des Kreises und der Geraden dargestellt. Das Weiche und das Harte, Yin und Yang nannten es die Taoisten. Sie erkannten es als Muster oder Prinzip, das sich in allem Leben wiederholt. Es ist gültig für jedes Wesen, sei es ein Sonnensystem, die Natur, der Mensch, ein Volk usw. Es steht für das Einzelne wie das Ganze und die Zahlen wurden daraus abgeleitet. Daher finden wir die Gesetzmäßigkeit der Beziehung von Kreis und Geraden auch in der Gruppendynamik wieder, also auch im Zirkel. Vielleicht ist das auch der Grund, weshalb wir in der Zirkelarbeit nicht nur sitzen, sondern immer wieder beim Üben auch aufstehen, also zur Geraden werden. Und auch die Anzahl der Mitglieder mag ihre energetische Bedeutung haben.

Im Folgenden stelle ich die verschiedenen Entwicklungsstufen der Gruppenenergie anhand dieser kosmologischen Symbolik dar.

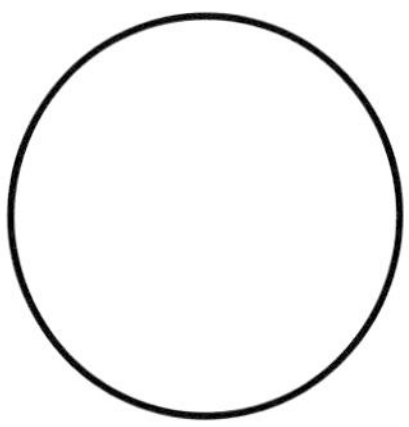

Der leere Kreis

1. Der leere Kreis – Die Welt der offenen Möglichkeiten

Der leere Kreis war stets ein Symbol des Uranfangs, des Ewigen und der Ganzheit. Noch ist die Welt dunkel, hat die Schöpfung nicht stattgefunden. Der göttliche Wille ruht noch, er hat sich noch nicht offenbart. Es ist der Kreis des Leeren. Meist wurde er als Schlange abgebildet, die sich in den Schwanz beißt (Ouroboros) oder auch als zwei Schlangen, die sich gegenseitig verschlingen. Der leere Kreis symbolisiert den Urbeginn der Schöpfung, wo alles seinen Anfang nahm, zu dem es aber auch nach der Vollendung der Schöpfung zurückkehren wird. Somit ist der Kreis das A und das O.

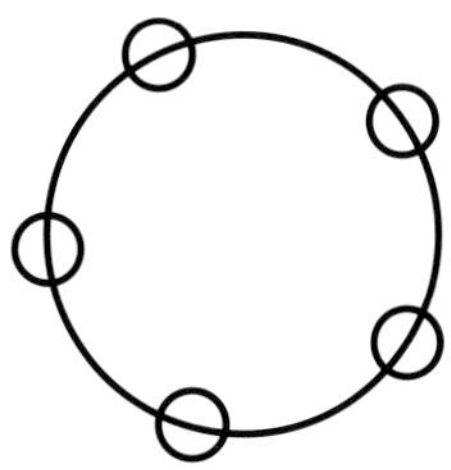

Kreis mit Punkten

In der Gruppenarbeit steht der Kreis, der sich aus vielen einzelnen Punkten zusammensetzt, für die Offenheit des Beginns. Noch sind es abgegrenzte, einzelne Ichs, die sich im Kreis einfinden. Es besteht eine Absicht der Mitglieder, eine gemeinsame Arbeit aufzunehmen und wir können dies als Einschwingvorgang bezeichnen. Es findet eine Angleichung und Harmonisierung der unterschiedlichen Energien der einzelnen Mitglieder statt und damit beginnt der Aufbau eines Energiekreises oder Energiefeldes. Noch sind es die einzelnen Ichs mit all ihren persönlichen Licht- und Schattenseiten, die dieses Werk beginnen und es fordert ein hartes Stück Arbeit für jeden, sein Ich so zu schleifen, dass es später als „Schmuckstein in die Krone des Zirkels" passt. Wer schon in einem Zirkel sitzt, kennt diese problematische Anfangszeit, in der Ego auf Ego trifft. Für mich ist dies immer noch ein offener Zirkel, denn offen ist der leere Kreis und offen ist der Ausgang dieser Arbeit. Mancher wird vielleicht wieder Abstand nehmen davon und so wird sich der Zirkel so lange verändern, bis die nächste Stufe erreicht ist.
Irgendwann wird der Zirkel diesen Zustand des leeren Kreises auf höherer Ebene wiederfinden, dann nämlich, wenn der Kontakt zur Geistigen Welt etabliert ist.

2. Der Kreis mit Mittelpunkt – Die Absicht, der Wille

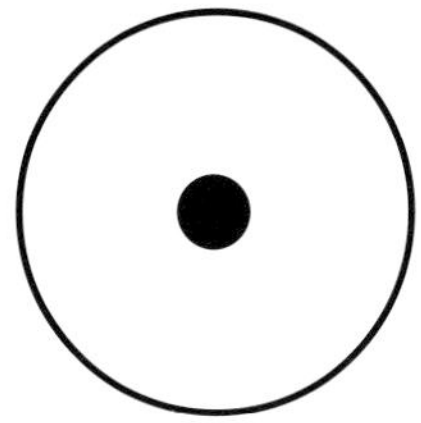

Sonnenkreis

In der Kosmologie steht dieses Symbol für die Sonne, das Auge Gottes und den festen Willen oder die Absicht des Göttlichen zur Offenbarung und Schöpfung. Er stellt die Konzentration von Energie dar, die einen Fokus erschafft. Alle potenziellen Möglichkeiten sind im Punkt konzentriert. Aus der Dunkelheit heraus entsteht das Licht und damit kommt das Leben. Somit tritt das zunächst Unerkannte (Umkreis) sich selbst gegenüber (Zentrum). Damit wird Erkenntnis und Bewusstsein möglich.
Der Mystiker Jakob Böhme beschreibt dies so:

„Das Rad Naturae windet sich von Außen in sich hinein; denn die Gottheit wohnt im Innern in sich und hat eine solche Figur, nicht dass man`s kann malen .... Denn Gott ist überall ganz, und wohnet in sich selber.
Also merke, das Begehren gehet in sich hinein nach dem Herzen, welches ist Gott."

Jakob Böhme

Die große unendliche, unberechenbare und damit gefährliche Weite des Kosmos wirkt gefährdend auf jede individuelle Wesenheit ein. Das Dunkel, das Unbewusste droht das Ich zu verschlingen. Im Kreis, im geschützten Raum kann sich das Ich dieser Dunkelheit, dem Unbewussten stellen. In diesem Sinne ist jeder Zirkel eine Möglichkeit für das Ich, einem unbekannten Größeren zu begegnen, sich bewusst der Welt zu stellen, sich in sie ganz hineinzustellen. Dieser spirituelle oder mythische Aspekt der Zirkelarbeit ist ein ganz wichtiger.

Wenn Menschen mit gleichem Interesse zusammenkommen, so fokussiert und konzentriert die gemeinsame Absicht, das gemeinsame Ziel die Energien. Jeder ist Mittelpunkt und Umkreis zugleich, wodurch jene Dynamik entsteht, die Erfahrung und Erkenntnis seiner selbst möglich macht. Es findet ein Abtasten, Abklären und Ausloten der Energien statt.

3. Der Kreis und die Waagrechte – Die Ordnung der Kräfte im Raum

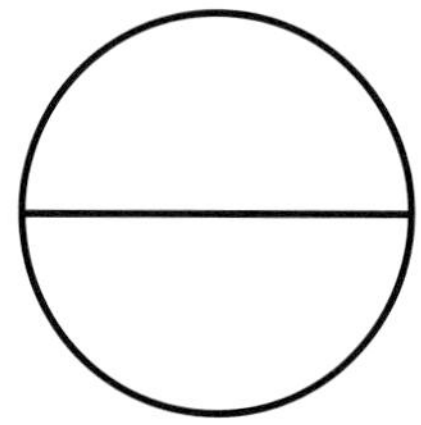

Der göttliche Schöpfungswille teilt die Welt in ein Oben und Unten, scheidet Himmel und Wasser oder Himmel und Erde. Es entsteht jener Aspekt des Göttlichen, den wir Raum nennen. Raum ist keine abstrakte Größe, sondern eine Wesenheit, die auch als Ätherebene bezeichnet wird. In diesem Raum findet ein Austausch statt, ein Geben und Nehmen, ein Senden und Empfangen. Der Himmel befruchtet die Erde und die Erde spendet reiche Blüte und Frucht, so wie es das Symbol des geteilten Kreises zeigt. Die Waagrechte ist zudem ein Symbol des liegenden Kreisbogens. Er symbolisiert die Beziehung zum Stofflichen, zur stofflichen Ausdehnung.

Dies stellt die erste Phase der Zirkelarbeit dar. Noch befinden sich die Teilnehmer in einem Zustand, in dem ihr Verstand die Welt trennt, in eine geistige Welt „dort oben" und eine irdische „hier unten". Jeder ist noch mit seinen eigenen Empfindungen und Gedanken beschäftigt. Die Teilnehmer der Gruppe müssen sich aneinander gewöhnen und ihre Energien müssen sich ausbalancieren, damit ein gleichmäßiges Arbeiten möglich wird. Dieser Vorgang des Harmonisierens und Balancierens ermöglicht es dann, dass das Raumenergiefeld des Zirkels wächst.

4. Der Kreis und die Senkrechte – Die Ausrichtung der Kräfte

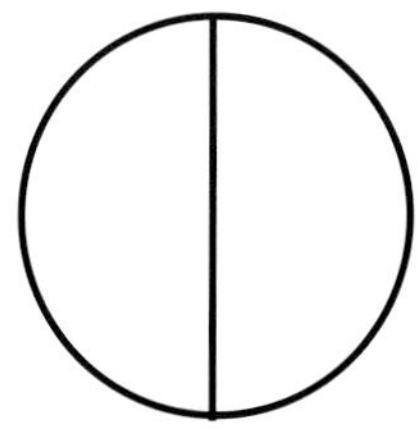

Die Senkrechte teilt den Kreis in ein Vorher und ein Nachher, ein Vorne und ein Hinten und ist somit Symbol der Zeit. Steht die Sonne auf dem Höhepunkt des Kreises, so fällt der Sonnenstrahl als Senkrechte ein.

Durch die Senkrechte entsteht der Schattenwurf, an dem sich die Zeit ablesen lässt, daher wurde sie auch „Zeiger“ genannt. Die Senkrechte verbindet aber auch das, was vorher durch die Spaltung entstanden war, nämlich das Oben (Himmel) mit dem Unten(Erde). Die Senkrechte verbindet Höhe und Tiefe, den Punkt der Sommer- mit dem der Wintersonnwende. Daher war sie Symbol der Inspiration und der Medialität. Jede Senkrechte wird zu einem Kanal von Energie, wirkt wie eine Art Antenne. Die Senkrechte strebt nach Überwindung des Räumlichen und Stofflichen. Sie zielt auf das Unendliche, Geistige, ist die schaffende Kraft.

In der Gruppenarbeit bezeichnet dieses Symbol jene Phase, in der eine gewisse Ebene der Harmonie der Energien erreicht ist. Alle arbeiten am gleichen Ziel. Im Zirkel ist dies jene Phase, in der wir uns bemühen, einen Kontakt zur geistigen Welt aufzubauen, eine Anbindung an das Göttliche zu erreichen. Die Senkrechte versinnbildlicht die Brücke, die wir erschaffen, so dass eine Kommunikation zwischen der geistigen Welt und unserer Welt möglich wird.

5. Kreis mit Kreuz – Die Vereinigung der Kräfte

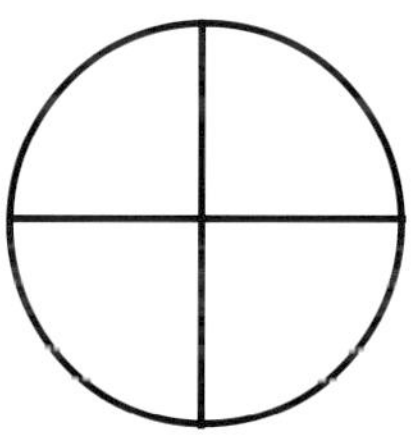

Dieses Symbol zeigt die Erdkugel, die Manifestation der göttlichen Schöpfung in der Materie. Es ist die Offenbarung der kosmischen Kraft als Substanz und konkrete Form. Der Mensch wurde ebenfalls mit dem Symbol des Kreuzes verbunden, denn seine Aufgabe ist es, Raum und Zeit zu durchschreiten, um Bewusstsein zu formen. Die vier Himmelsrichtungen bilden die Achsen des Kreises, sind Symbole einer umfassenden, seelischen Weltorientierung. Vier Funktionen des Bewusstseins sind es daher, die nach östlicher Lehre dem Menschen zur Verfügung stehen, um den Eindrücken des Lebens zu begegnen, nämlich: Denken, Fühlen, Erspüren und Empfinden. Diese Kräfte alle in sich zu vereinen, nannte man einstmals „Kreuzweg“. Es ist ein Ringen zwischen all den Spannungen, die jeder in sich trägt.

In jedem einzelnen Mitglied des Zirkels ist eine gewisse Harmonie entstanden, so wie auch der Zirkel in sich eine Harmonie erreicht hat. Damit werden die Anfechtungen und Zweifel weniger. Das Ich kann jetzt mehr und mehr zurücktreten, damit die geistige Kraft Raum greifen kann. Das Energiefeld ist stark und mächtig, wird zum Instrument für die geistige Welt. Dienen und Hingabe gewinnen mehr und mehr an Bedeutung.

6. Kreis mit Rad – Die Wirksamkeit der Kräfte

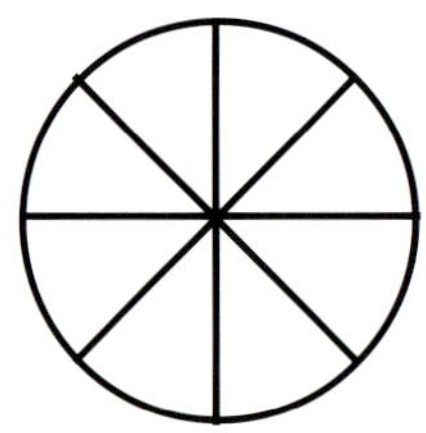

Svastika

Das Sonnenrad, auch als Zeichen der Svastika zu finden, zeigt die Kraft in Bewegung. Die Bewegung des Rades erzeugt Wandel, Entwicklung und Evolution. Alles, was mit diesem Feuerrad in Berührung kommt, wird von ihm entzündet. Daraus entstehen eine lebendige Inspiration und heilende Kraft.

Durch stetes Üben und Arbeiten im Zirkel halten wir das Rad in seiner Drehung, wodurch sich die Energien und Kräfte weiter vermehren. Die Einstrahlung der Kräfte aus der geistigen Welt nimmt zu, was auch zu einer vermehrten Ausstrahlung des Zirkels und seiner Mitglieder führt. Die Kraft von Inspiration und Heilung wachsen an. Damit ist der Zirkel in der Welt gleich einem Stern am Nachthimmel geworden, der sein Licht weit leuchten lässt.

Zirkelmandala

II.2 *Der Kreis als Gestaltkraft*

Alles Runde, Kreisförmige können wir in einem Zuge malen, ohne den Stift abzusetzen, innezuhalten oder seine Richtung zu ändern. Es beginnt an einem Punkt, entfaltet sich und kehrt doch stets zu sich selbst zurück. Deshalb steht das Kreisförmige sowohl für die Öffnung wie auch für die Abgrenzung. Wenn wir daher von „Sich-im-Kreis-drehen" sprechen, so hat das unterschiedliche Bedeutung. Im Tanz kann es eine Öffnung, eine Entfaltung der Kraft bedeuten. Der Kreis ähnelt dann einer Spirale. Überdrehen wir dabei im Übermut, so wirft uns das eventuell aus dem Kreis. Der Kreis schließt aber auch zusammen. Immer wieder den gleichen Kreis abschreiten hat eine konzentrative Wirkung. Geschieht das aus einer geistigen Absicht heraus und bewusst, wie z.B. im Zen, so besitzt es eine meditative Wirkung. Ist es eine unbewusste Wiederholung des ständig Gleichen, wird es zum Leerlauf, also zur tödlichen Routine. Der Kreis birgt eine die Energie steigernde und auch eine konzentrative, ordnende Kraft in sich. Dies finden wir auf faszinierende Weise in der chinesischen Medizinlehre wieder, die den Kreislauf der Meridiane entdeckte und die Meridianuhr entwickelte. Die Beziehung der Kräfte innerhalb des Meridiankreislaufes lässt sich immer wieder herstellen, da man die Beziehungen der einzelnen Meridiane zueinander kennt, die im Kreis dargestellt sind.

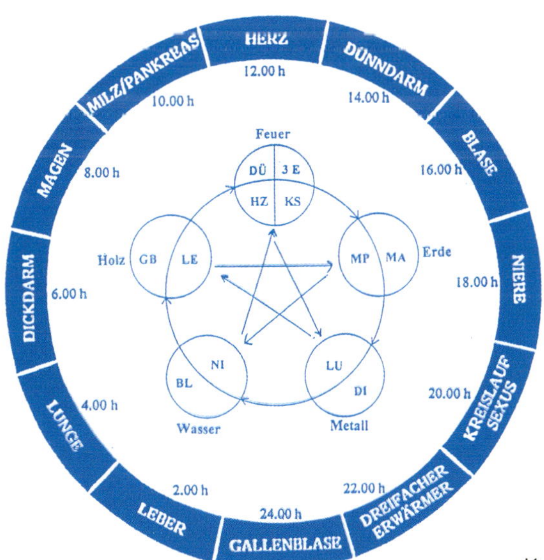

Kreis der Meridiane

Der Kreis ermöglicht die Darstellung und Erkenntnis von Beziehungsmustern. Unser Denken und unsere Gedanken kreisen um etwas, was wir noch nicht gefasst haben. Es ist eine Bemühung, das Un- oder Noch-nicht-Begreifliche festzumachen, um es zu analysieren, zu ergreifen und zu benennen. Damit wird eine Beziehung möglich.

Der Kreis steht aber auch für das Offene, Unendliche und Ewige, denn er kennt weder Anfang noch Ende. Das Göttliche ist wie eine Kugel, dessen Zentrum überall ist, dessen Peripherie aber nicht aufzufinden ist. Wenn wir uns in den Kreis stellen, dann erleben wir etwas über das Persönliche Hinausgehendes, die Zugehörigkeit zu einem Größeren. Wir werden zum Kreis und symbolisch wiederholen wir damit den göttlichen Schöpfungsritus. Stehen wir in der Mitte eines Kreises, so ist alles im Umkreis gleich weit von uns entfernt. Und alles, was sich im Umkreis befindet, hat mit uns zu tun, ja ist ein Teil von uns. Im Kreis liegt alles offen, kann sich nichts verbergen. Daher gibt es darin keine Trennung, sondern nur ein Miteinander. „Kreisen" bedeutet also auch in Beziehung zu etwas zu sein.

Die gestaltbildende Kraft des Kreises wurde in allen rituellen, kultischen Handlungen verwendet. Im Kreis lösen sich die starren Zeit- und Raumachsen auf, gibt es für die sinnliche Wahrnehmung keine objektive Grenze mehr, weshalb die Seher einst in eine runde Wasserschale oder später in die Kristallkugel blickten, um medial wahrzunehmen. Der Kreis sollte Kräfte binden, damit sie nicht entfliehen, gleichzeitig soll er auch vor schädlichen Einwirkungen oder Störungen von außen schützen und den Wahrnehmungshorizont ausweiten. Wir müssen uns bewusst sein, dass unser Verstand eng umschränkt ist und in der greifbaren, nahen Welt lebt. Dafür aber ermöglicht er ein klares, individuelles, konkretes Bewusstsein, was uns Stabilität und Sicherheit gibt. Dehnen wir unser Denken im Laufe einer spirituellen Schulung aus – gleich sich weitenden Kreisen –, kommen wir zwangsläufig mit dem kollektiven Unbewussten in Kontakt, was eine Gefahr sein kann, da die Weite des Unbewussten auflösend auf das konkret Bewusste wirkt. Alte Krusten und Muster lösen sich auf und damit auch die Sicherheit. Daher legen alle spirituellen Schulungen so viel Wert darauf, dass jeder Mensch zuerst seine innere Mitte findet, bevor er in die Weite geht. Das Zentrum wirkt ordnend auf das Bewusstsein. Ist dies nicht so, identifiziert sich ein Bewusstsein mit jeder Erscheinung, die aus dem Unbewussten auftauchen mag, hält sie alle für real. Jeder Teilgedanke wird so zu einer Realität und es wird nicht bemerkt, dass dieser eigentlich nur leere Form ist, die wir mit unserem Selbst füllen. Identifizieren wir uns mit vielen solcher Teilgedanken, ohne dass es eine wissende, ordnende Mitte in uns gibt, so kann das zu Selbstverlust, Illusion und gar Schizophrenie führen. Daher ist der „hegende Kreis" so überaus wichtig, denn er soll das Ausströmen verhindern und die Einheit des Bewusstseins gegen die Zersprengung durch das Unbewusste schützen. Die heiligen Haine, Steinkreise und viele Tempel waren in früher Zeit daher kreisförmig angelegt. Der Meditierende sitzt auf dem Kreis der Lotusblüte:

Stadium der Meditation. „Mitte inmitten der Bedingungen"

Der Meditierende muss in seinem Schwerpunkt durch den Atem (Hara) verankert sein. Damit ist er fest an seinen Lebenskreis angebunden. Sein Denken konzentriert sich auf der Mentalebene und jede Gedankenform dort zieht unendlich viele nach sich. Ist er nicht in sich verankert, so hält er alle diese attraktiven Gedankenformen für Wirklichkeit und deren Versuchung führt ihn immer weiter hinein und damit weg von sich selbst, bis er sich verloren hat. Daher ist die Anbindung und Erdung so wichtig. Jedes Atemholen weitet den Brustkorb nach Oben und bedarf doch des Gegenzuges nach unten zum Becken. So verhält es sich auch mit der

Meditation. Der Kreis bindet ein, begrenzt auf schützende Weise und erlaubt doch eben dadurch die Ausdehnung.

Aus diesem Grunde diente der Kreis als Eingrenzung eines heiligen, magischen Ortes und noch später wurde seine Form bei Stadtplanungen verwendet. Wir ziehen auch heute noch einen Kreis, um das zu beschreiben, was dazugehört und was nicht. Ein Kreis kann ab- und ausschließen. Kinder erleben ganz intensiv die Macht des Kreises, nämlich zu einem Kreis, einer Gruppe dazuzugehören oder davon ausgeschlossen zu sein. Ein Kreis bietet den Mitgliedern Schutz und Geborgenheit, wird zum „Bannkreis" gegen Dämonen und andere schädliche Einflüsse von außen, stärkt aber gleichzeitig die Energie der im Kreis Befindlichen. Im Außen ist das Chaos, das Unberechenbare, während im Kreis stets eine Ordnung herrscht. In magischen Ritualen spielt daher der Kreis bis heute eine wichtige Rolle und auf allen Abbildungen von Zauberbeschwörungen ist er zu finden. Mephisto in Goethes „Faust" zieht den Zauberkreis. Berthold Brecht hat in seiner Erzählung „Der kaukasische Kreidekreis" ein gleiches uraltes Ritual aufgegriffen und verarbeitet. Nach kaukasischer Sitte wird nämlich ein Streitobjekt in die Mitte eines Kreises gestellt und die Streitenden haben das Recht, dieses Objekt aus der Mitte zu ziehen. Ein Richter beobachtet diesen Vorgang und zieht daraus sein Urteil. In Brechts Fassung geht der Streit um ein Kind, um das sich die leibliche Mutter und die Ziehmutter streiten. Die vom Herzen her wahre Mutter möchte nicht, dass das Kind zerrissen wird und belässt es in der Mitte. In Brechts Stück ist dies natürlich die leibliche, wahre Mutter.

Die Bindekraft des Kreises finden wir in allen Kulturen. Das Binden eines Fadens, aus dem später der Ring wurde, sollte Menschen in Treue aneinander binden und alles von außen Einbrechende abwehren. Mit dem Siegelring wurde aber auch der Besitz gestempelt, was in Bezug auf die Heiratsringe etwas nachdenklich macht. Ringe waren stets ein Zeichen der Zugehörigkeit und bezeichneten die Zugehörigkeit zu einer Gemeinschaft und auch die Stellung in ihrer Hierarchie. In Tolkiens großartigem Werk „Der Herr der Ringe" ist der Ring der Mittelpunkt der Geschichte. Mit dem Ring beginnt sie und sie endet mit dem Ring.

Auch in den alchemistischen Vorstellungen spielen Kreis und Kreislauf eine wichtige Rolle. Vor allem im Vorgang der Destillation und Sublimation erkannte man den Kreislauf. Goethe beschrieb dies in seinem Gedicht „Gesang der Geister über den Wassern":

„Des Menschen Seele
gleicht dem Wasser:
Vom Himmel kommt es,
zum Himmel steigt es,
und wieder nieder
zur Erde muss es,
ewig wechselnd.“
J. W. v. Goethe

Der Kreislauf, das Rad der Wandlung bezeichnet die aufsteigenden und sich niederschlagenden Dämpfe im alchemistischen Prozess. Diese Vorgänge sind an den Fortgang des Weltalls, den Wandel der Sterne am Firmament gebunden. Die Alchemie ist ja bestrebt, den kosmischen Gang der Dinge nachzubilden, der gemäß der Lehre der Astrologie von den Planetengeistern unterhalten wird.

Alchemistischer Baum

Ein weiteres alchemistisches Symbol für die Kraft des Kreises ist das Bild vom runden Springbrunnen, der sich in einem ummauerten, geschützten Garten befindet. Dieser Garten ist der Rosengarten, das Paradies, in dessen Mitte sich das Rosenkreuz befindet, ein Symbol für die Sonnenkraft und das Herz. Der ewig sprudelnde Springbrunnen steht für die Beständigkeit und Ausdauer, die der Alchemist nötig hat, um die widrigen, hindernden Umstände im Laufe des Werkes zu überwinden. Dieses alchemistische Bild lässt sich wunderbar auf den Zirkel übertragen. Ist der Zirkel in gewissem Sinne das alchemistische Gefäß, so ist jedes Zirkelmitglied ein Alchemist, der an seiner eigenen Verwandlung arbeitet und damit mithilft, ein Stück weit auch die Welt zu verwandeln. Jedes Mitglied richtet seinen Fokus auf die Mitte des Kreises und der Zirkel selbst ist jener Springbrunnen, der eine unterstützende Kraft darstellt.

Beim Thema des Kreislaufs, der Verwandlung spielen zwei entscheidende Prinzipien oder Kräfte der Natur eine Rolle, nämlich die Sonne und der Mond. Sie sind Vater und Mutter allen Lebens und bestimmen durch ihren Lauf das Leben auf der Erde. Der Mond wird mit der Bewegung des Feuchten, des Wassers verbunden und verkörpert damit das fruchtbare, nährende Prinzip. Ohne Wasser gibt es kein Leben und das Leben wird im Wasser geboren. Daher wurde das Bild der Mutter, der Göttin und Frau stets mit dem Mond verbunden. In der Mutter kreisen die Lebenssäfte, aus denen das Kind sich nährt und aus dem runden Bauch kommt das Leben. Aber auch der nährende Stoffwechsel, der ja ebenfalls ganz im alchemistischen Sinne einen Verwandlungs- und Veredelungsprozess darstellt, ist mit dem Bauch verbunden. Es wundert daher nicht, dass in der Alchemie vielfach bauchige, rundliche Gefäße für die Wandlungsprozesse benutzt werden, die schlussendlich die Gewinnung des Goldes oder des Steins der Weisen zum Ziel haben.

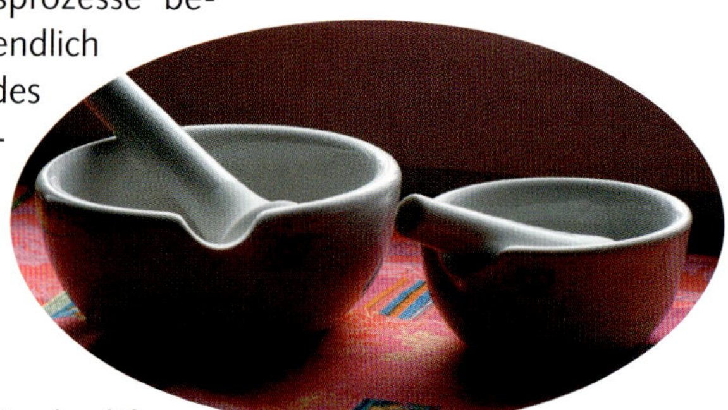

Bauchgefäße

Die Sonne mit ihrem Strahlenkranz stellt das männliche Pendant dar. Sie ist der Schutzschild des Menschen, ist das Lebensfeuer. Der Gang der Sonne durch das Jahr zündet die Kräfte und unterhält die Feuer der Verwandlung. Die Sonne stellt die für die Prozesse nötige Energie bereit. In früher Zeit sollten die Kreistänze den heilsamen Gang der Sonne anregen, indem sie dessen spiralige Form nachzeichneten. Aber auch die Ballspiele waren im Ursprung mit dem Sonnenritus, dem Spiel der Kräfte verbunden. Das Licht der Sonne stand ebenfalls für das innere Licht, also für das Bewusstsein. „Circumambulatio" (das Umkreisen) nannten die Alchemisten diesen Vorgang, wenn das Licht oder Bewusstsein beginnt, seine Kreise zu entfalten und sich der Horizont entfaltet. Den Mond sah man in Verbindung zu den wilden, ungezügelten Natur- und Lebenskräften, deren Kraft unendlich ist. Aber sie neigen zu Chaos und daher bedarf es einer Lenkung und Führung dieser Kräfte durch das Licht. Der Gang der Sonne ist festgesetzte Ordnung, geht vom Betrachter aus rechts herum, weshalb die Sonne stets das göttliche Recht symbolisierte. Sie steht als Kreis im taoistischen Sinne daher auch für die Kraft des Fixierens und Konzentrierens, also für die Meditation.

Im Zirkel finden wir beide Qualitäten – Sonne und Mond –, wieder. Wir brauchen die kreativen, fruchtbaren Kräfte ebenso wie jene der Konzentration und Lenkung. Der äußere Ring des Zirkelkreises symbolisiert die unendliche Fülle, die jederzeit vorhanden ist. Das Zentrum in der Mitte steht für das höhere Ziel, auf das hin wir alle Kräfte richten und sie dadurch verwandeln möchten.

12. Die drei großen Kräfte des Zirkels

„Der Himmel ist unsichtbar und zeugt. Was der Himmel gibt, ist nur die Zeit.
Die Erde ist sichtbar und gestaltet. Wenn die Erde dem Himmel nicht entgegenkommt, bleibt der Feldbau am Boden liegen. Die Vereinigung von Himmel und Erde ist der große Weg zu allem Entstehen.
Wenn die Einzelwesen sich vereinigen, zeugen sie; trennen sie sich wieder, so erfolgt die Geburt. Wer die Vereinigung erkennt, kennt das Gesetz der Zeugung; wer die Trennung versteht, kennt das Gesetz der Geburt; dann befinden sich Himmel und Erde im Gleichgewicht. In diesem Gleichgewichtszustand entspricht alles seiner eigentlichen Natur und zeigt seine eigentliche Gestalt."
Lü Bu We

Wir haben vorher schon über die tiefe symbolische Bedeutung des Kreises gesprochen. Der Kreis diente als Abbildung des Sonnensystems, des Laufes der Sonne, des Jahreslaufes und da das Leben des Menschen dazu als Synonym gesehen wurde, auch als Abbild des Menschen. Unser Gesichtskreis ist rund. Der Kreis ist Außen- und Innenraum, ist Yin und Yang. Der Außenraum strahlt hinein in den Mittelpunkt, das Bild des individualisierten Menschen spiegelt und bricht sich darin. Dort wird der Außenraum also sozusagen umgestülpt und wird über das eigene Erleben zum Innenraum. Der Kreis wurde als Paradiesgarten auch zum Abbild der Schöpfung. Aus dem größten Kreis, dem göttlichen, stieg der Mensch durch viele Kreise herab, bis er sich im engsten Kreis wiederfand, nämlich bei sich selbst. Er wurde zum Zentrum, zum Punkt des Lebens. Dieser Zustand bedeutet die individuelle, irdische Manifestation und der Abwärtsbogen, der Weg zu diesem Punkt, wurde von den Theosophen „Involution" genannt. Involution steht für den Prozess des Hinabstürzens, Hineingehens, Verdichtens und Verhüllens. Kreis um Kreis, Hülle um Hülle legt sich um den Seelenkern des Menschen, bis er als körperliche Gestalt in der Geburt auf der Erde ankommt. Der umhüllte Seelenkern, der sich durch seine Körperhüllen in das Irdische einbindet, ist gleichzeitig der Stachel, der uns zum Rückweg drängt. Er ist die ewige Sehnsucht im Herzen, die uns spirituell vorantreibt. Was eingerollt ist, muss wieder ausgerollt werden, was hinabgestiegen ist, muss wieder hinaufsteigen, so das Gesetz der Alchemie, das sie der Natur abgeschaut hat. Dieser Weg zurück, der zur Befreiung führt, geht über die Entwicklung des spirituellen Bewusstseins und wird „Evolution" genannt. Der Kreis steht also für Gang, Wandel und Entwicklung, so wie es uns die Sonne am Himmel vorführt.

Mensch im Kreis

Wir haben also drei Bilder, die sich mit dem Kreis verbinden: das Bild des Raums, das der Zeit und das des Menschen. Der Kreis ist der wesentliche Ort, an dem diese drei Kräfte zusammenkommen und die erhaltenen Steinkreise aus der Megalithzeit, deren Vorläufer wohl die Baumkreise waren, weisen uns heute noch darauf hin. Ein solcher Kreis gibt dem Menschen die Möglichkeit, im Kleinen das große, himmlische Werk zu erkennen und nachzuvollziehen.

* Der Baum- oder Steinkreis ist ein umgrenzter, heiliger **Raum**, wo das Wirken der kosmischen Kräfte erfahrbar wird. Er findet sich wieder im Winkelmaß des Baumeisters.
* Die einzelnen Steinsäulen oder Bäume markieren die Zeitpunkte des Sonnenlaufes, messen also **Zeit**, im Bezug zum Zentrum, dem menschlichen Betrachter. Die Zeit ist der Zirkel des Baumeisters.

* Im Baum- oder Steinkreis kommen die **Menschen** zusammen, um die Heiligung des Lebens zu erfahren. Ohne Menschen gäbe es nicht das Bewusstsein und somit würde der Steinkreis keinen **Sinn** machen. Es ist der Hammer des Baumeisters, ein Symbol der schöpferischen Macht.

Baumkreis

Diese drei wichtigen Faktoren spiegeln sich in jedem Kreis wider, also auch im Zirkel. Wir finden diese dort in folgenden Aspekten:

1. Der Raum – Kraftfeld, Stätte des Wirkens, Ausstrahlung

Der Zirkel trifft sich stets im gleichen Raum, der sozusagen zum Träger oder Behälter der Energie wird. Jedes Mitglied des Zirkels erlebt sich innerhalb der lebendigen Raumenergie, erlebt sich als wirkendes Raumwesen.

2. Die Zeit – Bewegung, Offenbarung, Wachstum

Der Zirkel findet zu einem festgelegten, sich stets wiederholenden Zeitpunkt in der Woche statt, hat also einen festen Rhythmus. Zeit und Bewegung sind jene Faktoren, die Dinge offenbaren, die sonst den Sinnen verborgen sind. Jede Bewusstseinsarbeit im Zirkel verändert das Zeitgefühl und das Zeitbewusstsein.

3. Der Mensch – Bewusstsein, Wahrnehmung, Kreativität, Sinn

Jedes Zirkelmitglied entwickelt seine persönlichen Fähigkeiten und kommt zu einem verstärkten Bewusstsein. Wahrnehmung, Erkenntnis und Kreativität werden als formende Kräfte erkannt, die auf Zeit, Raum und andere Menschen einwirken.
Die Natur kennt keinen Sinn, nur das menschliche Bewusstsein sucht einen solchen und kann diesen auch finden.

Raum und Zeit sind Wesenskräfte, Offenbarungen des Göttlichen und alle Wesen leben und weben in diesen. Sie lassen sich nicht zerstören, da sie keine Materie sind. In ihren Erscheinungen sind sie überaus vielfältig, abhängig vom Bewusstsein des Betrachters, von dessen Wahrnehmung und Erleben. Die Musikerin Grete Wehmeyer beschäftigte sich im Rahmen der historischen Aufführungspraxis in der Musik mit den Tempi, also der Zeit. Sie konnte anhand ihrer Untersuchungen nachweisen, dass die Musik des Barock und der Klassik heutzutage in viel zu schnellem Tempo gespielt wird. Pferdekutschen und Viehgespanne sind langsamer als moderne Autos. Das ganze Lebensgefühl aber passt sich den äußeren Umständen an. Daher muss das Zeiterleben früher anders gewesen sein. Wir sagen heute, die Menschen seien früher nicht sehr alt geworden, gemessen an heutigen Parametern. Aber kam ihnen ihr Leben wirklich so kurz vor, wie wir es heute sehen?

Grete Wehmeyer führt aus, wie der ökonomische Nutzungsgedanke unser Zeitgefühl im Tempo antrieb. Vor allem das pietistische Denken in Deutschland vertrat die Auffassung, dass Gott den Menschen zur strengen Arbeit ruft und jede Zeitvergeudung eine der schwersten Sünden sei. Das Zeitgefühl des heutigen Menschen ist unglaublich schnell und die Frage wird sein, wie weit es sich noch wird steigern lassen. Irgendwann ist der Punkt erreicht, wenn die Entwicklung viel schneller ist als der Mensch und das Nervensystem dann die schnellen Reize nicht mehr verarbeiten kann. Aber nicht nur das Zeitgefühl hat sich verändert, auch der Druck auf das einzelne System ist gestiegen. An der Musik lässt sich dies ebenfalls wunderbar erkennen. Die Stimmung der Instrumente war im 18. Jahrhundert wesentlich tiefer als heutzutage. Historische Instrumente wurden umgebaut, damit sie der viel höheren Saitenspannung gerecht werden konnten. Eine höhere Stimmung ergibt ein anderes Klang- und Raumerleben. Daran zeigt sich wiederum, wie eng Zeit und Raum an unser Erleben gebunden sind.

Wir wissen zumeist aus eigener Erfahrung, wie unterschiedlich in ihrer Qualität sich Zeit und Raum anfühlen können. Es gibt Situationen im Leben, da scheint uns die Zeit zu schnell zu vergehen, dann wiederum viel zu langsam. Manchmal scheint uns ein Raum weit und manchmal scheint uns in dem selben Raum die Decke auf den Kopf zu fallen. Noch deutlicher wird der Unterschied, wenn wir in ferne Länder reisen: Andere Länder, andere Sitten und ein anderes Zeitverständnis, was uns zunächst einmal fremd ist und in nicht seltenen Fällen uns zur Weißglut treiben kann. Die Gemütlichkeit und „Unpünktlichkeit" in Indien mag ein solches Beispiel sein. Für den Inder ist die innere Uhr viel wesentlicher als die „Schweizer" Uhr mit genauem Gang. Wenn der Inder irgendwo eintrifft, dann ist es die richtige Zeit, auch wenn andere schon einige Stunden warten. In einer wunderbaren Szene aus dem Film „Reise nach Indien" wird dies deutlich. Ein indischer Professor – herrlich gespielt von Alec Guiness – und ein englischer Lehrer werden zu einem Ausflug eingeladen. Der Zug sollte früh am Morgen abfahren. Der Inder bietet an, den Engländer morgens abzuholen. Natürlich kommt der Inder völlig verspätet zum verabredeten Treffpunkt, wo der Engländer schon nervös wartet. Er hätte sich durch die Meditation etwas verspätet, meinte er lächelnd und völlig gelassen. Der Engländer mahnt zur Eile, ohne großen Erfolg. Und plötzlich senkt sich die Bahnschranke vor ihrem Gefährt und der Zug samt der Reisegruppe fährt ohne sie ab. Der Engländer ist sauer und versucht dem Zug noch hinterher zu rennen, während der Inder lächelnd die Hände faltet und von Karma spricht. An vielen Stellen in diesem Film treffen zwei recht unterschiedliche Vorstellungen von Realität, also von Zeit und Raum, aufeinander.
Die traditionelle indische Kultur hat eine Zeitvorstellung, die sich nicht nach einem Pendel richtet, sondern die Zeit orientiert sich am Geschehen. Wann also jemand eintrifft, dann ist es die richtige Zeit. Auf diese Weise kann man nie zu früh oder zu spät kommen.

Wir im Westen haben viel weniger Zeit, der Sand rinnt schneller in der Sanduhr herab. Daher versuchen wir zu beschleunigen, alles in einem Leben zu „reißen", weshalb wir Effizienz und Fortschritt, also Bewegung, fordern. Warten ist nicht effizient, denn nichts bewegt sich beim Warten. Diese Art, das Leben anzugehen, gibt uns einen schnellen Puls. Jede Entwicklung innerer, spiritueller Fähigkeiten geht aber über Entspannung und Entschleunigung. Spiritualität erfordert Tiefe, also sozusagen eine tiefe Stimmung unseres Instrumentes und nicht eine hohe, um beim Vergleich mit den Musikinstrumenten zu bleiben. So fällt es uns natürlich nicht leicht, uns in die spirituelle Arbeit einzugeben, zu welcher auch die Zirkelarbeit zählt. Im Zirkel bedarf es eines anderen Verhältnisses zu Zeit, Raum und Bewusstsein.

„Raum und Zeit sind Realitäten der objektiven Welt. Wenn wir aber in die Region des Bewusstseins eintreten, ist es nur zu natürlich, dass das spekulative Denken diese zu transzendieren versucht. Wenn unser Denken sich nach innen richtet, dann verliert es den Kontakt zur Objekt- und Formwelt, die ja unser Bewusstsein und seinen Ausdruck eingrenzen."

W. H. Evans

Indem wir unser Denken auf das Geistige richten, die Welt der irdischen, begrenzten Gegebenheiten verlassen, verlassen wir damit auch deren Raum- und Zeitgefüge.

Es sind also diese drei mächtigen Faktoren Raum – Zeit – Mensch, die es richtig zu verstehen gilt, um die Zirkelarbeit in ihrer ganzen weiten Dimension ermessen und entwickeln zu können. Alle medialen Fähigkeiten oder Möglichkeiten beruhen auf diesen Faktoren. Nur wer Zeit nicht ausschließlich linear erlebt, sondern als ewiges Kreisen oder strömenden Rhythmus, nur wer Raum nicht als tote Materie, sondern als lebendiges Wesen erlebt, kann Medialität und Zirkelarbeit richtig verstehen.

Im Folgenden möchte ich also diese drei Faktoren im Hinblick auf unsere Arbeit etwas näher beleuchten. Es geht mir dabei nicht um eine wissenschaftliche Darstellung der Themen, sondern um eine für die Zirkelarbeit relevante.

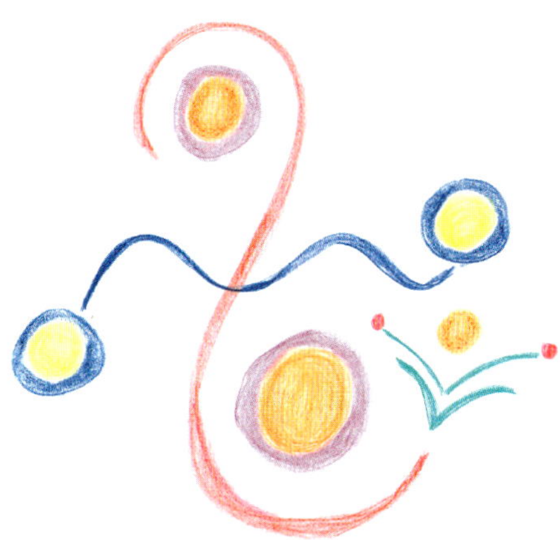

13. Zeit – die erste Kraft Die Zahl 3

Im Zen-Buddhismus wird gesagt, dass die meisten glauben, dass die Zeit vergehe. Aber in Wirklichkeit bleibt sie stehen, wo sie ist. Die Vorstellung des Verstreichens von Zeit ist eine falsche, denn da man die Zeit nur im Verstreichen sieht, begreift man nicht, dass sie stehen bleibt, wo sie ist.
Joachim Ernst Behrendt

„Bewegung, Wachstum und Veränderung sind Qualitäten der Zeit. Da der Zirkel ein Ort des Wachstums ist, arbeitet er mit den Kräften der Zeit."
Harald Knauss

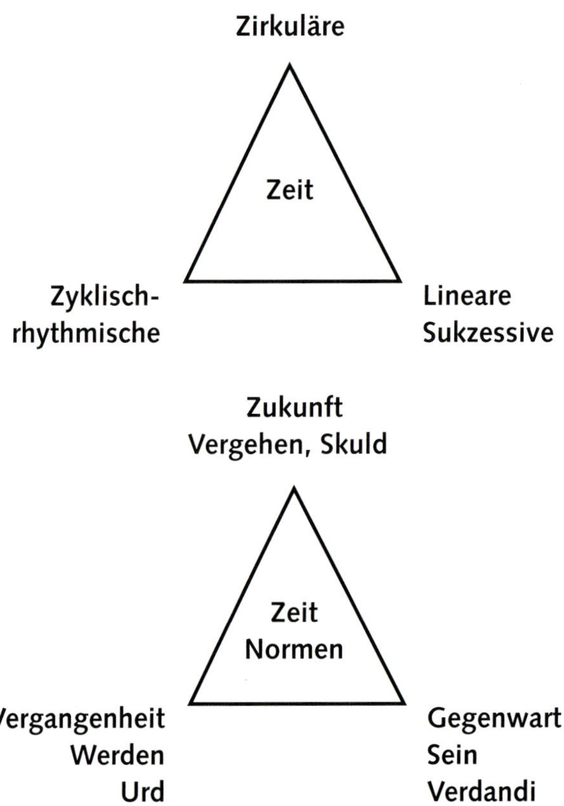

Dreieck der Zeit

„Während Yang, das Schöpferische, im Unsichtbaren wirkt und sein Feld, der Geist, die Zeit ist, wirkt das Empfangende (Yin) im räumlich verteilten Stoff und vollendet die fertigen, räumlichen Dinge. Die Zeit macht, so gesehen, alles, was nur potentiell war, wirklich."
Marie-Louise von Franz

„Verändern wir unseren Bewußtseinszustand, ändert sich damit auch unser Zeitbewußtsein."
William Bryant

Zeit ist ein flüchtiges Element und ist an sich, als konkretes Wesen, für uns überhaupt nicht vorstellbar, genauso wenig wie der Raum an sich. Erst das Objekt, das Raum mittels Abgrenzung einnimmt, ermöglicht uns dank seiner Widerstandkraft eine Erfahrung von dem, was in dem Raum ist, welche Ausdehnung er hat. Die Bewegung eines Objektes im Verhältnis zu anderen Objekten gibt unseren Sinnen ein Zeiterlebnis. Zeit wird über Veränderung erfahrbar und Musik ist daher vor allem auch ein Mittel, Zeit für uns qualitativ erlebbar zu machen. Dabei erleben wir das Phänomen, dass, wenn wir Musik hören, sie eigentlich schon Vergangenheit ist. Ähnlich ergeht es uns mit dem Blick zum Sternenhimmel. Wenn wir das Licht mancher Sterne aktuell mit dem Auge erblicken, gibt es diese schon längst nicht mehr. Eigentlich sehen wir also Vergangenheit. Zeiterleben ist ein Kuriosum.

Es ist der Gang der Sonne, das veränderliche Verhältnis von Licht und Schatten, das Weg in Längen abschreitet und damit Zeit misst. Am Sonnenstand haben die Menschen zuerst ihre Vorstellung von Zeit festgemacht. Darin erkannten sie Veränderung, aber auch Regelmäßigkeiten, nämlich die Zyklen. Eng mit dem Sonnenlauf verbunden ist das Wesen der Pflanzen. Sie sind somit vor allem auch ein Wesen der Zeit und ihre äußerliche Veränderung gibt uns ebenfalls die Möglichkeit, Zeit zu erfahren. Wenn die Pflanzen bei uns sich in ihre Wurzel zurückziehen, so nennen wir das die Zeit des Winters. Treiben sie ihre ersten Blätter, so verbinden unsere Sinne dies, kombiniert mit anderen Eindrücken wie z.B. der Temperatur, mit dem Frühling. In der Pflanze können wir also jene Art Zeit erleben, deren Qualitäten vor allem im Werden und Vergehen bestehen. Zeiterleben besteht für unseren Verstand in einem Nacheinander, in einer linearen Abfolge, was die Pflanze uns zeigt. Aber gleichzeitig beinhaltet die Pflanze ebenfalls eine andere Art der Zeit, nämlich eine kreisförmige oder zyklische. Sie stirbt zwar im Herbst, geht in die Erde ein, wird aber im Frühling wiedergeboren. Das Leben und die Zeit verlaufen also nicht ausschließlich geradlinig, sondern ergehen sich ebenfalls in Schleifen, Rundungen und Mäandern. Alles Lineare liegt nur in einem aus dem Ganzen heraus gelösten Teilaspekt, einem „von ... bis".

In unserer westlichen modernen Welt ist uns vor allem die lineare Zeitvorstellung erhalten geblieben. Unser Verstand, der sukzessive, linear, deduktiv und analytisch arbeitet, teilt die Zeit und misst sie ab. Auf diese Weise füllen wir Stunde um Stunde unseres Terminkalenders, reißen jeden Tag ein Kalenderblatt ab, wissend, dass wir mit jedem Tag dem Todespunkt näher kommen. Lineare Zeit spannt sich vom Punkt unserer Geburt bis hin zum Punkt unseres Todes. Dass es dazwischen viele Abschnitte gibt, in denen sich unsere Lebenskreise erfüllen, bemerken wir meist nicht. So merken wir nichts davon, dass unsere Körperzellen sich alle sieben Jahre vollständig erneuern, merken wenig davon, dass sich Lebensabschnitte runden. Im Linearen sind wir mit unserem Bewusstsein, das wir in dieser Art als Verstand bezeichnen, nur partiell anwesend. Der Fokus unseres Wollens auf zukünftig zu erreichende Ziele bringt uns vom ganzheitlichen Erleben des Hier und Jetzt ab. Gleich einem Bogenschützen rennen wir unseren abgeschossenen Pfeilen hinterher.

In anderen Kulturen dagegen gibt es auch andere Zeitvorstellungen. Besonders deutlich wird uns dies gerade im östlichen Denken. Dort gibt es die Vorstellung einer **zirkulären Zeit**, die in jedem Augenblick das Ganze beinhaltet. Die Inder bezeichnen die Zeit als ein Rad mit vielen Speichen. Wer sich auf den Speichen und dem Umkreis bewegt, der befindet sich in der linearen Zeit, der Zeit des Nacheinander. Es wird auch das „Rad der Illusion" genannt, weil es uns das Gefühl vermittelt, es gehe stetig voran im Leben. Aber in Wirklichkeit zeigt uns das Rad in variierter Form lediglich die stete Wiederkehr des Ähnlichen. Nur wer in der Nabe des Rades sich befindet, dem erschließt sich eine andere, ewige Zeit, eben die zirkuläre. Das ganze Universum befindet sich in diesem Punkt und zu jedem Augenblick ist der Mensch darin ganz und vollkommen. „Zeit" als Faktor festmachen zu wollen, ist ein unmögliches Unterfangen, denn sie ist Ausdruck eines Wesens.
Wir haben ein lineares und ein zirkuläres, kreisförmiges Zeiterleben festgestellt. Daneben gibt es noch ein weiteres, nämlich ein **zyklisches,**

rhythmisches Zeiterleben. Die Zyklen in der Natur und auch in unserem Körper sind ein solches. Sie drücken sich über das Fließen der Lebenskräfte aus. Jede Bewegung eines Tieres geschieht nicht vom Kopf aus, sondern vom Sitz des Körpererlebens, dem Körpertiefpunkt oder Hara. Daher sind seine Bewegungen rhythmisch, fließend, ja in sich zurückfließend, weshalb es Energien in der Bewegung regeneriert. Gerade diese Form des Zeiterlebens mangelt uns und unserem Körper heutzutage besonders. Wir leben in einer abgehackten, zerstückelten, kurzatmigen Zeit. Selbst den Sport betreiben wir meist vom kopfgesteuerten Wollen aus und es gibt keine wirkliche Rhythmik darin. Wir betreiben Leistungs- und Kraftsport, laufen Marathon. Daher sind die Bewegungen eckig, der Atem kurz und unregelmäßig und wir verlieren Energie, was wir ja auch beabsichtigen. Wir sprechen heute ja vom „Work-out", also vom Stressabbau über das Muskelsystem. Das funktioniert aber nicht auf Dauer, denn den Stress, den wir heute haben, der kommt vom Kopf und Nervensystem. Betreiben wir nun noch Leistungssport in der Absicht des Stressabbaus, so werden wir wenig Stress abbauen. Dafür aber wird sich dadurch der Stress für unsere Leber erhöhen, die über das Blut das Muskelsystem steuert, was wieder Folgen für Verdauungs- und Blutsystem hat. Schwingung und Rhythmus sind die Elemente, die wir brauchen, um in das Lot unserer Kräfte zu kommen.

Alles Leben besitzt seinen Zeitkreis. So gibt es nach Ansicht der griechischen Philosophen drei „Zeitringe", die sich überlagern. Diese wird in den drei Moiren dargestellt. Klotho sitzt am Spinnrad (Symbol des Kreisens), Lachesis zeigt auf den Globus (Symbol der Zyklen) und Atropos zeigt die Stunde der Sonnenuhr (Symbol des Messbaren). Somit symbolisieren sie also drei Zeitringe, die sich gegenseitig durchdringen und das Kontinuum des Seins garantieren:

Atropos – die persönliche Zeit, Lebenszeit, persönliches Bewusstsein
Lachesis – die Welt- oder Erdenzeit, globales Bewusstsein
Klotho – kosmische Zeit, Zeit des Sonnensystems, spirituelles Bewusstsein

Marie Louise von Franz stellt die Spannung zwischen Zeit und Nicht-Zeit als mehrere Zeitkreise oder Zeitwirklichkeiten dar, die sich ineinander unterschiedlich schnell drehen.

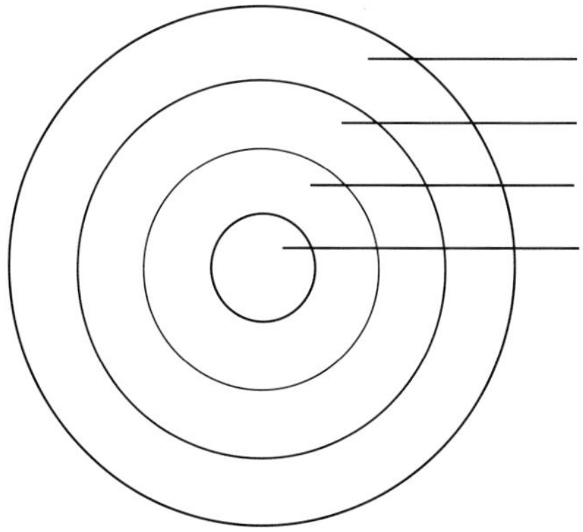

Die Zeitkreise

Den äußersten Ring nennt sie die „Ich-Zeit". Es ist die Uhrzeit, an dem sich unser irdisches Ich orientiert. Dieser äußere Kreis oder das äußere Rad dreht sich am schnellsten. Den darunter liegende Kreis bezeichnet sie im Sinne Platos als die „aeonische Zeit". Es ist jener Kreis, der auch heute noch als Platonisches Jahr oder Sonnenjahr bezeichnet wird. Dieser dreht sich unendlich viel langsamer und dauert viele Leben. Dann folgt jener Zeitkreis, den sie als „Illud Tempus" bezeichnet. Damit meint sie jenen Moment der Schöpfung, in der Nicht-Zeit und Zeit aufeinandertreffen. Im Tageslauf können wir diesen Zustand mit dem Zwielicht, der Dämmerung vergleichen, in denen die Konturen unscharf werden und sich Realität und Traum vermischen. In der Mitte liegt dann das zeitlose, ewige Zentrum des Göttlichen. Es ist die stillstehende, ruhende Nabe des Rades, die außerhalb von Zeit und Bewegung verharrt. Sie ist jene Leere, jenes Nicht-Sein, jene Stille, dem der Weg des Tao gilt.

Auch der griechische Philosoph Plotin betont die Einheit und Ewigkeit der Zeit, sieht sie als Bewegung und Werk des Göttlichen.

„Zeit ist das Leben der universalen Seele, wie es sich in der Bewegung zeigt, mithilfe der sie von einem Werk zum nächsten geht. Ihr fortwährender Lauf setzt sich zusammen aus gleichen, uniformen und unmerklichen Veränderungen. Das Universum existiert in der Zeit und daher in der Seele. So präsentiert Zeit, die eine Einheit ist vermittels ihrer Kontinuität, ein Bild von der Einheit des Ewigen."

Plotinus

Zeit bleibt ein Mysterium für uns, denn wir sind in ihrer Wahrnehmung vorwiegend auf unser Auge und seine Bewegung angewiesen. Ist eine Bildfolge sehr langsam, so vermittelt uns das den Eindruck unveränderlicher, ja fast ewiger Dauer. Das Wachstum eines Baumes, eines Steines ist so langsam, dass unser Auge dieses nicht wahrnehmen kann und daher sind Baum und Stein relativ unveränderlich für uns. Erst über lange Intervalle können wir da eine Veränderung über unsere Erinnerung wahrnehmen. Aber auch Bewegungen, die zu schnell sind, wie z.B. der Flügelschlag eines Kolibris, kann unser Auge nicht erfassen. Es bleiben uns also eine ganze Menge an Wahrnehmungen innerhalb der Zeit verschlossen, die aber z.B. vielen Tieren offen stehen. Nur mit Hilfe moderner Technik, z.B. der Zeitrafferaufnahme, können wir dem Auge zu Hilfe eilen.

Zeit als linearer Faktor stellt unser Denken vor ein grundlegendes Problem, weil die Zeit abgeschnitten, zerteilt, abgemessen erscheint. Schon das Wort „Zeit" bedeutet „zerteilt, gespalten". Es ist die Spaltung des Jahres- und Weltenbaums, die Zwillingskräfte des Göttlichen, die das kreisende Leben erschaffen. Ziu oder Tiu (= „zit, tid") ist der Göttliche, der seine Arme hebt und senkt, wie die auf- und absteigende Jahreshälfte. Die großen Eckpfeiler bilden dabei die Wendepunkte, also „Sommer- und Wintersonnwende" oder „Geburt und Tod". Was bedeutet Länge und Ewigkeit des Lebens innerhalb dieser Spanne? Ist das wenige Tage dauernde Leben einer Fliege oder Insekts kurz oder ist es vielleicht sogar viel länger als das unsere, da die Fliege viel mehr Bilder pro Sekunde wahrnimmt als der Mensch? Ist das Leben eines Mozart oder Schubert sehr kurz gewesen und das eines Hundertjährigen lang? Gerade im Zeitalter der modernen Medizintechnik, die Leben oftmals über Gebühr künstlich verlängern kann, kommt eine neue Diskussion über die Zeit in Gang. „Darf man Zeit auch willkürlich selbst verkürzen?", ist eine der kritischen Fragen. Zeit hat eben nicht nur einen quantitativen Aspekt, sondern vor allem auch einen qualitativen.
W.H. Evans, einer der Gründer des modernen Spiritualismus, schrieb dazu:

„Ewigkeit besitzt zwei Aspekte, einen qualitativen und einen quantitativen. Im mystischen Sinne bedeutet „ewiges Leben" keine Dauer an sich, sondern dass das Leben angereichert wird mit Kenntnis und Wahrnehmung göttlicher Dinge."

„Erinnern wir uns, dass Veränderungen im Bewußtsein stets Veränderungen in unserer Wahrnehmung mit sich bringen. So wäre es ja interessant zu wissen, wie ist die einheitliche Wahrnehmung jener, die schon in der geistigen Welt sind? Die Schwierigkeiten, an denen sie zu arbeiten haben, um uns Nachrichten aus ihrem Leben von dort zu übermitteln, werden uns klar, wenn wir wissen, dass sie mit einem Bewußtsein umzugehen haben, das auf eine andere Zeitwahrnehmung eingestellt ist. Wenn wir davon ausgehen, dass ihr Leben dort viel reicher, ausgefüllter ist, so bedeutet das zwangsläufig eine Erweiterung der Wahrnehmung; eine Fähigkeit, viel mehr unterschiedliche Schwingungen wahrnehmen zu können. Das könnte auch die Fähigkeit der Geistwesen zur Vorhersage erklären und warum sie oftmals so viel Schwierigkeiten haben, genaue Zeitangaben zu machen."

W. H. Evans

Diese Aussagen weisen uns darauf hin, welche Bedeutung die Zeit und das Bewusstsein haben für die Zirkelarbeit wie auch für die Entwicklung von Medialität. Jede spirituelle Arbeit zielt auf Bewusstseinsveränderung, was auch seine Auswirkung auf unser Zeiterleben hat. Wie sagte doch einmal der große indische Dichter Tagore: „Dumme rennen – Kluge warten – Weise gehen in den Garten!" Unterschiedliche Arten, die Zeit zu leben, hat er damit dargestellt. Wer im Intellekt sich befindet, der hetzt der Vergänglichkeit der linearen Zeit hinterher.
Nach Tagore ist derjenige, der in den Garten geht, der Weise, der Gärtner, der Alchemist, der beide Zeiten kennt und um den zyklischen Wandel der Dinge weiß. Er führt diese ihrer Vollendung entgegen.

Das Zeitbewusstsein des Gehetzten erleben wir im Alltag. Hier teilen wir unsere Zeit ein, machen Termine, „zwacken" schnell noch hier und da etwas Zeit für jemanden ab. Im Zickzack-Kurs gleich einem Hasen rennt unser Denken von einem Punkt zum nächsten, damit wir am Abend unser Programm abgehakt haben. Der Alltag lebt von der Einteilung der Zeit, von ihrer linearen Qualität, denn nur da werden für alle verbindliche Absprachen möglich, was für eine ganz auf die Arbeitswelt konzentrierte Gesellschaft überaus wichtig ist.
Eine spirituelle Arbeit, wie sie auch im Zirkel stattfindet, konfrontiert uns dagegen mit der zirkulären Zeit, in der es kein Vorher und kein Nachher gibt. Zwischen Alltag und Spiritualität entstehen somit enorme Spannun-

gen. Während der Meditation oder Zirkelarbeit mischt sich vor allem zu Beginn unser Alltagsdenken kräftig ein. Wir denken dann an Termine, die wir gerade gehabt hatten oder die wir morgen haben werden, was wir versäumt haben usw. Wir schauen vielleicht auf die Uhr und denken uns: „Noch 15 Minuten bis Zirkelende!" Es ist überaus schwer, unseren Verstand abzuschalten, da wir ihn vordringlichst im Alltag benutzen. Damit ist uns der Zugang zu anderen Wahrnehmungsebenen sehr stark erschwert. Zirkuläre Zeit gibt unserem schnellen Verstand stets das Gefühl, zu lange warten zu müssen und vergeblich sich abzumühen, was dazu führen kann, dass wir das Meditieren oder den Zirkel wieder aufgeben. Der Verstand lebt von schnellen Veränderungen und Resultaten. Aber es ergeht ihm wie dem Hasen, er erschöpft seine Kräfte. Das Warten im Zirkel stärkt und erhält die Kräfte. Je mehr wir dann durch Bewusstseinserweiterung in die zirkuläre Zeit hineinkommen, desto mehr kehrt sich der Prozess um. Wir tun uns schwerer, in den schnellen Alltag hinein zu kommen. Im Laufe der spirituellen Entwicklung wird man vielleicht für die Umwelt scheinbar etwas „unzuverlässiger", weil man eben nicht auf den zeitlichen Druckknopf funktioniert, sondern nach inneren Notwendigkeiten schaut. Wir alle kennen diese Schwierigkeit der Umstellung, wenn wir auf einem spirituellen Kurs waren und von dieser Ebene des Erlebens wieder in den Alltag hinabsteigen müssen. Daher ist das verbindende Element, die Entwicklung des Rhythmus, des zyklischen Zeitbewusstseins so überaus wichtig. Wer nur im Alltag lebt, kennt nur eine Seite des Lebens. Wer zurückgezogen in einem Kloster der Kartäuser lebt, kennt die andere. Medialität bedeutet aber Mittigkeit und Verbindung, also das rhythmische Pendeln oder Wandeln zwischen den Polen. Daher ist der Rhythmus des Zirkels so überaus wichtig.

Im Nachfolgenden möchte ich diese drei Aspekte der Zeit gerade auch in ihrer engen Beziehung zur Zirkelarbeit vorstellen.

13.1 *Das Nacheinander – Die lineare Zeit*

Zeit und deren optimale Ausnutzung ist ja heute etwas überaus Wichtiges. „Zeit ist Geld“ sagt uns der Verstand und so gibt es Kurse über Zeitmanagement, damit wir effektiver werden in unserem Leben. Gleichzeitig besteht eine innere Sehnsucht nach mehr Zeit, sprich mehr Freiraum, ja eigentlich nach mehr Langsamkeit. „Entschleunigung“ ist zu einem wichtigen Begriff geworden. So ist es nicht verwunderlich, dass der Faktor Zeit bei der Zirkelarbeit für viele eine große Hürde bildet. Wie kann ich einen Zirkelabend noch unterbringen in der Woche, bei den vielen Verpflichtungen? Rein verstandesmäßig wissen wir natürlich, dass eine Stunde Zirkelarbeit pro Woche oder 20 Minuten Meditation am Tag, umgerechnet auf das Ganze, nicht wirklich viel Aufwand sind. Und doch fällt es uns oftmals schwer, diese Zeit für eine spirituelle Arbeit kontinuierlich aufzubringen. Um Ausreden ist unser Verstand nicht verlegen und ehe wir es uns versehen, ist die Übungszeit für das Spirituelle weggefallen, trotz aller guten Vorsätze.
Aber es gibt auch jene anderen, die haben plötzlich überaus viel „leere“ Zeit, weil sie vielleicht vorzeitig in den Ruhestand geschickt oder gar entlassen werden. Bei denen entfällt die Einteilung der Zeit in fortlaufende Termine. Sie haben keine Termine mehr, außer vielleicht beim Arbeitsamt. Sie hätten Zeit für Spiritualität, aber für sie ist ihr Leben oft sinnlos ohne das Gefühl, gebraucht zu werden oder der Gesellschaft nützlich zu sein. Fortlaufende Termine geben uns ein Gefühl des steten Voranschreitens, der Entwicklung und der Sicherheit, am Leben teilzuhaben. Eine volle Agenda gilt auch heute noch für viele als Zeichen eines erfolgreichen Lebens. Ein leerer Terminkalender vermittelt eine ganz andere Botschaft. Aber unmerklich vergessen wir beim Abhaken unserer Termine, dass wir dabei älter werden. Manchmal trifft es uns wie ein Schock, dass die Zeit in unserem Leben fast unmerklich weit vorangeschritten ist.

Es entstehen also Probleme im Umgang mit der linearen Zeit, wenn man sie in zu viele kleine Einheiten aufteilen muss oder eben auch gar nicht zu teilen braucht, weil es keine Termine gibt. Für jene, die zu viele Termine haben, gibt es heute Zeitmanagement-Kurse, die wiederum lediglich die Absicht haben, Zeit effektiv auszunutzen und zu füllen. Für die anderen gibt es Beschäftigungsmaßnahmen, die die laufende Zeit sinnvoll füllen sollen. Lineare Zeit will gefüllt werden, will abgehakt und vergessen werden, um zum Nächsten zu kommen in der Hoffnung, dass noch Besseres nachkommt. Es sind die emotionalen Bedürfnisse unseres Ichs, die auf Dauer nie endgültig zu befriedigen sind, die uns auf dieser Linie der Zeit vorantreiben. Auf der anderen Seite sind wir dankbar dafür, dass es eine Vergänglichkeit der Zeit gibt. Das betrifft vor allem die Schmerzen, die uns das Leben auch zufügen kann und die im Verlaufe der Zeit besser werden sollen. Die Bewegung auf der Zeitlinie hat also auch ihre Vorteile.

Zeit als Bewegung, als einteilbare Spanne oder Wegstrecke ist ein wichtiges Moment. Wie vorher schon angeklungen, ist die Realität von Zeit für uns nur erlebbar in der objektiven Welt, der Welt der Materie. Erst, wenn sich ein Objekt in Bezug auf ein anderes ändert, wird Zeit sichtbar. Erst in der Abfolge von Klängen in der Musik wird Zeit hörbar. Auch Pflanzen erleben wir eigentlich nicht als Ganzes, sondern sehen nur Teilaspekte von ihnen. Sie befinden sich im steten Prozess der Veränderung und zeigen nur Fragmente von sich. Pflanzen zeigen uns die Jahreszeiten an, Blumen haben eine Tagesuhr oder geben uns mit ihrer Blütezeit auch einen Jahreskalender. Das Sonnenlicht und seine Schatten zeigen uns die Landschaft in unterschiedlichen Facetten, wandern den Tageskreis entlang. Bewegung braucht als Grundlage die Polarität. Nur aus dieser heraus kann Bewegung entstehen. Zunächst bedarf es eines stabilen, ruhenden Pols, der ein Fixpunkt ist. Im Falle des Lichtes ist es der Schatten, das Dunkle, im Falle des Klanges die Stille. Zum anderen braucht es jenen Pol, der eine Bewegung in Gang setzt und den wir als Wille, also als „konzentrierte, aktive Energie" bezeichnen können. Wenn der Wille auf die Stille trifft, entsteht Klang. Wenn das Licht auf das Dunkel trifft, entstehen die Farben. Wenn unser eigenes Wollen auf ein Objekt trifft, dann entsteht daraus Bewegung. Unsere Sinne kommen in Bewegung und wir erhalten ein Bild, eine Wahrnehmung.

Unser Bewusstsein sucht im Außen nach seinem Gegenpol und setzt damit die Anziehungs- und Abstoßungskräfte in Gang, die Bewegung ins Leben bringen und letztendlich die Zeit abspulen lassen.

Was ist nun der Vorteil einer linearen Zeitvorstellung, in der Schritt auf Schritt folgt? Zum einen ermöglicht sie uns die Vorstellung einer gewissen Stabilität und Zuverlässigkeit in der Welt. Sie macht die Welt berechenbar. Es ist eine menschliche Urangst, dass ein unbekanntes, unberechenbares Schicksal jederzeit über uns hereinbrechen kann. Früher löste die Verdunklung von Sonne oder Mond panische Angst unter den Menschen aus. Die Priester fanden Berechnungsmethoden, um kosmische Erscheinungen vorherzusagen. So waren Vorkehrungen möglich und es ließen sich aus der Erfahrung Schlüsse für die Zukunft ziehen. Das ist in der objektiven Welt aber nur in einem begrenzten Rahmen möglich, wenngleich die Wissenschaft danach strebt, immer weitergehende Berechnungsmethoden zu finden.

Die lineare Zeit hat mit dem Gefühl der Kontinuität zu tun. Wir sind damit nicht irgendwelche Punkte im riesigen Kosmos, sind nicht dessen Zufälligkeiten ausgesetzt, die uns mit einem Schlag auswischen können. Das lineare Denken taucht alles in das Licht des Einmaligen. Jeder ist eine einmalige Erscheinung in dieser Welt, hat eine Vergangenheit und eine Zukunft. Damit wird alles dem Andenken und der Überlieferung wert und es entsteht das, was wir „Biographie" nennen. Dies bringt eine Betonung der einmaligen individuellen Erscheinung oder Form in Gang und damit wächst die Bedrohung durch den Tod. Als Reaktion darauf erfolgt eine verstärkte Tendenz zur Abgrenzung. Das erfordert rationales Denken, denn nur dieses kann Strukturen und Mittel erschaffen. Die lineare Zeit ermöglicht uns Ordnung, Gesetzmäßigkeit und Struktur. So können wir uns vor äußeren Einflüssen schützen, aber es lassen sich damit z.B. auch Arbeitsabläufe koordinieren oder es wird ein effizientes, ökonomisches Arbeiten möglich.

Die lineare Zeitvorstellung ist ebenfalls eng an die Wahrnehmung von Körperbewegungen gebunden. Schritt um Schritt gehen wir voran. Die Muskeln arbeiten in Abfolge, wenngleich dies noch keine runde Bewegung ausmacht. Dieses Gebundensein unseres Verstandes an die Abfolge nutzen die Magier. Sie arbeiten in ihren Kunststücken ja ganz bewusst mit der Täuschung unseres linearen Denkens, das nur schwer Gleichzeitiges wahrnehmen kann.

Noch bedeutender ist für uns Menschen wahrscheinlich die Möglichkeit, dass lineare Zeit sich bewusst gestalten und funktionalisieren lässt. Eine Zeit, die sich an einer Linie orientiert, richtet alle Energien auf sich aus und hält alles fern, was nicht diesem Strom folgen will. Daher können wir im linearen Zeitverständnis weder die verstorbenen Ahnen sehen noch die Zukunft. Durch die Ausrichtung und das Streben auf ein Ziel hin wird eine Intensivierung von Energie erreicht. Damit werden Höhepunkte geschaffen. Ich möchte dies an einem stark vereinfachten Beispiel aus der Musik aufzeigen. Hören wir doch einmal in einen gregorianischen Choral

oder einen langsamen indischen Raga hinein. Mit welcher Qualität der Zeit werden wir da konfrontiert? Ganz sicher nicht mit der linearen, sondern der zirkulären. Die Musik scheint stehen zu bleiben, es klingt immer irgendwie gleich und sehr kopfgesteuerte Menschen halten diese Musik ob ihrer „Langeweile" nicht aus.
Dann hören wir doch einmal in ein Werk von Bach, Beethoven oder Brahms hinein. Welche Zeitform tritt uns da entgegen? Hier werden wir die lineare Zeit finden, denn die Musik baut sich stufenförmig auf, folgt einer linearen dynamischen Entwicklung. Da werden wir von Höhepunkt zu Höhepunkt gejagt. Spannung und Entspannung schaffen eine unglaubliche, energetische Bewegung, ja eine Dramatik. Die zirkuläre Zeit bedeutet „Sein", während die lineare die Dramatik beinhaltet, das Aufstauen und Lösen von Energie.

Die lineare Zeitvorstellung gibt uns also eine Menge für unser Erleben und Gestalten, sie schließt aber viele andere Welten aus. Auch in der Zirkelarbeit kommen wir nicht ohne ihre strukturierende Kraft aus. Es werden die Zeiten des Zirkels festgelegt, die es einzuhalten gilt. Der Leiter wacht zudem darüber, dass jemand z.B. nicht zu lange spricht, was mit der Ökonomie der Kräfte zu tun hat. Die mediale Botschaft unterliegt als Botschaft der linearen Zeit, denn sie hat Anfang und Ende, besitzt einen Aufbau. Auch die zeitliche, analytische Zuordnung der Informationen muss stimmen. Die lineare Zeit bildet das äußere Gerüst, das unsere Arbeit unterstützt.

Ein lineares Zeitverständnis macht uns in Spiritualität und Medialität aber auch Probleme. Der Verstand greift auf Erfahrungen zurück, die er irgendwann und irgendwie auf seiner Lebenslinie erworben hat. Als Abdruck sind diese eingeprägt und damit verbinden sich auch Werte, Glaubensvorstellungen, Einschätzungen, Urteile usw. Diese außen vor zu lassen, fordert eine mühsame Disziplinierung des Denkens. Zudem ist keineswegs sichergestellt, ob z.B. die Vergangenheit wirklich so war, wie sie in uns abgespeichert ist. Eine aus dem linearen Denken geborene Vergangenheit ist immer persönlichkeitsgebunden, spiegelt also nie das Ganze wider und kann somit nur eine Teilwirklichkeit sein. Gleichzeitig interessiert den Verstand an der Spiritualität und Medialität nur die Nützlichkeit und das Berechenbare. Es geht dabei um Macht und Kontrolle. Wie gefährlich diese Tendenzen sein können, sehen wir an Medien, die diese Macht persönlich missbrauchen.

Betrachten wir die Zeitlinie unseres Lebens, so sind wir als aktuelle Wirklichkeit ein Punkt auf dieser. Hinter uns gibt es eine Vergangenheit, an die wir uns nur vage erinnern, denn die Bilder sind von unserem Verstand bearbeitet, zurechtgeschnitten, angepasst oder auch gelöscht worden. Die Zukunft ist für uns völlig ungreifbar, da sie dem Verstand nur in dem Sinne zugänglich ist, dass er sie vorher planen und konstruieren kann. Aber ob sie dann wirklich der Planung entspricht, ist eine andere Frage. Und selbst wenn dies immer möglich wäre, wäre es fragwürdig, ob es uns dienlich und hilfreich wäre, denn Bewusstseinentwicklung braucht das Unvorhergesehene. Das Unvorhersehbare, der sogenannte nicht berechenbare, nicht gewusste x-Faktor macht Entwicklungssprünge möglich. Jede lineare Entwicklung ist langsam und schwer. So haben Wissenschaftler herausgefunden, dass die Evolution der Wesen auf der Erde niemals ein linearer Vorgang gewesen sein kann, dazu hätte die Zeit für die Natur nie und nimmer gereicht. Sie muss in unvorhersehbaren Entwicklungssprüngen vorangegangen sein.

Immer wenn wir mit Zeit zu tun haben, stoßen wir auf die Zahl Drei, die Trinität. Wir haben zuvor schon von den drei Moiren (Atropos, Klotho, Lachesis) gehört. Im Germanischen finden wir die drei Nornen Urd, Verdandi und Skuld, was meist mit Werden, Sein, Vergehen übersetzt wird. Aber eigentlich meint „Urd" das „Urständige", die Ursache, die Idee, die aus dem göttlichen Urquell entspringt. „Verdandi" ist das Werdende, Heranwachsende und Skuld, ist das, was wir uns schuldig sind, wozu wir im seelischen Sinne werden sollen. Für uns sind diese drei Qualitäten drei große Abschnitte auf der Zeitlinie:

Vergangenheit	**Gegenwart**	**Zukunft**
gewesene Gegenwart	gelebte Gegenwart	werdende Gegenwart
im Körper abgespeichert	aktuell, Ich	verborgen, Seele
Körperbewusstsein, Instinkt, Sensitivität	Verstand, Intellekt, kausales Denken	Intuition, Medialität, Bewusstsein
un- oder unterbewusst	bewusst	überbewusst
subjektiv wiedererlebbar, Gefühl, als ob …	objektiv erlebbar, sinnlich erfahrbar	ahnbar, Hellsinnen zugänglich
begrenzte, bedingte Wirklichkeit, Unwirklichkeit	abhängige, relative Wirklichkeit	sich entwickelnde, größere Wirklichkeit

Aus der Tabelle wird deutlich, dass unser Verstand zwischen Vergangenheit (Sensitivität) und Zukunft (Medialität) steht. Die Wahrnehmung der Vergangenheit und Zukunft lassen ihn in Unsicherheit. Das Vergangene erscheint ihm eng und klein, ist ihm unwirklich, die größere, erweiterte Wirklichkeit der Zukunft ist für ihn ebenfalls noch nicht existent, ist keine Wirklichkeit für ihn. Aber gerade in der Zukunft liegt unsere Chance, auf eine größere oder höhere Wirklichkeit hinzuwachsen. Wir kommen aus der Enge der Vergangenheit, leben in einer relativ ausgebreiteten Wirklichkeit im Moment, aber die existentielle, unendliche Wirklichkeit der Seele wartet in der Zukunft auf Offenbarung.

Die Aufgabe unserer Schulung widmet sich zunächst dem Verstand. Es gilt zu lernen, seine Dominanz zurückzunehmen, damit ein Wechsel der Wahrnehmungsebene möglich wird. So üben wir in der Schulung die Zeitformen gleichzeitig zu denken und nicht nacheinander, wie wir das vom Verstand her gewohnt sind. Jeder Punkt der Vergangenheit war zuvor einmal Gegenwart und Zukunft und jeder Zeitpunkt der Zukunft wird irgendwann Gegenwart und später Vergangenheit sein. Damit lernen wir die gerade, unerbittliche Zeitlinie des Denkens zu verlassen und Zugang zum zirkulären Denken zu gewinnen. Ein Medium wie Margaret Pearson spricht daher nie in der Vergangenheitsform von einem Verstorbenen, sondern stets in der Gegenwart.

Was die lineare Zeit in die Zirkelarbeit eingibt:

* Sie gibt uns Struktur und Disziplin.
* Sie gibt die Möglichkeit der Verabredung, so dass verschiedene Menschen sich an einem Punkt treffen können.
* Anfang und Ende des Zirkels sind die beiden Pole, zwischen denen sich die dynamische Energie der Zirkelarbeit entwickelt.
* Sie ermöglicht uns die zeitliche Zuordnung unserer Botschaften.
* Sie zeigt uns unsere Entwicklung und die Stufen unseres Wachstums.
* Sie zeigt uns viele Aspekte des einen Lebens, sie gibt uns also viele Leben.

13.2 Das Gleichzeitige – Die zirkuläre Zeit

„Der primitive Mensch, d.h. der Mensch, der noch nahe beim Mutterschoß lebt, beim Ungespaltenen, der weder das eigene Leben noch die Welt objektiviert hat, lebt in Kreisen, in einem ewigen Heute."

H. Plessner

Sobald wir in das Reich der Medialität eintreten, verlassen wir die gewohnten Pfade unseres Verstandes, verlassen wir die Welt seiner Wirklichkeit. Für den Verstand ist es undenkbar, dass zwei Dinge oder Wesen gleichzeitig denselben Ort ausfüllen können. Den Ort, den ein Mensch füllt, kann nicht gleichzeitig ein anderes Wesen füllen. Das eine muss das andere verdrängen, um das möglich zu machen. Aber Medialität zeigt die Relativität dieses Gesetzes. Ein Verstorbener kann einen solchen gleichen Platz einnehmen, natürlich nicht als objektive Materie, sondern in einer anderen Energieform. Daher besagen die spirituellen Lehren, dass das Jenseits sich nicht in einer anderen Galaxie befindet, sondern es ist im Hier und Jetzt. Unsere Welt ist eine Welt in der Welt. Ein Gegenstand, der sich im Nachbarraum befindet, kann nicht gleichzeitig in diesem Raum sein. Telekinese macht aber gerade das möglich. Für den Verstand braucht alles Zeit und Energie, um irgendwohin zu kommen, eine Wegstrecke zurückzulegen. Dass alles gleichzeitig ist, würde den Verstand vollkommen ablenken und überfordern. Erlebt er dieses, so hat das eine erschütternde Wirkung auf ihn. Es kann ihn völlig aus der Bahn werfen oder ihn erleuchten. Auch Spontanheilungen, sogenannte Wunder oder die Wirkung von geistigem Heilen entziehen sich seinem Verständnis, da Heilung für ihn das Ergebnis einer zeitlichen Abfolge von Handlungen und Geschehnissen ist. Dass etwas sofort aus der Zukunft da ist, ohne Weg zurücklegen zu müssen, ist dem Verstand nicht denkbar, er wertet es als Irrtum oder Mysterium. Wir kennen alle jene Beispiele aus der Medizin, dass ein Arzt die Krankheit eines Patienten betrachtet und aufgrund von Erfahrungen seine Voraussage macht. Krebspatienten hören meist ein solches Urteil: „Sie haben noch soundsoviel Zeit zu leben!" Aber plötzlich steht einer dieser „todgeweihten" Patienten auch nach Jahren wieder kerngesund vor ihm und sein Verstand ringt um Erklärung. Anstatt herauszufinden, was diese Heilung bewirkt hat, ergeht sich sein Verstand in Erklärungen wie: „Die Untersuchungsergebnisse wurden vertauscht“ oder „Fehldiagnose“ und beruhigt sich damit, dass viele der Patienten mit ähnlichen Vorhersagen ja wirklich gestorben sind. Irgendwie ist es grotesk, aber unser Verstand kann nicht hinnehmen, dass es Kräfte geben könnte, die in einem Augenblick einen Prozess vollständig umkehren können. Die Bibel aber ist voll von solchen Berichten, von Wunderheilungen oder von der spontanen Wandlung eines Verbrechers in einen Heiligen, ausgelöst durch ein Erleuchtungserlebnis. Auch der Kontakt mit verstorbenen Menschen ist dem Verstand unheimlich, kann tief verborgene Ängste auslösen.

Der Verstand setzt voraus, dass alles Jetzt ein funktionales Ergebnis des Vorhergehenden ist. Alles ist also das Ergebnis oder die Folge von Vergangenheit. Wenn aber das darauf Folgende, Zukünftige auf das Jetzt bestimmend einwirkt, so nennt der Mensch das Wunder. Daraus resultiert die ewige Frage: „Was war zuerst, das Huhn oder das Ei?“

„Die Tiere und Pflanzen entstehen nach einer Art Melodie, sagt Karl Ernst von Bär, sie bilden nicht nur Einheiten im Raum wie Maschinen, sie sind auch Einheiten in der Zeit, und diese zu fassen ist der menschliche Geist nicht fähig. Sie bleiben für ihn Wunder. Uns sind nur die mechanischen Einheiten verständlich, in denen wie in Maschinen alle Teile sich gegenseitig im Raum gleichzeitig bedingen. Es scheint uns ganz widersinnig, dass es Faktoren geben könne, die sich auch in der Zeit gegenseitig beeinflussen könnten. Für unseren Verstand gibt es in der Zeit nur eine Wirkung vom Vorhergehenden auf das Folgende und nicht umgekehrt. Wenn etwas derartiges einträte, dass nämlich das Folgende auf das Vorhergehende wirkte, so würden wir ohne weiteres von einem Wunder reden. Und doch findet derartiges im Protoplasma statt. Nicht eine vorhandene, sondern eine kommende Struktur bestimmt die Leistungen des Protoplasmas. Das fertige Hühnchen steht zwar in direkter Abhängigkeit von den ersten Furchungsvorgängen des Keimes, aber ebenso sind die ersten Keimesfurchen abhängig von der Gestalt des auszubildenden Hühnchens.“

Günther Wachsmuth

Aber gerade das finden wir in jedem Wesen, dass das Jetzt vom Vorhergehenden genauso geprägt wird wie vom Zukünftigen. Der Mensch ist ein Ergebnis seiner Vergangenheit, seiner Erbschaft und gleichzeitig wird sein Leben durch das Seelenziel in der Ferne mitbestimmt, auf das er zuwachsen wird. Der physische Körper ist aus der Vergangenheit geformt, im Ätherkörper aber liegt die feinstoffliche Form, auf die ein Mensch in seinem Leben zuwachsen wird. Daher gibt es in der Spiritualität eine andere Vorstellung von Zeit, ein anderes Zeiterleben, nämlich die „zirkuläre Zeit". Da ist die Trennung zwischen Vorher, Jetzt und Nachher aufgehoben, alles „ist" nur noch. Der „alte" Mensch in seiner Vergangenheit, der momentane Mensch und der Mensch als vollkommene Seele sind für ein Medium Realität. Mittels der kreisförmigen Zeit kann er auf allen drei Ebenen lesen. Wir können das bildhaft mit dem Träumen vergleichen. Auch im Traum betreten wir diese andere Zeit, denn in einem Nu können wir uns irgendwohin begeben, wir können uns mit längst verstorbenen Freunden oder Verwandten treffen, im Zeitraffer einen ganzen Roman erleben oder durch die Lüfte fliegen. Die Gehirnforschung weiß inzwischen, dass unser Gehirn, unser Denken keinerlei Unterschied macht zwischen objektiv sinnlicher oder subjektiver Erfahrung.
Die Meditation ist eine der wesentlichen Techniken, sich die zirkuläre Zeit zu erschließen. Sie schult, dass man nicht linear von einem Ort zum nächsten reisen muss in der Welt, sondern man verharrt in Ruhe an seinem Ort, im eigenen Zentrum und wenn sich das Erleben der zirkulären Zeit einstellt, wird das ganze Universum an diesem Ort erlebbar. Daraus resultiert der Lehrsatz, dass jeder Ort auf Erden, an dem wir uns befinden, zur Kathedrale werden kann.
Unser Verstand kann nicht hinein in die zirkuläre Zeit. Aber unser seelischer oder geistiger Anteil existiert eben in jener Zeit und das Bewusstsein ist die Brücke dahin. Die Schulung von Medialität zielt also darauf ab, bewusst eine Brücke zu bauen zwischen zwei unterschiedlichen Zeitwirklichkeiten. Nehmen wir in der zirkulären Zeit wahr, so ist es bildhaft und nicht konkret. Für die Umsetzung in eine für uns und den Klienten auf Erden verständliche Sprache brauchen wir dann wiederum unseren Verstand. Um wahrzunehmen in der anderen Welt, muss der Verstand dann wieder hinter unser spirituelles Bewusstsein zurücktreten. Bei einem guten Medium arbeiten beide, Verstand und Bewusstsein, optimal zusammen.

Es ist die zirkuläre Zeit, die auch das ermöglicht, was wir gemeinhin „Zufall" nennen. Die Natur selbst zeigt uns auf so vielfältige Weise, dass

nicht alle Einzelheiten starr vorausbestimmt sind und einer rein linearen Ableitung folgen. So kann die Natur spontan sinnhaft Neues entstehen lassen, kennt Variationen und Kompensation.
Vorher hatte ich schon angemerkt, dass die Evolution der Erde lange Zeit als ein Prozess mit linearem Verlauf angesehen wurde, bis moderne Forscher herausfanden, dass die Zeit für die Natur viel zu kurz gewesen wäre, durch viele Versuche im „try and error"-System so komplexe und hochorganisierte Wesen herauszubilden. Heute nimmt selbst die Wissenschaft an, dass es einen intelligenten kosmischen Faktor gibt, der durch „Zufall" spontan Sinnvolles entstehen lässt. Die großen Entdeckungen wie auch alle großen Kunstwerke beruhen ebenfalls auf diesem Faktor. Allein über Mal- oder Musikstunden, ständiges Üben oder das handwerkliche Können wären geniale künstlerische Werke nicht möglich. Denken wir an Mozart, der gar nicht die Zeit für eine Art des Übens und Arbeitens gehabt hätte, die auch nur annährend so geniale Werke hervorgebracht haben könnte.

Auf der Ebene der Ganzheit, des Kreises, finden wir die Quelle für jene x-Faktoren, jene Zufälle, die unser Leben in einem Nu verändern können. Der Zufall, also das Nichtgewusste und Nichtgeplante, hat ja eine sehr große Bedeutung in unserem Leben. Wir geraten z.B. durch Zufall in eine Vorlesung, die wir nie geplant hatten zu besuchen, und wir sind so fasziniert von dem dort behandelten Thema, dass dieses von da ab unser Leben bestimmt, ihm eine völlig neue, vorher nicht absehbare Richtung gibt. Wir kennen alle auch aus eigener Erfahrung, dass wir „rein zufällig" Menschen begegnen und daraus eine Begegnung fürs Leben wird. Und es gibt feste Pläne, die wir gemacht haben, die dann durch unvorhersehbare Ereignisse vollkommen umgeworfen werden. Da sind z.B. solche Flugpassagiere, die ihren gebuchten Flug nicht erreichen und ziemlich verärgert und aufgebracht darüber sind, dass sie zu spät kamen. Das Flugzeug stürzt ab und sie stellen fest, dass es in ihrem Schicksal zu früh war zum Sterben. Und da gibt es dann vielleicht jenen Menschen, der durch Zufall gerade diesen freien Platz im Flugzeug am Schalter noch ergattern konnte und er freut sich riesig über sein „Glück". Für den Verstand ist solches unerklärlich und auch nicht gewünscht, da nur Kalkulierbares ihm Sicherheit und Ziel vermittelt. In solchen Fällen verwendet er dann Begriffe wie Glück, Zufall oder Pech, um etwas zu beschreiben, was sich seiner Erkenntnis entzieht. Jener x-Faktor, der tief in uns verborgen ist, unsere Entwicklung ganz entscheidend mitgestaltet und eben nicht dem Linearen unterliegt, ist der Motor unseres geistigen Wachstums. Es sind jene Kräfte, die wir als seelisch oder geistig bezeichnen, die zur zirkulären Zeit gehören. Irgendetwas reift da wie ein Samenkorn in den verborgenen Tiefen unserer Seins und wird zur richtigen Zeit durch einen Strahl von außen zum Leben erweckt. Plötzlich, überraschend und unvorhersehbar tritt es in unser Leben. Der Schriftsteller Arthur Koestler hat das wunderbar formuliert:

„Ich habe schon immer geglaubt, dass es in der Verwaltung der göttlichen Vorsehung eine Sonderabteilung gibt, die nur dafür zuständig ist, dass einem Leser genau zum richtigen Zeitpunkt das richtige Buch in die Hände kommt."
A. Koestler

Dieses verborgene Gespür in uns scheint in vieler Hinsicht viel weiser zu sein als unser Verstandesdenken. Der große Arzt und Psychologe C. G. Jung nannte diesen x-Faktor „Synchronizität". Synchronizität meint ein sinnvolles zeitliches Zusammentreffen eines inneren mit einem äußeren Ereignis, ohne dass diese zwei Ereignisse kausal voneinander abhängig wären. Einzig verbindender Faktor ist die Sinnhaftigkeit. Jung hält die Synchronizität für eine unbekannte aktive Kraft in unserem Leben, die unser lineares Verknüpfen von Ursache und Wirkung, also das kausale Denken, überlagert. Somit schuf er eine neue Möglichkeit, die Beziehung von Psyche und Materie zu verstehen.

„Die Synchronizität kann ein Hauptschlüssel werden, mit dem die Tür zu Lehren über die Natur des menschlichen Schicksals geöffnet werden kann, die uns bisher verschlossen geblieben ist."
C.G. Jung

In den östlichen Weisheiten fand Jung sehr viel Verwandtes zu seiner Idee der Synchronizität. Die Chinesen bauten ihre ganze Kultur auf dem Prinzip der „Koinzidenz" auf. Sie fragten nicht mechanistisch, wie es etwas zu tun gilt, also nicht nach dem Prinzip von Ursache und Wirkung, sondern was womit zusammenzutreffen beliebt. Darauf beruhte auch die alte Korrespondenzlehre, die das Wirken von Sympathie und Harmonie in den Vordergrund stellt. Eine solche Lehre macht das erklärbar, was

dem kausalen Denken unmöglich ist, nämlich die Verknüpfung von akausalen Vorgängen. Ein solcher wäre ein sogenanntes „dejavu"-Erlebnis. Wir glauben einen Bekannten vor uns zu sehen, erkennen beim Näherkommen allerdings, dass wir uns getäuscht haben. Er ist es nicht. Aber bei der nächsten Ecke begegnen wir dann tatsächlich diesem Bekannten. Bekannt ist vielen auch das Phänomen, dass wir an jemanden denken und dieser ein paar Minuten später tatsächlich anruft. Dazu gehören natürlich auch Wahrträume oder mediale Botschaften. Jung zog folgenden Schluss aus diesen Tatsachen: Entweder ist die menschliche Psyche räumlich nicht lokalisierbar und auch zeitlich nicht festgelegt oder aber Raum und Zeit sind relativ. Im spirituellen Denken gehen wir davon aus, dass eben die Seele weder an Raum noch an Zeit gebunden ist.
Es scheint also bis jetzt unbekannte Gesetze zu geben, die Umstände und Ereignisse in unserem Leben mit anderen synchronisieren, so dass etwas möglich wird, was unser Verstand nicht vorausberechnen kann und das wir bis jetzt „Zufall" nennen. Es gibt neben unserem rationalen Erfassen von Zeit und Raum etwas auf der geistig seelischen Ebene, was uns mit viel größeren Zyklen und Rhythmen verbindet. William Bryant schreibt:

„Die Synchronizität dirigiert die unbewussten Impulse unseres Willens, die uns zur richtigen Zeit an den richtigen Ort führen, damit wir auf das Ereignis treffen, das uns verändern wird."
W. Bryant

Betrachtet man die Welt, so könnte man der Meinung sein, es gibt Millionen in Körpern isolierter Bewusstseinseinheiten, die alle sich bemühen, der vielen Eindrücke und Einflüsse Herr zu werden und die versuchen, so gut es geht, ihr Leben zu führen. Dieses Gefühl der Isolation bringt uns ein Gefühl von Lebensillusion und Sinnlosigkeit. Es kann sich dann verändern, wenn wir eine Verbindung zu den vielen anderen Leben herstellen und feststellen, dass es da Berührungspunkte und Gemeinsamkeiten gibt. Nur so kann unsere bescheidene, eigene Lebensgeschichte zum Bestandteil jener allumfassenden Biographie werden, die die Menschheit und die Erde schreiben. Es ist die Synchronizität, die uns ein Gefühl der Zugehörigkeit zum ganzen Universum gibt, wie es wohl die Menschen des Altertums in sich erlebt haben mögen. Sie hatten ja ihre religiösen Feste und Feiern genauestens abgestimmt auf die großen kosmischen Rhythmen, die sie im Jahreslauf abgebildet sahen. Zu solchen Zeitpunkten kamen sie in Kontakt mit den größeren Kreisläufen des Kosmos und konnten damit in Kontakt mit höheren Wesen kommen. Ihr Denken wird daher heute als ein mythisches bezeichnet. In diesem Denken gibt es keinen Unterschied zwischen Symbol und objektiver Wirklichkeit. Die Oblate ist in einem solchen Denken zweifelsohne der Leib des Herrn. Eine Diskussion darüber wäre undenkbar gewesen. Alles ist das Bild des Göttlichen. Gerade in der Medialität ist dies von großer Bedeutung. Jedes Symbol oder Bild, das ein Medium als Botschaft bekommt, ist eine Botschaft aus einer höheren, göttlichen Ebene. Damit kommen wir wieder in jenes alte Denken hinein, was vor der Objektivierung und Begriffsbestimmung der Welt durch den Verstand geherrscht hat. Der Baum war darin kein biologischer Begriff, sondern ein göttliches, geistiges Wesen. Wir können über einen Begriff sprechen, also z.B. über den Baum. Aber mit dem Baum können wir nur sprechen, wenn wir ihm eine lebendige Wesenheit zuerkennen.

Im Zirkel schulen wir das zirkuläre Zeitbewusstsein, machen uns bereit, dass uns die Dinge von der größeren Weisheit zufallen. Voraussetzung dafür ist, dass wir unser eigenes Wollen mit seinem persönlichen Begehren zurückschrauben. Das bedarf harter Arbeit. Je mehr sich das zirkuläre Denken in uns durchsetzt, desto vernetzter und ganzheitlicher können wir denken. Die Getrenntheit zu den anderen Wesen hebt sich nach und nach auf. Wir erkennen unser Leben als eine Art Mandala. Alles, was wir tun, fühlen oder denken, ist Teil dieses Kunstwerkes. Wir können mit Menschen und Wesen auf der geistigen Ebene in Kontakt kommen und es wird häufig geschehen, dass wir ihnen irgendwann auch in unserem äußeren Alltagsleben begegnen. Einen ewigen Abschied gibt es dann nicht mehr, denn kein Wesen stirbt, es stirbt nur in einer Ebene ab, um auf einer anderen seinen Weg fortzusetzen.

Was bringt ein Verständnis der zirkulären Zeit für die Zirkelarbeit ?

* Es gibt nur das eine, ungeteilte Leben.

* An einem Punkt das Ganze erleben zu können; ganzheitlich und vernetzt zu denken.

* Alles wird zu einem Sein, sprich, alle Zeiten sind gleichzeitig vorhanden. Damit können wir jederzeit Vergangenheit, Gegenwart, Zukunft abrufen. Die Seele eines Menschen ist jederzeit eins, für sie gibt es keine Zeit.

* Die Sicherheit, dass es keinen Tod im Sinne eines endgültigen Aus gibt.

* Verständnis, wieso Medialität und geistiges Heilen möglich sind.

* Mit weit entfernt liegenden Epochen Kontakt aufzunehmen oder auch mit Menschen, die weit entfernt leben.

* Der Zirkel ist ein Experiment der Synchronizität. Es treffen unterschiedliche Menschen an einem Punkt zusammen, wodurch die Kräfte des x-Faktors aktiviert werden, so dass etwas völlig Neues entstehen kann.

* Sie lehrt, dass es nicht nötig ist, die ganze Welt zu durchwandern, z.B. auf der Suche nach Lehren oder Lehrern, sondern dass man stets schon angekommen ist an dem Ort, wo die ganze universelle Fülle vorhanden ist. Man weiß oder glaubt es oft nur noch nicht. Daher gehen wir auch nirgendwo anders hin im Sterben, wir bleiben stets bei uns.

13·3 Der lebendige Wandel – Die zyklische Zeit

„Der Schwingungszustand des allgegenwärtigen Feldes ist Rhythmus. Die Welt ist Rhythmus. Materie und Geist sind Rhythmus. Es gibt nichts Statisches oder Festes in diesem Wellen- oder Weltenraum. Was wir als Objekt empfinden, erweist sich bei näherer Betrachtung als pulsierender Prozess, Energie und ständige Aktivität."
Norbert Jürgen Schneider

„Das im Kyklos geordnete Weltgefüge kennt den Tod nur als organisches Phänomen. Wo die Kette nicht abreißt, bleibt die Bedeutung des individuellen Todes begrenzt und gewissermaßen verdeckt."
H. Plessner

Wir haben die lineare, messbare oder mechanische Zeit betrachtet, die die Griechen „Chronos" nannten. Dann haben wir die zirkuläre, kreisförmige Zeit betrachtet. In einer rein linearen Zeit gibt es keine Wiederholung, kein Erinnern, während wiederum ein Kreisen stete Wiederholung des Gleichen bedeuten würde. Eine lineare Entwicklung ohne Bezug zum Kreis wäre sinnlos, ohne Orientierung und Rückbindung. Ein Kreis ohne Gerade wäre gar keine Entwicklung. Es gibt daher noch eine dritte Kraft, die den lebendigen Wandel darstellt, also Kreis und Gerade sinnvoll verknüpft. Sie ist eine Kombination aus beiden. Diese Zeit nennt man die periodische, rhythmische oder zyklische Zeit. Alles Leben im Kosmos unterliegt Zyklen und diese Zyklen müssen von irgendeiner hohen Intelligenz gesteuert werden, damit sie sinnvoll ineinander greifen. Die zyklische Zeit ist die erlebbare, gelebte Zeit, die sich in einem Zu- und Abnehmen äußert. Die am stärksten erlebte Zeit ist sicherlich der weibliche Zyklus. Er ist die eigentliche Uhr der Frau. Einige Forscher glauben, dass der Urmensch Zeit zuerst im weiblichen Zyklus erfahren habe. Dieser Zyklus war sein Maß, das eigentliche Urmaß, das „metrum". „Metra" kommt aus dem Griechischen und war ursprünglich der Gebärmutter gleichgesetzt. Worte, die „messen" und „meter" beinhalten, stehen in diesem Sinne mit der Gebärmutter in Zusammenhang. Viele Rhythmen kennt unser Körper und wir sprechen vom „Biorhythmus", der besonders stark dem Einfluss der Lichtverhältnisse unterliegt. In diesen Biorhythmus sind andere Zyklen eingeordnet, z.B. die unserer Organe. Die Erkenntnis solcher energetischer Zyklen in unserem Körper hat die chinesische Medizin in ihrem einmaligen Meridiansystem festgehalten. Im Westen war es vor allem die Astrologie, die sich mit den Zyklen und Rhythmen des Lebens beschäftigte. Die Astromedizin lehrt, dass das richtige Heilmittel zur falschen Zeit wenig bewirkt oder gar das Gegenteil. Krankheitssymptome lassen sich in ihrer Intensität ebenfalls am Rhythmus ablesen.

Unterliegt unser Biorhythmus vor allem dem Verhältnis von Licht und Dunkel, so ist unsere energetische Disposition eng an das Erdmagnetfeld, also z.B. auch an Faktoren wie Luftdruck oder Ionisation angebunden. Unsere Körperzellen wiederum erneuern sich alle sieben Jahre und siebenjährige Perioden unterteilen in etwa auch die großen Entwicklungsphasen in unserem Leben. Denken wir an die großen Übergangszeiten oder Krisen in unserem Leben, wie z.B. die Pubertät, also etwa um das 14. Lebensjahr, oder auch das 21. Lebensjahr, als wir früher volljährig wurden. Das sind wichtige Orientierungs- und Krisenpunkte im Leben.
Sind unsere Zyklen nicht aufeinander abgestimmt, greifen wir willkürlich in sie ein (z.B. in die Periodik des Schlafes), dann kommt unser Rhythmus durcheinander, was zu Krankheit oder Krisen führt. Ein ganz einfaches Beispiel dafür ist die Zeitverschiebung beim Fliegen oder auch schon die Umstellung auf die Sommerzeit. Damit wir solche Unregelmäßigkeiten wieder regeln können, braucht es eine Selbstregulationskraft, die Rudolf Steiner zu der Annahme brachte, dass der Mensch so etwas wie einen übergeordneten „Zeitkörper" haben muss, der sich wissenschaftlicher Erkenntnis bisher entzogen hat. Dieser Zeitkörper ist es, der die eigenen Zyklen und Rhythmen untereinander, aber auch in Beziehung zu äußeren Rhythmen abstimmt. Daraus resultiert ein eigener Sinn, der „Zeitsinn". Steiner setzte den Zeitkörper mit dem Astralkörper gleich.

Was die Wissenschaft herausgefunden hat, ist, dass alles Feste, Körperhafte nur scheinbar ist, dass letztendlich alles in Bewegung ist. Untersuchen wir mit dem Elektronenmikroskop eine Hand, einen Tisch, so zeigt er sich als Bewegung von kleinsten Teilchen, die nach einem bestimmten Muster vor sich geht. „Pantha rhei" oder „Alles fließt!", war die Erkenntnis eines der großen griechischen Philosophen der Antike, Heraklit. Der tanzende Shiva im Hinduismus stellt den Tanz des Lebens dar, den die Atomphysik als Realität erforscht hat. Es gibt nichts Stabiles, Festes. Jeder

Atomkern löst sich bei näherer Betrachtung in ein oszillierendes Feld oder rhythmische Wellen auf. Letztendlich ist alles Schwingung, Rhythmus, Tanz.
Eine Welt, in der alles fließt und tanzt, in der nichts festzumachen ist, erzeugt Angst, deshalb hat der menschliche Verstand wohl begonnen, alles zu sortieren, einzuteilen und abzumessen. Aus einer Welt des Geschehens, die eigentlich nur mit Verben darzustellen wäre, wurde so eine Welt der starren Dinge, der Substantive, der Begriffe. Das Zeitelement, das rhythmische Geschehen wurde ausgeklammert.

Was bedeutet nun Rhythmus? Das Wort stammt aus dem Griechischen und bedeutet so viel wie „Fließen, Strömen" oder auch „gleichmäßige Bewegung". Später im Mittelalter wurde dann der Begriff der „Ordnung" hinzugefügt, weshalb man Rhythmus auch als gestaltende Bewegung oder die aus Bewegung entstandene Gestalt bezeichnete.

Wenn wir von Zeit sprechen, befinden wir uns auch auf musikalischem Gebiet, da Musik Zeit für uns erlebbar machen kann. Rhythmus, Bewegung und Tanzen sind ganz eng mit der Musik verbunden. Es sind diese Elemente in der Musik, die uns lebendig machen, uns vitalisieren und begeistern. Und hier liegt dann auch die Bedeutung, die der Rhythmus für die spirituelle Arbeit und die Zirkelarbeit haben kann. Wir wissen vom Tanzen, dass der Rhythmus uns eine Ordnung vorgibt, zu der wir uns alle gemeinsam in Harmonie bewegen können. Dies geschieht nicht willkürlich, sondern frei und unwillkürlich bewegen wir uns zur Musik, wenn wir die Standardtänze hier einmal ausklammern. In den Volkstänzen und Rundtänzen ergibt sich die Bewegung ganz natürlich, weil unser Körper mit der Musik schwingt.

Fließt die Energie in einem Zirkel rhythmisch, dann hat das denselben Effekt wie natürliches Tanzen. „Der Tanz unserer eigenen Atome" passt sich an diesen Rhythmus an. Das ist ein Geschehen, das auch grundlegend für die Praxis der Meditation ist. Der Meditationsschüler wird mittels der Anweisungen „gezwungen", seinen bisherigen Rhythmus einem neuen, übergeordneten Rhythmus anzupassen. Das hat natürlich letztendlich Auswirkungen auf sein gesamtes System. Eine Umstellung oder Veränderung der eigenen Rhythmen findet statt. Auf diese Weise lernt der Schüler einen übergeordneten Rhythmus zu finden und kann mit diesem dann sein Leben selbst steuern. Wir wissen ja aus Indien, dass Yogis es schaffen, ihre Körperrhythmen, also z.B. Herzschlag und

Atmung, zu kontrollieren. Eine Meditationsübung, gleich, wie gut sie ist, wird also relativ wenig Effekt haben, wenn sie nicht in einen Rhythmus eingebunden ist. Meist tun wir uns sehr schwer damit, weil Rhythmen bei uns unbewusst ablaufen und wir Rhythmus mit Wiederholung des stets Gleichen verwechseln, ihn daher als langweilig erleben. Unser lineares Zeitverständnis will Abwechslung, braucht Neues, braucht attraktive Ziele. Wenn wir es aber schaffen, Rhythmen und Zyklen als lebendiges Geschehen, als Strömung von Energie zu erleben, dann tun sich völlig neue Welten auf. Dazu bedarf es zweier Fähigkeiten: Loslassen und Hingabe. Das lässt sich wunderbar am Tanzen zeigen. Das Paar, dessen Tanz allein in der linearen Abfolge von gelernten Schritten besteht, wird steif wirken und die Umstehenden wenig begeistern können. Das Paar, das sich ganz loslassen kann, das sich völlig dem Rhythmus hingibt, wird lebendig und ansteckend auf die anderen wirken. In der Zirkelarbeit haben wir ein gleiches Prinzip. Durch die stete Wiederholung des Zirkels zur gleichen Zeit, am gleichen Ort entsteht ein ganz eigener Zirkelrhythmus, dem sich unsere individuellen Rhythmen anpassen. Ist dieser Zirkelrhythmus gewachsen, dann wird der Zirkel nicht mehr Pflichterfüllung sein, sondern wird zu einem wichtigen Teil des Lebens und wir brauchen ihn dann ganz natürlich, wie unser Körper Wasser oder Essen braucht. Andere Rhythmen in uns beginnen an Bedeutung zu verlieren. Fällt der Zirkel aus, wird das eine entsprechende Wirkung auf die Mitglieder haben, wird das Gefühl vermitteln, dass etwas Wichtiges fehlt in der Woche. Rhythmus bedeutet eine Erneuerung und Verstärkung von Energie, weshalb diese Art Zirkelenergie auch ansteckend und belebend auf andere wirkt. Das rhythmische Singen und Klatschen war übrigens stets ein wichtiges Moment, wenn Menschen schwere körperliche Arbeit tun müssen. Noch heute erleben wir die Faszination des gemeinsamen rhythmischen Tuns in den Traditionen Afrikas.

Rhythmus entsteht im Zirkel schon durch die sich stets wiederholende gleiche Sitzungszeit. Im Laufe der Zirkelarbeit orientiert sich der Alltag an diesem. Wir freuen uns auf den Zirkeltag. Der Rhythmus des Zirkels vereinigt aber ebenso alle Rhythmen der einzelnen zu einem Ganzen, verstärkt die Energien zu einem großen Spannungsfeld und lässt auch Energien fließen. Hat sich der Rhythmus des Zirkels gefestigt, so ergibt sich daraus eine ganz wesentliche Konsequenz. Wie wir vorher schon gesehen haben, stehen unsere eigenen, persönlichen Rhythmen wiederum mit kosmischen Rhythmen in Verbindung. Der Rhythmus des Zirkels steht ebenfalls in Resonanz mit anderen kosmischen Rhythmen, also

Energien höherer Ordnung als die individuellen, mit denen wir dann in Beziehung treten können.

Was gibt der Rhythmus dem Zirkel?

* Er verbindet mit dem großen kosmischen Lebensstrom.
* Er vitalisiert und begeistert.
* Er harmonisiert die Gruppe und gleicht Energien an.
* Er ordnet unseren eigenen Rhythmus einem höheren unter.
* Er lehrt uns die Wirkung von gelenkter Energie.
* Er verbindet uns mit anderen, neuen Rhythmen des Kosmos.

13.4 *Zusammenfassung der Beziehung zwischen Zeit und Zirkel*

Eine der wesentlichsten Qualitäten von Zeit ist jene Kraft, die wir als „Wachstum oder Entwicklung" bezeichnen. Der Zirkel ist solch ein Ort des Wachstums und hat damit mit dem Wesen der Zeit zu tun. Die dreifache Zeit bietet uns unterschiedliche Qualitäten für unsere Arbeit an.

Zeit	*lineare*	*zirkuläre*	*zyklische*
Musik	Melodie, Takt	Harmonie	Rhythmus, Atem
Formen	Gerade	Kreis	Spirale
Energie	analysierend, trennend	einbindend	bewegend
Kraft	Stoß, Ziel	Konzentration	Dynamik, Strahlung
Bewusstsein	individuell	gruppenbewusst	kosmisch
Zirkel	Struktur, Absicht	Ganzheitlichkeit	Leben, Energie, Kontakt

Die lineare Zeit betrifft unsere eigene, ganz persönliche Entwicklung. Die zirkuläre Zeit verbindet unsere persönliche Zeit mit einer übergeordneten Zeit, jener der Gruppe. Der Zustand der Harmonie in der Gruppe zeigt die Verwirklichung dieser zirkulären Zeitqualität an. Die zyklische Zeit, der Rhythmus, verbindet den Zirkel mit dem großen Strom des Lebens selbst und damit mit den mächtigen Energien des Kosmos.

Im Alltag orientieren wir uns hauptsächlich an der linearen Zeit. In der Zirkelarbeit bemühen wir uns, diese lineare Zeitqualität hinter uns zu lassen und in die zirkuläre Zeit einzutreten. Dies wird nicht ohne Rückwirkung auf unser eigenes Zeitverständnis und auf den Alltag bleiben. Es wird unser Verhältnis zu unseren eigenen inneren Zeitrhythmen und überhaupt zur Zeit neu organisieren. Das kann sich z.B. ganz einfach darin zeigen, dass wir alles etwas ruhiger nehmen. Je mehr wir die zirkuläre Qualität leben können, desto offener, toleranter, verständnisvoller werden wir, denn die Emotionen können in der zirkulären Zeit nicht jene Spannungen aufbauen, wie sie das in der linearen oft tun. Erinnern wir uns an die Unterschiede zwischen einer zirkulären Musik (z.B. Raga, Gregorianik) und einer linearen, dramatischen Musik (z.B. Bach, Brahms). Im Zirkel gibt es nur ein „Sein", jegliche Form von Leistungs- und Erfolgsdenken ist auszuschalten. Diese Ruhe, die aus dem Zirkulären entsteht, hilft unserem Verstand, von einer höheren Warte aus den Alltag und das Leben zu betrachten. Gleichzeitig wird das harmonische Energiefeld der Gruppe völlig neue Erfahrungen möglich machen. Die Gruppe kann mit Ereignissen und Kräften in Verbindung kommen, die für den einzelnen nicht leicht erreichbar sind. Um es im Stile der Fantasyliteratur auszudrücken: Der Zirkel kann zu einem „Zeitfenster" werden. Nur so sind Erscheinungen erreichbar, wie sie ein physischer Zirkel erzeugen kann. Das wird möglich, weil zeitgleich unterschiedliche Welten wirksam sind. Es sind nicht Kräfte an sich, die diese Erscheinungen hervorrufen, sondern sie werden von Wesen aus dem Jenseits bewirkt, die in ihrer eigenen Zeit leben. Dafür muss ein Zeitkorridor geschaffen werden, durch den ihre Kräfte in diese Welt gelangen und wirken können. In dieser zirkulären Zeit im Zirkel gibt es keine Trennung der Zeitformen.

Vergangenheit, Gegenwart und Zukunft verschmelzen zum „Sein". Es ist dann Aufgabe des Mediums zu lernen, diese Zeiten wieder für einen Klienten, der in der linearen Zeit lebt, auseinander zu dividieren. Das spielt natürlich auch für alle medialen Wahrnehmungen eine Rolle. Beispiel Heilerzirkel: Wir bekommen einen Namen eines Kranken aus Norwegen oder Australien. Wir erhalten nur den Namen und den Wohnort. Räumlich ist der Kranke für uns nicht vor Ort, aber wir können ihn über die Zeit erreichen. Und mittels der Zeit transportiert sich auch der Raum, so dass wir eventuell beschreiben können, wie das Lebensumfeld dieses Menschen aussieht. Der Zirkel macht dies möglich. Und aus diesem Zeitfenster heraus kann ich mit dieser mir unbekannten und von mir entfernten Person kommunizieren, wie auch mit Menschen, die schon lange gestorben sind und keine physische Form mehr bewohnen. Und denken wir an die wunderbaren Heilerfolge des geistigen Heilens oder der Fernheilung. Dies wird nur dadurch möglich, dass die Zeiten sich umkehren. Die Diagnose ist eine Sache des kausalen Denkens, der linearen Zeit und nur ein Aspekt der Wirklichkeit. In der zirkulären Zeit, jener Zeit, in der die Seele des Patienten lebt und wirkt, ist der Patient aber in jedem Augenblick heil und ganz, da gibt es keinen Mangel. Wenn wir es als Heiler schaffen, für einen kurzen Moment den Zeitkorridor zu öffnen, so dass die zirkuläre Zeit erreicht wird und damit die Seelenebene, so kann dieser Mensch wieder gesund werden und weiterleben, vorausgesetzt, es liegt in der Absicht seiner Seele. Das wissenschaftliche Denken ist deduktiv und linear und kann solche Vorgänge daher nicht verstehen. Dieses zirkuläre Zeitverständnis kann enorme Auswirkungen auf das gesamte Feld des Kollektivs haben, das ja bis jetzt von Vorstellungen geprägt ist wie: „Ich arbeite von ... bis ...", „Sprechzeiten sind ...", „Mit 30 bist du zu alt für eine Karriere usw." Den Tod als ultimativen Endpunkt verdrängen wir möglichst, weil sich mit ihm jene dunkle, unüberwindbare Lücke für unseren Verstand öffnet, die aus dem linearen Zeitverständnis erwächst, das sich nur an die vergänglichen Dinge der Außenwelt koppelt. Ein neues Verständnis der Zeit wird auch eine entscheidende Wirkung auf unsere eigene Biographie haben. Was wir nicht alles schaffen und erreichen müssen, in diesem einen kurzen Leben! Das erzeugt einen starken Druck. Denken wir in Zyklen und Kreisen, dann können wir alles mit einer viel größeren Ruhe entwickeln.

Die Schulung der Medialität setzt voraus, dass wir ein anderes Verhältnis zur Zeit gewinnen. Wie könnten wir sonst etwas aus der Vergangenheit oder über die Zukunft eines Menschen erfahren oder gar Zugang zu jener anderen Welt bekommen, in der die Verstorbenen oder andere geistige Wesenheiten wohnen? Zirkuläres Denken schafft die Möglichkeit einer kontinuierlichen Kommunikation. Aus diesem Grunde erübrigen sich solche wissen wollenden Fragen wie: „Wie lange muss ich im Zirkel sitzen um zu ...?". Eine solche Frage zeigt, dass noch das lineare Denken vorherrscht. Man sitzt so lange im Zirkel, bis sich die eingeprägten Vorstellungen von Raum und Zeit zu verändern beginnen und sich neue Welten auftun. Ganzheitliches, zirkuläres Denken ermöglicht eine Aufhebung jener Illusion, die durch den Verstand geschaffen wird. Aus der Unerbittlichkeit der Festlegung und Begrenzung erwächst die Freiheit. Aus der großen Lebensangst wird Zuversicht.

14. Raum – die zweite Kraft Die Zahl 4

„Raum ist jene göttliche Energie, die uns eine Verwirklichung unserer Ideen ermöglicht, uns das Verhältnis von Ursache und Wirkung erfahren lässt und ist auch jene göttliche Allgegenwart, die bewusste Beziehung möglich macht.“

Harald Knauss

Vier Raumdimensionen

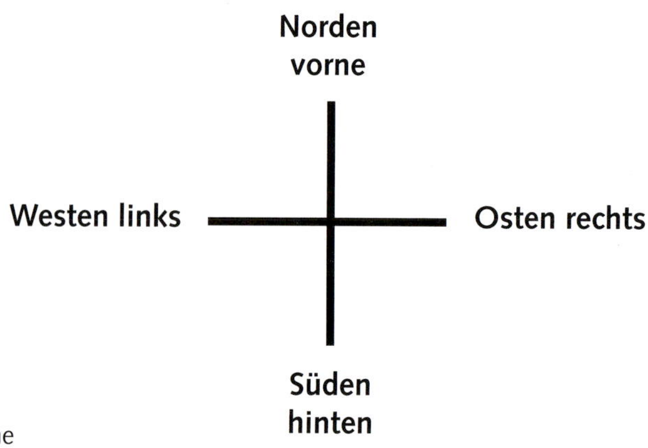

Die vier Räume

„Ohne aus der Tür zu gehen,
kennt man die Welt.
Ohne aus dem Fenster zu schauen,
sieht man den SINN des Himmels.
Je weiter einer hinausgeht,
desto geringer wird sein Wissen.

Darum braucht der Berufene nicht zu gehen
und weiß doch alles.
Er braucht nicht zu sehen
und ist doch klar.
Er braucht nichts zu machen
und vollendet doch.“

LaoTse, Tao te king

Der Raum ist ein weiterer wichtiger Faktor in der Zirkelarbeit. In England erfährt man nur etwas über die äußeren Bedingungen eines Zirkelraumes, sprich Raumgröße, Temperatur etc. Das ist natürlich viel zu kurz gegriffen, denn Raum ist nicht eine objektive, feste Konstante. Der Raum ist eine Wesenheit, in der wir leben, wie der Fisch im Wasser lebt. Vier Ströme gibt es am Lebensbaum, die mit den Himmelsrichtungen oder Himmelsgegenden gleichgesetzt werden. Diese Ströme sind in Wirklichkeit vier Wesenheiten, nämlich die Elemente Feuer, Luft, Wasser und Erde. Sie entsprechen nach der alten Medizin wiederum den vier Körpersäften, mit denen die entsprechenden Temperamente cholerisch, sanguinisch, phlegmatisch und melancholisch verbunden sind. Die Zahl 4 ist die Zahl der Ordnung und ihre geometrische Form (Kubus) ist klar und übersichtlich. Sie ist bei den Pythagoräern die Zahl der „Erde" und mit der Körperlichkeit verbunden, macht die konkrete, objektive Erscheinung im Raum möglich.

Raum erscheint unseren Sinnen als fest und statisch. Aber wie lebendig und relativ für uns „Raum" vom Begriff her ist, erkennen wir dann, wenn wir z.B. Schwindelzustände bekommen. Der Raum beginnt sich zu drehen, d.h., die äußere Wirklichkeit verändert sich für uns, wir können sie nicht mehr festhalten. Das ist eine subjektive, manchmal pathologische Erscheinung und doch auch eine andere Wirklichkeit des Raumes, die die Sufis z.B. bewusst durch ihre Drehtänze zu erreichen versuchen. Farben haben die Fähigkeit, unsere Raumwahrnehmung zu verändern. Ein Raum in Rotlicht kommt uns wärmer vor und körperliche Aktivität wird erleichtert. Alle Bewegungen erscheinen schneller als sie sind. Im Blaulicht dagegen wird der Raum kühler, die Bewegungen scheinen langsamer. So ließe sich fragen, wie unser Raumerleben aussehen würde, wenn wir nicht auf dem „blauen Planeten" Erde leben würden, sondern auf einem „roten Planeten".

Zirkelarbeit schafft einen anderen, erweiterten Kontakt zum Raum, hilft, ihn als lebendige Wesenheit wahrzunehmen. Auf diese Weise kommen wir zu der Erfahrung, dass es über den „Objekt- oder Dingraum" hinaus viele Räume in „Gottes Haus" gibt. Unser inneres Bewusstsein veräußert, manifestiert und objektiviert sich über die Raumenergie.

Medialität erfordert zwangsläufig, neue Räume zu betreten. Das Aufschließen solcher neuer, innerer Räume wird dann auch unsere Wahrnehmung des äußeren Raumes verändern. Damit kann das sichtbar werden, was vorher schon unsichtbar da war. Jeder Mensch trägt seinen Eigenraum mit sich, also sein Energiefeld oder seine Aura, die sich ausdehnen oder zusammenziehen kann. Ohne Training können wir diesen Raum, dieses Aurafeld nicht wahrnehmen. Die Schulung medialer Kräfte entwickelt ein erweitertes Raumbewusstsein, so dass dies möglich werden kann.

Die moderne Wissenschaft kommt ebenfalls zu der Einsicht, dass es nicht nur „einen Raum" gibt, in dem verschiedene Koordinatenpunkte miteinander in Beziehung stehen. Der Physiker Dr. Robert Foot hat zum Beispiel die „Supersymmetrie", die Theorie von Spiegelwelten entwickelt, und Johnjoe McFadden, Professor für Molekulargenetik bestätigte diese Theorie:

„Für jedes Materieteilchen in unserer Welt gibt es einen Doppelgänger aus reiner Energie in einer anderen. In der Spiegelwelt der Supersymmetrie wird aus Licht Materie. Wenn wir Licht und Energie mit etwas Geistigem gleichsetzen, könnte dort aus Gedanken also Wirklichkeit werden. Nach den Untersuchungen von McFadden entsteht Bewusstsein nicht durch die Impulse der Nervenzellen, sondern durch das elektromagnetische Feld (Energie), das unser Gehirn umhüllt und durchströmt. Dieses Feld wird durch Photonen erzeugt und zusammengehalten – und erschafft auf diese Weise unser Bewusstsein. Wenn Energie in der Spiegelung zur Materie wird, dann bedeutet dies, dass die Energie des Bewusstseins (also Gedanken) sich in der Spiegelwelt in Materie verwandelt."
aus P.M. Magazin, 11/2002

Einige große Denker und Wissenschaftler, wie z.B. der Physiker G. Th. Fechner (1801-1887), gehen davon aus, dass eine physische Vollform sich vom Mittelpunkt nach außen in die Welt wölbt und sich divergierend, zentrifugal verhält, wie es z.B. bei der Kugelform der Fall ist. Der Geist verhalte sich genau spiegelbildlich. Er wirke von einem Überraum ein, ähnlich einer Hohlform, verhält sich also zentripetal und konvergierend. Die Offenbarung des Geistes ließe sich demnach einem Tennisball vergleichen, der in einem Moment, ohne dass er zerstört wird, seine Innenfläche zur Außenfläche wandelt. Die theosophischen Lehren, inspiriert von der indischen Philosophie, gingen stets von einem Weltbild aus, das neben der substantiellen Ebene noch viele weitere feine Ebenen kennt. Gefühle erscheinen auf der „Astralebene" als Farben, Gedanken auf der Mentalebene als Formen, wie es der Theosoph Charles Leadbeater in vielen seiner Bücher dargestellt hat. Die theosophische Vorstellung geht von sozusagen ineinander geschachtelten Räumen oder Ebenen aus. Bauen wir z.B. auf der Mentalebene eine Idee zu einer ganz klaren Form aus und versehen sie mit der magnetischen Energie unserer Emotionalebene, unserem Wunschbegehren, dann kann die Anziehungskraft der Form so mächtig werden, dass sie schließlich in die materielle Ebene niedersteigt und sich manifestiert. Die Energie verdichtet sich dann so weit, bis die Form konkret und Teil des Raumes wird. Bevor also etwas sich so weit verdichtet oder materialisiert, dass es eine konkrete Gestalt im Objekt-Raum annimmt, ist es auf anderen Ebenen oder Räumen schon wirklich. Letztendlich ist also die irdische Form die dichteste Manifestation von etwas Geistigem, sozusagen seine äußerste Grenze. Das lässt sich auch am Verhältnis Licht und Dunkelheit aufzeigen. Irdische Körper oder Objekte ziehen sich aus der Weite zurück, verdichten und begrenzen sich. Damit isolieren sie sich, schließen sich untereinander aus. Die individuelle Form entsteht. Verstofflichung bedeutet immer Zunahme der Schwere und damit auch Verdunkelung. Licht dagegen ist ultraleicht, spannt sich über den Raum aus, ist voller Bewegung, ist sphärenhaft und ungreifbar. Alles Seelische ist daher dem Lichthaften zu vergleichen, alles Körperliche dem Dunkel.

Der Wissenschaftler Otto J. Hartmann hat in seinem Werk[4] das Wesen des Raumes untersucht. Er sieht drei Aspekte oder Qualitäten des Raumes, die gleichzeitig existieren und deren Darstellung für unsere Zirkelarbeit sehr erhellend ist.

[4] s. Anhang

14.1 *Der geometrische Raum – Kraftwirkung*

Die Welt der Objekte besteht in einem Neben- und Auseinander, ist eine Welt der Abgrenzung. Feste Hüllen schließen ein Wesen vom anderen ab. Wir können etwas anhand seiner Oberfläche, die sich uns entgegenwölbt, betasten, wir können manchmal in sein Inneres vordringen, aber wir können ihm nicht wirklich nahe kommen auf dieser Ebene – ohne es zu zerstören. Es bleibt stets eine Grenze zum anderen Wesen. Der Ding-Raum lässt uns die Isolation spüren; diese ist aber notwendig für eine Individuation, für Selbsterfahrung und Selbsterkenntnis.

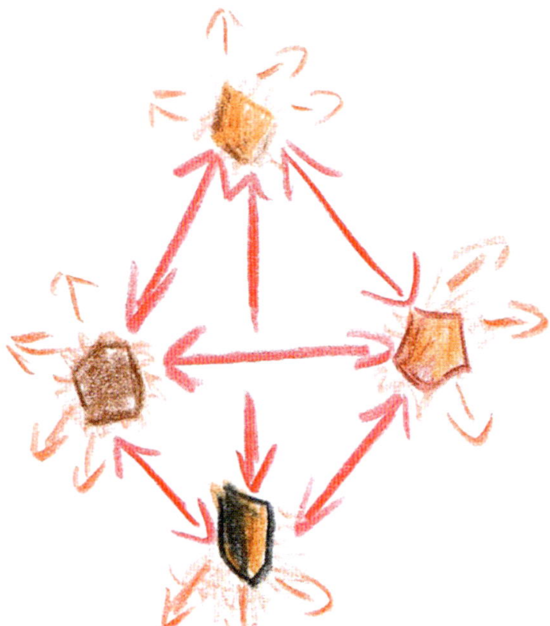

Der geometrische Raum

Der objektive Ding-Raum existiert als eine Art Punkt-Raum oder atomistischer Raum. Die Ortssetzung des einzelnen Punktes ist hier ausschlaggebend. In diesem Raum reiht sich Punkt an Punkt, Abstand an Abstand. Alles existiert hier voneinander getrennt und wir nennen das auch die Außenwelt. Wir als Menschen schauen von unserem inneren Ort, dem „Da-Sein", hinaus in die unendlichen Weiten des „Dort-Draußen". In dieser Raumvorstellung wird nur die Beziehung zwischen festen Körpern oder Kraftpunkten untersucht, also z.B. der Einfluss durch Stoß oder Druck. Der leere Raum gilt als unwirklich, so wie ein Zimmer eben die Einrichtungsgegenstände umschließt oder ein Sack die Weizenkörner. Das Weltgebäude ist hier das Resultat von Orts-, Bewegungs- und Kraftbeziehungen zwischen materiellen Teilen. Es bewegt sich hier alles über Druck und Stoß, auch im psychischen Bereich. Üben wir Druck auf jemanden aus, so kann er diesen Druck nicht bei sich behalten. Er wird ihn also weitergeben oder muss nach einer Lösung suchen. Wir alle kennen das aus dem Alltag, dass eine Person, die beruflich unter großem Druck steht, häufig zu Hause diesen Druck weitergibt, um eine Lösung zu erfahren.

Für den Menschen tut sich im geometrischen Raum eine tiefe Kluft zwischen Denken (Gedanke) und Körpergefühl (Hand) auf. Materie lässt sich nicht denken und Raum nicht betasten oder wägen. Daher gab es einen steten Widerstreit zwischen der Weltsicht der Realisten und jener der Idealisten. Aber Ausgangspunkt ist stets der Mensch, der sich allein als Realität erlebt, weshalb diese Raumbetrachtung auch geo- und anthropozentrisch zu nennen ist. Es ist der menschliche Wille, der hier als schöpferisches Eigenwesen auftritt. Interessant ist in dieser Hinsicht die Beschäftigung mit der Kunstgeschichte. Die perspektivische Malerei setzt ja in der Kunstgeschichte relativ spät ein, eigentlich erst, als das Ich des Menschen immer stärker in den Vordergrund tritt, der Wille zu selbstständigem Handeln und etwas zu bewegen zunimmt. Ein solches perspektivisches Weltbild ist ohne Ende in dem Sinne, dass es nicht vollendbar und abzuschließen ist, denn nach einer Perspektive tut sich schon eine neue auf. Das zeigt sich auch in der Forschung, wo man lange dachte, das Atom sei das kleinste Teilchen des Kosmos, bis man immer noch kleinere entdeckt hat. Heute sind die Teilchen so klein, so unwirklich, dass Physik und Spiritualität sich immer näher kommen, ja sich überlagern. Nach neuesten Forschungen scheint sich das Universum kontinuierlich weiter auszudehnen und damit zeigt sich, dass wir über die Bewegung nicht bis an das Ende des Raumes gelangen können, weder im Mikro- noch Makrokosmos.

Geometrischer Raum und Zirkel

In der Anfangsphase eines Zirkels befinden wir uns in einem solch geometrischen Raumzustand, wie er in der Objekt- und Dingwelt herrscht.

Der Zirkel setzt sich aus mehreren Einzelpersonen zusammen, also aus unterschiedlichen, individuellen Kraftzentren, die sich gegenseitig über Druck- und Zugkräfte beeinflussen. Die Abgrenzung gegenseitig ist anfangs stark und noch gibt es kein homogenes Feld aus den einzelnen Energien. In dieser Phase sind Regeln, Absprachen und Gesetze wichtig, die die Kräfte in der Gruppe regeln, so dass ein Miteinander möglich wird. Wir gehen geometrisch vor, wenn wir eine Gruppe für die Zirkelarbeit zusammenstellen. „Wer passt zu wem, was ist die optimale Sitzordnung, wo sitzen wir im Raum, welche Kräfte besitzt jeder und wie wirkt das auf mich?“ sind grundlegende Fragen, die uns zu Beginn bewegen. Das Wesentliche, das uns ein solches Raumerleben vermittelt, ist die eigene Standortbestimmung und damit eine Selbsterkenntnis. Wir erfahren, wer und was wir sind innerhalb des Feldes. Dadurch ergibt sich ein Standpunkt und wird auch Orientierung möglich.
Durch kontinuierliche Zirkelarbeit verschmelzen die einzelnen Kraftpunkte der Mitglieder immer mehr zu einem homogenen Kraftfeld, was unserem Bewusstsein die Tür zu einer anderen Qualität des Wesens Raum öffnet, nämlich die Tür zum dynamischen Raum.

14.2 *Der dynamische Raum – Vernetzung*

Im geometrischen Raum wird alles vom individuellen Standpunkt aus betrachtet. Jedes Wesen erlebt sich als Punkt im Raum. Kräfte wirken auf dieses ein, aber es selbst kann auch nach außen wirken. Im dynamischen Raum erfährt man eine andere Art von Wirklichkeit. Hier betrachtet man die Welt vom Kreis aus, erlebt sich ihr zugehörig. Das Leben ist darin nicht mehr auf eine starre, lokalisierte Dinglichkeit begrenzt, sondern das Leben wird als raumübergreifend und auf alles einwirkend betrachtet. Es existiert in einem Ineinander, einem Ineinander-Verwobensein, kurzum, es wird Beziehung erkannt. Dazu bedarf es der Fähigkeit, einen anderen Standpunkt einzunehmen, vom übergeordneten Umraum hinein auf die Mitte zu schauen. Der Raum wird dann als Ganzheit, als dynamisches Welt- oder Organisationsfeld erkannt, das bewegend und formend auf die einzelnen Kraftzentren oder Objekte einwirkt. Alles hängt mit allem zusammen. Jede meiner Handlungen hat eine Rückwirkung auf das Ganze wie auch umgekehrt. Die Lehre vom Ätherkörper oder der Aura beziehen sich auf diesen Raum. Jedes Wesen ist in ein dynamisches Kraftfeld, den Äther (auch Prana oder Chi genannt) eingebunden. Eine ähnliche Anschauung vertritt die Lehre vom „morphogenetischen Feld". Der Raum ist hier nicht Bezugssystem von Dingen, sondern wird selbst zur dynamischen Wirklichkeit. Er wirkt führend und übergreifend als Ganzes auf die Teile ein. Er lässt sich so mit dem Kollektivgeist vergleichen. Die einzelnen Teile haben durchaus eine gewisse Selbstständigkeit, die sich aber positiv oder negativ auf das Gesamte auswirken kann. Das erzeugt nicht nur eine Dynamik, sondern damit entsteht auch Dramatik.

Der dynamische Raum

Dynamischer Raum und Zirkel

Wenn sich die Energien eines Zirkels etabliert und harmonisiert haben, entsteht eine Gruppenschwingung, was nichts anderes ist als ein dynamisches Raumfeld. Der Zirkel besteht immer noch aus Einzelpersönlichkeiten mit ihrer Ausstrahlung, von denen jeder sein Kraftfeld zur Verfügung stellt. Gleichzeitig geht jetzt aber eine stetig zunehmende, gestaltende Einwirkung vom Kreis aus. Der Umkreis, der Zirkel beginnt also zunehmend Einfluss auch auf die einzelnen Ich-Zentren zu nehmen. So wird der Zirkel zu einem dynamischen Kraftfeld, zu einem Feld des Austausches von Energien. Schon deshalb ist die Ausrichtung der Arbeit auf das positive Potenzial, das Förderliche und Heilsame so wichtig, damit sich das gemeinsame Energiefeld weiter aufschwingen kann. Auf diesem Wege verstärkt sich das Energiefeld der einzelnen Mitglieder wie auch des ganzen Zirkels insgesamt. In dieser Art des Raumes erfahren wir lebendiges Wirken, werden unsere eigenen Schöpferkräfte, unsere Kreativität und Lebendigkeit angeregt. Der Austausch von Energien fördert die Beziehungsfähigkeit.

Im dynamischen Raum befinden wir uns aber immer noch im Bereich des persönlichen Denkens. Wir werden uns zwar vieler Kräfte des Kosmos bewusst, die auf uns einwirken, so wie auch wir unsere Wirkungen erkennen können, aber das bleibt noch innerhalb unserer Persönlichkeit. Ist das dynamische Feld eines Zirkels gleichmäßig in die Breite (= Erdung), wie auch in die Höhe (= Spiritualität) gewachsen, so wird ein hoher Energiepegel erreicht, der es uns ermöglichen kann, den Kontakt zu einem weiteren Raum herzustellen. Das wäre der Griff nach dem geistigen Raum, den Hartmann „Über-Raum“ nennt und damit würden wir uns von der Sensitivität auf die Ebene der Medialität begeben.

14.3 Der Über-Raum – Vergeistigung

„Die Erzeugung von Materieteilchen aus reiner Energie ist sicherlich der spektakulärste Effekt der Relativitätstheorie. Die Unterscheidung von Materie und leerem Raum musste endgültig aufgegeben werden, als entdeckt wurde, dass virtuelle Teilchen spontan aus der Leere entstehen und wieder in die Leere verschwinden können."
Fritjof Capra

„Form ist Leere und Leere ist Form."
Buddha

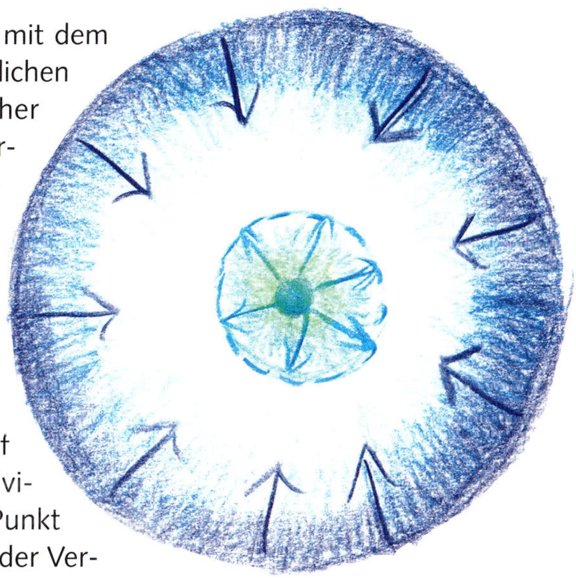
Der Über-Raum

Dieser Raum ist identisch mit dem geistigen Wesen, der göttlichen Schöpferkraft und daher schwer fasslich für den Verstand. Alles in der Schöpfung entsteht aus einer Art Über-Raum heraus, ist Teil desselben. Erkennen könnten wir diesen Raum, wenn wir von der Grenze des Universums hinein blicken könnten auf alle Universen. Jede individuelle Erscheinung, jeder Punkt wäre die äußerste Grenze der Verdichtung des Geistigen. In den östlichen Schriften wird die Materie als dichteste, stofflichste Form des Geistes bezeichnet. Das Geistige ist das, in dem alles ist. Das ist die Ursache, wieso der Mensch den Raum auch als etwas Geistiges erleben kann, das ihn zum Handeln und Wirken auffordert. In einem solchen Überraum, einem geistigen Himmel, wie er in der Vorstellung früherer Kulturen existierte, ist alles Eingebung, Inspiration und letztendlich göttliche Gnade. Ein solches Weltbild wird als kosmo- oder theozentrisch bezeichnet. Im Gegensatz zum Ding-Raum, der das Ich oder Objekt sein Zentrum nennt, das sich von seinem Standort aus nach außen verstrahlt und zerstreut, strahlt das Unendliche als Über- oder Gegenraum ein und sammelt oder konzentriert die Energie. Das Ich-Zentrum wird als Teil des Ganzen gesehen, ja letztendlich ist das Göttliche vollkommen in jeder Erscheinung vorhanden.

Überraum und Zirkel

Wir können diesen Raum dann erreichen, wenn unser Bewusstsein so weit entwickelt ist, dass es die geistige Welt berühren kann. Der Zirkel ist ein Weg dahin. Dieser Über-Raum ist das, was wir in der Esoterik als Ätherebene bezeichnen, womit wir aber von einer göttlichen Qualität, einem Wesensaspekt des Göttlichen, sprechen.

„Der Raum ist von ätherischer Art und ist eine Entität oder Wesenheit. Die Größe des Menschen liegt in der Tatsache, dass er den Raum wahrnimmt und sich diesen vorstellen kann als den Bereich göttlich-lebendiger Wirklichkeit, voll lebendig wirksamer, intelligenter Formen, deren jede im Ätherkörper dieser unbekannten Wesenheit eingeordnet ist; eine jede mit der anderen verbunden durch die Macht und Kraft, die sie nicht nur am Dasein, sondern auch in ihrer Stellung zueinander erhält."
Alice Bailey

Dieser Äther als lebendige Energie durchströmt die ganze Schöpfung und jedes einzelne, manifestierte Teilchen in ihr ist in diesen Äther eingebettet. Alle Räume liegen also sozusagen ineinander, weshalb ein Verstorbener im örtlichen Sinn nirgendwohin geht, er tritt nur in eine andere Raumwirklichkeit ein, nämlich die Ätherebene. Indem alles seinen objektiven Körper aus dem Äther aufbaut und in diesen auch eingebettet bleibt, sind letztendlich alle Einzelteile, alle subjektiven Wesen, miteinander verwandt, denn alle kommen sie aus der gleichen Quelle.

„Der individuelle Ätherleib ist kein isolierter und abgesonderter menschlicher Träger, sondern in einem besonderen Sinne ein integraler Teil des Ätherkörpers jener Wesenheit, die wir die Menschheit nennen. Dieses Naturreich ist mittels seines Ätherleibes ein integraler Bestandteil des planetarischen Ätherkörpers, dieser wiederum ist nicht von den Ätherkörpern der anderen Planeten getrennt, sondern sie alle bilden zusammen mit der Sonne den

Ätherkörper des Sonnensystems. Dieser ist verbunden mit den Ätherkörpern der sechs Sonnensysteme, die mit dem unseren eine kosmische Einheit bilden; und in diese Systeme strömen Energien und Kräfte von bestimmten großen Sternbildern. Das Raumfeld ist dem Wesen nach ätherisch und sein Wesen besteht aus der Gesamtheit der Ätherkörper aller darin befindlichen Sternbilder, Sonnensysteme und Planeten. Durch dieses goldene kosmische Gewebe flutet ein ständiger Kreislauf von Energien und Kräften. So wie die Kräfte des Erdplaneten und des inneren geistigen Menschen durch den Ätherleib des individuellen Menschen auf der physischen Ebene fließen und seine Lebensäußerungen, Tätigkeiten und Eigenschaften bedingen, genau so fließen auch die mannigfaltigen Kräfte des Universums durch jeden Teil des Ätherkörpers jener Wesenheit, die wir Raum nennen."

Alice A. Bailey

Nach esoterischer Ansicht setzt die Ätherebene sich aus sieben Stufen, Unterebenen oder Räumen zusammen, wovon die unterste die der dichten Materie ist, also das, was wir im herkömmlichen Sinne unter Raum verstehen. Raum bedeutet darin eine Stätte des Wirkens.

„Für den Logos bedeutet Raum wörtlich die Form, in der Seine bewussten Aktivitäten und Absichten verwirklicht werden – d.h. den solaren Grenzring. In ähnlicher Weise umfasst der Raum, in dem ein planetarischer Logos Seine Pläne durchführt, so viel solaren Raum, als die jeweilige Reichweite Seines Bewußtseins Ihm zu benutzen gestattet. Der Mensch wiederholt den Vorgang und sein Grenzring deckt sich mit der Reichweite seines Bewußtseins; er mag also im Falle geringer Entwicklung eng umgrenzt sein, oder aber sich über einen erheblichen Teil des planetarischen Raumes erstrecken."

Alice A. Bailey

„In ihm leben und weben wir", ist ein weiterer Ausspruch, der besagt, dass alle Wesen aus diesem lebendigen Ätherraum geschaffen und durch ihn miteinander verbunden sind, trotzdem aber jedes seine individuelle Daseinsform hat. Die Luft, die wir gemeinsam mit allen teilen, ist ein gutes Beispiel dafür.

Da die Ätherebene, dieser geistige Raum, für unsere Körpersinne nicht konkret fassbar und doch Ursache des Ding-Raumes ist, wurde sie von den chinesischen Philosophen als „die große Leere“ oder „ das große Nichts“ bezeichnet, in dem alles ewig ist und aus dem alles entsteht. Genial hat der chinesische Weise LaoTse diesen Raum beschrieben:

„Dreißig Speichen umgeben eine Nabe:
In ihrem Nichts besteht des Wagens Werk.
Man höhlet Ton und bildet ihn zu Töpfen:
In ihrem Nichts besteht der Töpfe Werk.
Man gräbt Türen und Fenster, damit die Kammer werde:
In ihrem Nichts besteht der Kammer Werk.

Darum: Was ist, dient zum Besitz.
Was nicht ist, dient zum Werk.“
LaoTse

Die Objekte füllen einen Raum, ja können ihn komplett zustellen, ähnlich als würden wir ein Zimmer komplett mit Möbeln füllen. Bewegung und Entwicklung wären nicht mehr möglich. Der Geist ist Leere und auch eine Fülle, in der noch alles möglich ist. Er stellt die Möglichkeit des Wirkens bereit. Auch in unserem Körper gibt es vor allem viel „leeren Raum“, wenn wir den Abstand zwischen den Atomen und Molekülen betrachten. Ein Wissenschaftler hatte einmal die Rechnung aufgemacht, dass, wenn wir allen leeren Raum in uns entfernen könnten, von uns nur eine substantielle Form in Stecknadelkopfgröße übrig bliebe. Die Leere ist also auch ein wichtiger Bestandteil unserer selbst. Denn in der Leere kann Energie wie Äther oder Prana einfließen, was Vitalität ermöglicht. Je mehr unser Körper mit Abfallstoffen und Schlacken belastet ist, desto voller ist er und desto weniger Energie kann einströmen. Vögel sind vor allem „Wesen der Leere“. Sie haben diese Leere bis in ihren materiellsten Teil, in die Knochen hinein genommen. Es sind ihre von Luft durchströmten Knochen, die ihnen Leichtigkeit geben. Vögel galten stets als geistige Wesen, als Mittler des Göttlichen.

Erreichen wir im Zirkel gemeinsam jenen Zustand der Leere, dann kann die geistige Welt diese mit ihrer Anwesenheit füllen. Der Überraum wirkt dann auf den Zirkel und seine Mitglieder ein, d.h. der Kontakt zur geistigen Welt ist etabliert. Es ist ein Zustand höchster Inspiration, der damit möglich wird.

Fassen wir zum Abschluss nochmals die drei Räume im Überblick zusammen:

Geometrischer Raum	**Dynamischer Raum**	**Über-Raum**
Objekt, konkrete Form, Sein	Kraft, Wirkung	Äther, Geist, Inspiration
ermöglicht Individualität; Selbst	erkennt Ursache und Wirkung; Beziehung	Einheit, Allgegenwart
Einzelmitglieder des Zirkels	Zirkel als homogenes Kraftfeld	Zirkel als Ort des Wirkens der geistigen Welt
Sensibilität	Sensitivität	Medialität
passiv, wahrnehmend, ergreifend, besitzend, fest	aktiv, gestaltend, fließend	seiend, selbstlos, übermittelnd
körperlich, persönlich anwesend	bewusst anwesend	geistig/seelisch anwesend

* Die objektive Welt der Dinge, wie sie im geometrischen Raum existiert, können wir er- und begreifen, können wir in Besitz nehmen, uns zueigen machen. Im dynamischen Raum treten wir in lebendigen Austausch mit anderen Kräften. Ein Wir-Gefühl wird möglich. Im Über-Raum erleben wir uns als das Wort Gottes, als vergeistigtes oder in einem Geist existierendes Wesen.

* Den Objektraum erleben wir als dinglichen, konkreten Raum außerhalb unserer selbst. Die Dynamik der Kräfte spüren wir an unserer Oberfläche, wenn unser eigener Raum an einen anderen Raum stößt. Den geistigen Raum erleben wir als etwas rein Innerliches.

* Jeder dieser Räume ermöglicht uns ein Lernen, bietet Chancen der Entwicklung, kann uns aber auch gefangen nehmen. Ist unser Bewusstsein nur auf den äußeren Raum gerichtet, auf die Welt der Objekte, so vergessen wir unsere höheren, geistigen Anteile und wir können uns

völlig in Handlungen oder Erkenntnissen verlieren, die nur unserem persönlichen Wollen und Begehren folgen. Ist unser Bewusstsein nur auf den Innenraum gerichtet, so können wir in den Elfenbeinturm einer abstrakten Weltvorstellung geraten, umfangen von Illusionen. Wir müssen lernen, die Wirklichkeit aller drei Räume zu erleben und zu balancieren.

* Es gilt noch eine besondere Kraft zu erwähnen, die sowohl mit der Zeit, aber vor allem auch mit dem Raum verbunden ist, nämlich unseren Atem. Schon die Schöpfungslehren beschreiben die Erschaffung der Welt als bedingt durch das Ausatmen des Göttlichen, womit die Bewegung, die Schöpfung entsteht. Atmet er irgendwann wieder ein, wird die objektive Welt wieder verschwinden und der Kosmos kehrt in seinen Ruhezustand zurück. Der Atem bestimmt auf allen Ebenen den Kreislauf des Wandels. So ähnlich ist es auch bei uns: Wenn wir ausatmen, dann erschaffen wir etwas, was gerade in der Musik, z.B. beim Singen deutlich wird. Wir geben dem musikalischen Inhalt Geist, geben ihm Raum, was dann hörbar wird. Atmen wir ein, so schaffen wir für diese unsere Schöpfung die Grundlage.

Raum ist:

* ein göttlicher Aspekt und Ausdruck einer Wesenheit
* der Faktor, aus dem alles erschaffen ist
* ein Aspekt der Ätherebene
* die Möglichkeit der konkreten Manifestation
* eine Möglichkeit, Energien auszustrahlen oder zu empfangen
* ein Ort des Wirkens
* Grundlage der Beziehung und Verbundenheit aller Wesen miteinander
* je nach seiner Dichte ganz unterschiedlich
* ein Trägerstoff, der z.B. Telepathie oder Telekinese möglich macht

14.4 Der Raum und der Zirkel

Die Dichte der Raumenergie oder des Äthers ist sehr unterschiedlich, weshalb es Räume, Ebenen, Formen oder Orte gibt, die weniger Energie abstrahlen als andere. Es gibt Räume, die unsere Energie wie ein Schwamm aufsaugen und es gibt solche, die uns ihre Energie schenken. Deshalb haben unterschiedliche Räume und auch Raumformen jeweils eine andere Qualität. Dasselbe gilt auch für Landschaften, denn Untersuchungen ergaben, dass ein gehäuftes Vorkommen medialer oder heilerischer Begabung sich durchaus auch an solchen festmachen lässt. Förderlich für solche Fähigkeiten scheint besonders der rote Sandboden zu sein. So mag durchaus der Standort und die Art des Raumes für unsere Arbeit eine gewisse Rolle spielen. Sie können bestimmte Tätigkeiten unterstützen oder auch abschwächen. Auch unsere eigenen Erfahrungen bestätigen dies.

Vom Menschen angelegte Räume ergeben in sich geschlossene Energiekreisläufe, deren Charakter von der Raumform geprägt wird. Viereckige Räume haben sehr viel Struktur, Spannung und Konzentration, was dem Lernen über die linke Gehirnhemisphäre sehr entgegenkommt. Faktische Informationen werden so leichter aufgenommen. Nur der rechte Winkel, eine Erfindung des Menschen, kann Dinge festmachen und festhalten. Im Quadrat zu sitzen wäre also kaum hilfreich für unsere Art Arbeit, die viel mehr an den Fähigkeiten der rechten Gehirnhemisphäre orientiert ist. So kommt der Kreis der medialen Arbeit sehr entgegen, denn Kreise haben im Gegensatz zu rechteckigen Räumen keine Richtung, sondern umfassen alles und orientieren sich am Mittelpunkt.

Innerhalb des Zirkelkreises dreht sich die Energie meistens im Uhrzeigersinn, gleich einer „Turbine oder Zentrifuge". Durch die regelmäßige Energiearbeit werden sozusagen die Atome eines Raumes „aufgeladen". Das Energiepotenzial verstärkt sich mit jeder Sitzung, so dass man mit der Zeit in einem wirklichen Kraftfeld sitzt. Während des Zirkels erhöht sich in diesem Feld die Schwingung der Körperatome, die ihrerseits wiederum die Raumenergie aufladen. So entsteht ein befruchtender Energiekreislauf. Irgendwann erschließt die Energie uns die Qualität des dynamischen

Raumes, der Zirkel wird zum morphogenetischen Feld. Und irgendwann kann ein Zirkel den Über-Raum berühren, wenn seine Energie und Schwingung hoch genug ist.

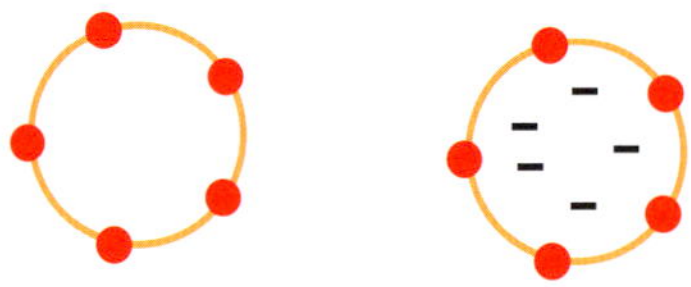

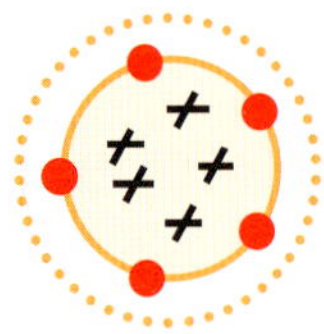

Wachstum der Zirkelenergie im Raum

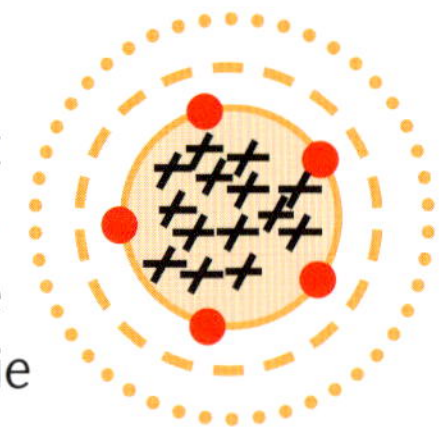

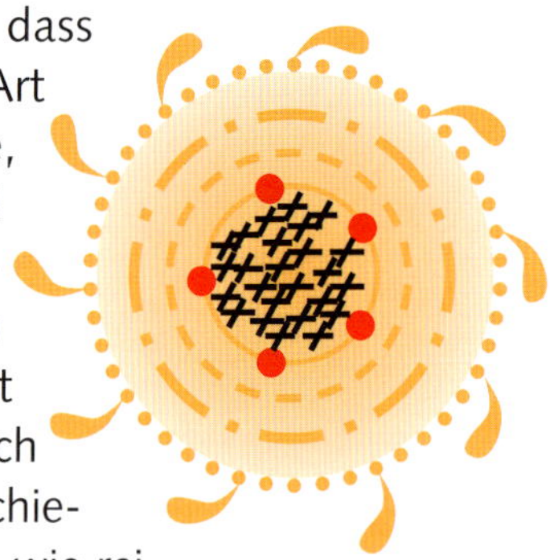

Jeder, der alte, historische Gebäude liebt, hat sicher die Erfahrung machen können, dass es dort Räume geben kann, die besonders sind, die eine ganz eigene Persönlichkeit haben, die wie belebt, ja manchmal auch unheimlich wirken. Aus der Psychometrie wissen wir, dass Räume Abdrücke von Energien aller Art speichern, also Ereignisse, Gefühle, Gedanken ihrer Bewohner. Nur so sind ja auch Erlebnisse in einem Haus möglich, die supranormal sind. Der Raum kann sich mitteilen, es müssen nicht immer Geistwesen dahinterstehen. Ich habe in unseren Räumen schon verschiedene Erlebnisse gehabt, die zu Beginn wie reiner Zufall erschienen und ich hatte mir nichts dabei gedacht. So liegt z.B. ein Gegenstand auf dem Tisch, den ich gerade benutzt habe und kurze Zeit später wieder brauche. Meine Erinnerung lässt mich den Gegenstand an seinem Platz suchen, aber dort ist er plötzlich nicht mehr. Ich suche und suche. Gebe ich die Suche dann irgendwann auf, so entdecke ich diesen Gegenstand plötzlich wieder an eben dem besagten Ort, als wäre er nie weg gewesen. „Hast Du nicht gut geschaut", sagt dann der Intellekt. Wenn das aber überaus häufig passiert, dann kann der Intellekt das nicht mehr wegpacken. Früher hätten die Menschen ganz selbstverständlich gesagt: „Das war der Hauskobold!" und sie hätten ihm etwas geopfert, um ihn freundlich zu stimmen. Unsere Vorfahren haben Wesen der Ätherebene sehen können, die sie als Natur- und Hausgeister bezeichneten. Natürlich kann auch ein Verstorbener das Wesen des Raumes nutzen und es gibt immer wieder einmal Verstorbene, die einfach in ihrem Haus und ihren Räumen weiterwohnen. Wir sprechen dann von Spukhäusern. Heute beschäftigen sich ernsthafte Wissenschaftler wieder mit der Untersuchung solcher Phänomene. Der englische Wissenschaftler Richard Wiseman untersuchte Spukphänomene in Hampton Court, einem Palast der englischen Königin. Schreckliches hat dieser Palast in seiner Geschichte gesehen und so wundert es kaum, dass auch heute noch Menschen dort Seltsames erleben. Wiseman nahm solche Berichte sehr ernst, da sie meist von ganz bodenständigen Angestellten des Hauses kamen und nicht von irgendwelchen wunderlichen Esoterikern. Er begann im Haus mit Geräten zu messen und stellte fest, dass an den Stellen, an denen besonders häufig „Geister" erschienen waren, ein viel stärkeres Magnetfeld herrschte als anderswo. Dies war auch dem Neurowissenschaftler Michael Persinger aufgefallen, der Ufo- und Marienerscheinungen untersuchte. Auch er fand an solchen Orten ein stark verändertes Magnetfeld vor, was er in Zusammenhang mit den dort stets stark vorhandenen Eisenerzlagern brachte. Persinger begann Versuchsreihen aufzubauen, in denen er über einen mit Elektroden präparierten Helm, dem Gehirn seiner Probanden eine Veränderung des Magnetfeldes simulierte. Die Veränderungen fanden im niedrigen Frequenzbereich, den sogenannten Schumann-Wellen statt, die übrigens auch von Gewittern und Erdbeben erzeugt werden können. Das Erstaunliche trat ein, die Probanden hatten unter dem Einfluss der Felder sonderbare mystische Erfahrungen.

Ähnliche Ergebnisse ließen sich auch erzeugen, wenn die Wissenschaftler mit stehenden akustischen Wellen im nicht hörbaren Niederfrequenzbereich arbeiteten. Sie erklärten sich daraus auch die starke Wirkung, die Orgelmusik in einer großen Kirche ausübt. Die großen Orgelpfeifen mit ihren starken Luftströmungen könnten solche „übersinnlichen" Wahrnehmungen begünstigen, indem sie eine Veränderung der elektromagnetischen Sphäre bewirken. Ich finde dies überaus interessant, da sie das bestätigen, wovon die alten Musikmeister überzeugt waren, nämlich dass Musik Menschen verändern könne, aber auch Einfluss auf die Natur habe. So können bestimmte Klänge das Wetter beeinflussen und noch heute werden mancherorts die Kirchenglocken geläutet, um ein aufziehendes Gewitter zu vertreiben. Für mich machte das auch noch einmal verständlicher, weshalb sich zur Einstimmung in die Zirkelarbeit oder zum Ankurbeln der Energie Musik oder Singen als hilfreich erweist.

Im Laufe der Zeit kann auch ein Zirkel solche Wirkungen erfahren, denn im Zirkelraum herrscht ein anderes magnetisches Feld als in den anderen Räumen des Hauses. Dies lässt sich ganz leicht von Personen erspüren, die nichts von dieser Arbeit wissen. Ich hatte in Stuttgart einmal bei Freunden in einem Zimmer übernachtet, indem es kunterbunt des nachts zuging. Wie ich am Morgen dann erfahren habe, wollten die Freunde mein Erleben prüfen, denn mein Übernachtungsraum war einstmals für eine Zeit jener Raum, in dem Karl Marx Séancen beiwohnte. Als Zirkelarbeiter müssen wir also begreifen lernen, dass der Raum Energie ist und dass er eine lebendige Wesenheit ist, die alle Wesen, Welten, Zeiten miteinander verbindet.

Was gibt der Raum dem Zirkel ?

* Schutz, Erdung und Geborgenheit

* die Möglichkeit, ein Energiefeld aufzubauen

* die Erkenntnis, dass alles Leben ist, es keinen unbelebten Raum oder tote Materie gibt

* das Wissen, dass alles einen unvergänglichen Eindruck im Raum hinterlässt, der von anderen wahrgenommen werden kann

* die Fähigkeit des Empfangens und der Ausstrahlung

* die Möglichkeit, Beziehung und Kontakte aufzubauen

* seine eigenen Kräfte herauszuarbeiten und in das Gesamte einzufügen

* das Wissen, dass es nichts gibt, was sich nicht verändern lässt

15. Menschen – die dritte Kraft Die Zahl 7

„In jedem Menschen stecken gute Träume, Sehnsüchte nach Leben, wichtige Erfahrungen, Gaben und Fähigkeiten, Liebe und Wärme, Hoffnung auf eine bessere Welt, Bereitschaft sich für etwas Sinnvolles einzusetzen, unendlicher Reichtum."

Verfasser unbekannt

„Wir sind Geistwesen im Hier und Jetzt. Unser spirituelles Selbst arbeitet auf seiner eigenen Bewußtseins- und Willensebene. Und wenn wir es zulassen, dann führt es uns zum Ziel, die/der zu werden auf dem irdischen Lebens- und Erfahrungsweg, die/der wir nach unserer Bestimmung sein sollten."

Ivy Northage

„Wenn wir vom Raumerlebnis der Meditation sprechen, so haben wir es mit einer gänzlich anderen Dimension zu tun, in der das zeitliche Nacheinander zum Nebeneinander, das räumliche Nebeneinander zum Ineinander, das Ineinander zum lebendigen Kontinuum wird, jenseits von Sein und Nichtsein, in der Einschmelzung von Raum und Zeit."

Lama Govinda

Wir haben zuvor die Faktoren von Zeit und Raum betrachtet, die es als abstrakte Größen so nicht gibt. Sie existieren nur im Zusammenhang mit den Wesen, die diese erfahren, erleben. Ohne das suchende Bewusstsein des Menschen wüsste niemand etwas über Raum und Zeit. Wie Raum und Zeit erfahren werden, hängt vom Standpunkt ab. Wie wir gesehen haben, erfährt der analytische, verstandesbetonte Mensch Zeit als lineare Abfolge von Vergangenheit, Gegenwart und Zukunft.

Der Physiker Werner Heisenberg formulierte in seiner Feldgleichung für elektromagnetische Felder, dass ein Feld schon beobachtet werden kann, auch wenn es noch gar nicht da ist. Die lineare Abfolge von Vergangenheit, Gegenwart, Zukunft kann sich also unter bestimmten Verhältnissen umkehren. Somit kann die Wirkung eher da sein, als die Ursache, die Zukunft bestimmend auf die Vergangenheit einwirken. Das erinnert an den Forscher Karl von Baer, der bewies, dass das zukünftige Huhn bei den Furchungsvorgängen des Eies, aus dem es werden soll, einwirkt. Die Atomphysik bewies damit, dass Weissagung, Prophezeiung und Medialität ohne Zweifel wissenschaftlich zu belegen sind und nicht der Einbildung entspringen. Um es physikalisch auszudrücken, bedeutet Weissagen: Ich beobachte ein Feld, noch bevor es da ist. Wer also an medialen Fähigkeiten zweifelt, der ist zweifelsohne nicht mehr up to date, nicht auf dem neuesten Stand der Wissenschaft.

Zeit und Raum erweisen sich heute als variable Größen. Die objektive, messbare Zeit ist gar nicht so fest, wie immer gedacht und die subjektive Zeit ist nicht so relativ, wie gedacht. Alles hängt vom Bewusstsein ab. Auch die Materie ist keine stabile, feste Größe, sondern erweist sich beim Durchforschen mit dem Elektronenmikroskop letztendlich als Tanz von Atomen, als rhythmische Wellenlängen, als oszillierende Felder. Und so können wir uns fragen, woraus unser Körper eigentlich besteht. Er besteht vor allem aus Leere und Rhythmus. Würde man alle Atomkerne eines 70 kg schweren Mannes zusammenpressen, so hätten sie die Größe eines Stecknadelkopfes, der 69,95 kg wiegen würde, aber eine potentielle „atomare" Energie in sich birgt, die Berge versetzen könnte. So die Forschung der Atomwissenschaft. Dies zeigt, wie bedeutend das Bewusstsein ist und welch große Energie im Menschen ruht. All dies fließt im Zirkel zusammen. Das Bewusstsein trifft auf den Raum und die Zeit und aus diesen drei mächtigen Feldern kann sich etwas entwickeln.

Wir haben zuvor vom Wirken von Zeit und Raum gesprochen haben. Raum (Zahl 4) und Zeit (Zahl 3) sind das Koordinatenkreuz des Lebens, obwohl sie relativ sind. Hinter diesem aber steht ein Bewusstsein, der Mensch, und er bildet die Summe der beiden Koordinaten. Ja, er hält Zeit und Raum zusammen. Die Zahl 7 repräsentiert den Menschen und tatsächlich hat diese Zahl eine wichtige Bedeutung in seinem Leben. Sieben Chakren oder Energiezentren besitzt der Mensch und seine Entwicklung wird durch den Zyklus von sieben Jahren bestimmt. Nach esoterischer Vorstellung sind es sieben Ebenen, die den bewussten Menschen ausmachen, wobei die Definition manchmal etwas unterschiedlich ist. Die einen sehen den Menschen als Körper (die vier Elemente) und Geist (die drei Kräfte der Seele). Andere sehen den Menschen aus folgenden Ebenen zusammengesetzt:

1. physische Ebene
2. vitale (ätherische) Ebene
3. untere Emotionalebene (Instinkt)
4. obere Emotionalebene (Gefühl)
5. niedere Mentalebene (Verstand)
6. höhere Mentalebene (Bewusstsein)
7. Seelenebene

Zeit und Raum wären nichts, wenn es kein Bewusstsein gäbe. „Was wäre die Sonne, wenn es kein Auge gäbe, sie zu betrachten?", fragte einmal der große Dichter Johann Wolfgang von Goethe. Der Mensch als Ausdruck von Leben und Geist ist daher die dritte Komponente, die es angesichts des Themas Zirkels zu betrachten gilt. Alles ist Schwingung und das Bewusstsein des Menschen kann diese prägen. Er erfährt über das Gesetz der Resonanz das, was mit ihm schwingt. Verändert ein Mensch sein Bewusstsein wird seine Schwingung eine andere und er wird andere Resonanzen auslösen. Mehrere Menschen, deren Schwingungen harmonisch, synergetisch aufeinander abgestimmt sind, erzeugen ein noch größeres Resonanzfeld. Auf jeder Ebene seines Bewusstseins bringt der Mensch etwas in dieses Feld ein.

Die Körperebene (Form, Materie und Erscheinung) Schulung der Kräfte

Betrachten wir zunächst die physische Ebene des Menschen. Der Körper ist das Gefäß, durch das die unterschiedlichsten Energien strömen. Er ist wie eine „Antenne“ oder ein „elektrischer Leiter“ im Raum. Weiterhin erschafft der Herzschlag im Menschen ein starkes elektromagnetisches Feld. Im unendlich weiten Nervensystem findet eine ständige Auf- und Abladung von Energien statt. Der Mensch ist also an sich schon ein großes Kraftfeld, eine Art Elektrizitätswerk. Im Raum richtet er seine Kräfte aus. Er kann Kräfte empfangen, verarbeiten und ausstrahlen. Der Raum ist die Ebene des Empfangens, des Umsetzens und der Manifestation sei-

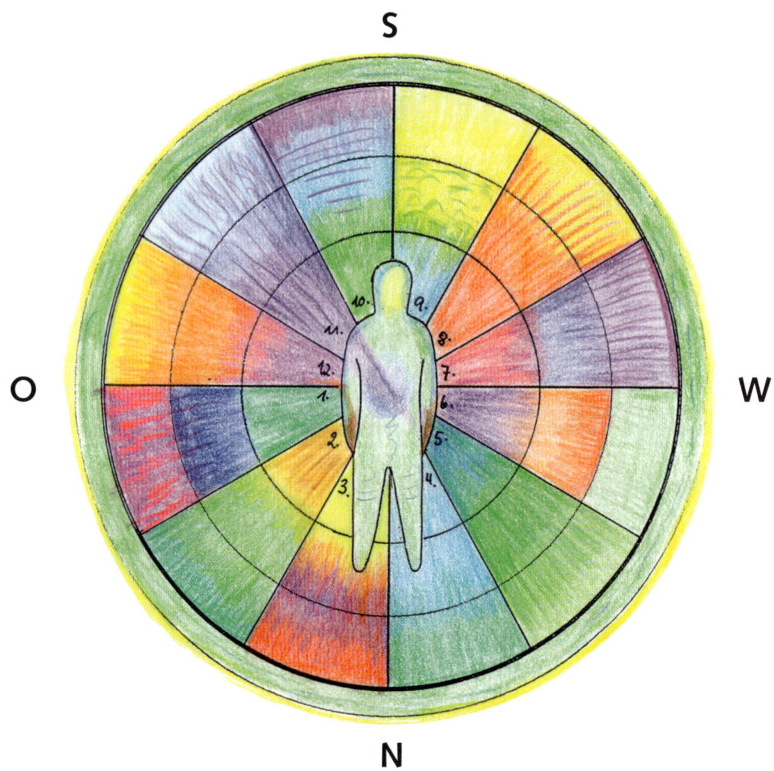

Aura – das Energiefeld des Menschen

ner Energien. Sie erhalten eine Form, bekommen einen Ausdruck und können somit in Erscheinung treten. Wir lernen die durch uns wirkenden Kräfte kennen, lernen den Umgang mit ihnen und erfahren so, dass wir ein wirkendes Kraftfeld sind. Gleichzeitig erfahren wir, was es heißt, ein Gefäß zu sein, in welches Energien einströmen können. Wir nehmen den Menschen als Körperform wahr, können seine Ausstrahlungskraft erspüren. Wir können auch lernen, diese den Körpersinnen verborgenen Energien, deren Ausstrahlungsradius wir als Aura bezeichnen, mit den inneren Sinnen klar wahrzunehmen. Dann wird uns deutlich, dass unser Energiefeld weit über den Körperumriss hinausreicht, ja, in das Energiefeld der Sitznachbarn im Zirkel hineinreicht.

Wenn wir uns also im Zirkel versammeln, sollten wir uns stets vor Augen halten, welche Energien da latent in uns schlummern, die wir heben und schulen möchten, damit sie unserem Bewusstsein zur Verfügung stehen können. Im Zirkel lernen wir diese Energien an uns selbst und an anderen kennen, sehen ihre Wirkung und finden ihre Ursache. Wir können im umliegenden Raum Energien zum Ausdruck bringen, selbst welche empfangen oder auch zurückweisen. Unsere Energien können ausstrahlen, können sich mitteilen oder übermitteln. Über solche Erfahrungen gewinnen wir eine erweiterte Wahrnehmung und damit einen erweiterten Horizont vom eigenen Sein.

Die Ätherebene / Vitalität und Rhythmus
Schulung der Energien

Generell unterscheidet das östliche Denken zwischen Kraft und Energie. Energie bezeichnet die ursprüngliche, lenkende Qualität, die sich auf der physischen Ebene als Kraft auswirkt.
Unser Körper ist den Abbaukräften der Erde unterworfen und würde er nicht ständig von einer anderen Ebene mit Energie versorgt, so würde er zerfallen, wie dies nach dem physischen Tod geschieht. Die Ebene, die den Körper mit Energie versorgt, wird Ätherebene genannt. Rudolf Steiner nennt diese Ebene den „Bildekräfte-Leib". Über ihn sind wir mit den Rhythmen des Kosmos verbunden, können aber durch ihn auch unseren Eigenrhythmus entfalten. Das Aufnehmen wie Abbremsen von Reizen, der Auf- und Abbau unterliegt ihm. „Alles fließt", dieser berühmte Ausspruch von Heraklit beschreibt seine Energie. Der Ätherkörper ist die feinstoffliche Matrix des physischen Körpers und daraus resultiert die

Körperintelligenz. Auch ohne unser Bewusstsein arbeitet der Körper tadellos. Allein unser Verstand mit seiner Willkür vermag ihn in seinem Wirken zu stören und durcheinander zu bringen. Es ist der Ätherkörper, der uns aufzeigt, dass wir in einem Meer von Energien leben, die auf uns einwirken. Er wählt wie eine Art Sieb aus, welche Qualitäten in uns einströmen und welche nicht.

Im Zirkel lernen wir auf dieser Ebene mit dem Leben und den Energien zu fließen, klug solche auszuwählen, die aufbauend und positiv verstärkend wirken. Wir lernen unsere eigenen Lebensrhythmen besser spüren, was zu mehr Vitalität und Gesundheit führt.

Die Astralebene / Schöpferkraft und Gemüt
Schulung der Kreativität

Der Astral- oder Emotionalkörper beherbergt die inneren Antriebs- und Gemütskräfte. Polaritäten wie Lust – Unlust, Sympathie – Antipathie, Anziehung – Abstoßung bilden die Grundlage dieser Kräfte, die wir Gefühle nennen. Mit den Gefühlen stehen wir in der Spannung der Dualitäten. Die Aufgabe des Astralkörpers ist die Fähigkeit, Gefühle zu formen und sie zu harmonisieren. Er vereint das Gleiche mit dem Gleichen, das Ähnliche mit dem Ähnlichen. Es entstehen unsere Gefühlsmuster und persönlichen Färbungen. Im Astralkörper ruht jegliche fruchtbare, schöpferische Kraft.

Im Zirkel entdecken und fördern wir das schöpferische Potenzial, was wiederum auf andere anregend wirken kann. Wir erfahren mehr über unsere Impulse und Motive im Leben, das, was uns wirklich an- und umtreibt. Wir werden authentischer und unsere Originalität kann zum Durchbruch kommen.

Die Denkebene / Erkenntnis und Wissen
Schulung der Erkenntnis

Die Ebene der Gefühle ist recht diffus und instinktiv und es sind die Mentalkräfte, die ein ordnendes Licht auf diese werfen. Das Denken geht von einem Zentrum aus, das „Ich" genannt wird. Über das Ich und seinen Verstand sammeln wir Erfahrung, Erkenntnis und Wissen. Über den Verstand können wir Schlüsse ziehen und folgern. Daraus entsteht Selbsterkenntnis. Gleichzeitig ermöglicht es eine gewisse Abstraktion und hilft dadurch verbindende Gemeinsamkeiten aufzuspüren. Die Mental- oder Denkebene wird in der indischen Philosophie in zwei Abteilungen unterteilt: das Ich-Denken (Verstand) und das höhere Denken (Bewusstsein). Es ist das Bewusstsein, das das Bindeglied zur spirituellen Ebene bildet.

Der Zirkel verhilft uns auf dieser Ebene zu weitreichenden Erkenntnissen, weitet unseren Horizont. Gleichzeitig fördert er unsere Bewusstwerdung. Damit lernen wir unser eigenes Leben besser in die Hand zu nehmen und selbst zu gestalten. Wir lernen selbstständig und freier zu denken. Richtiges Denken folgt aus der Wahrnehmung von Wirklichkeit, der korrekten Ausdeutung des Wahrgenommenen. Der Zirkel ist oftmals im positiven Sinne ein „Ent-täuscher", denn nur das hat in ihm Bestand, was wirklich in uns ist.

Spirituelle Ebene / Bewusstsein und Seele
Schulung der Seelenkräfte

Je bewusster wir uns werden, je wirklicher wir werden, desto leichter kommen wir in Kontakt mit den Kräften unserer Seele. Die Seele ist gleich dem ewigen Namen, den das Göttliche uns gegeben hat, also das, was wir unserer Ganzheit nach sind. Seele bedeutet Inspiration, denn sie inspiriert, „beatmet" unser Leben. Seele bedeutet auch Intuition, denn sie kann in einem Nu die ganze Wirklichkeit erkennen. Das Sitzen im Zirkel bringt uns in verstärkten Kontakt mit der eigenen Seele.

Wir bestehen also aus vielen Ebenen, Energien, Kräften, Farben, Klängen, sind eine Art Kraftwerk. All das bringen wir in einen Zirkel ein. Addieren sich die Kräfte über die Harmonisierung im Zirkel, so entsteht ein multidimensionales Kraftfeld.

Außer diesen Ebenen gibt es drei Zentren von Bewusstheit in uns, weshalb wir drei große Stadien an Bewusstheit während der Zirkelarbeit durchlaufen:

1. *Stadium – Körperbewusstsein (gelerntes, persönliches Glaubens- und Wertesystem)*
   Über dieses erleben wir uns als objektiven Körper mit eigenem Kraft-

feld innerhalb eines Kraftfeldes mit anderen Körpern. „Hier sitze ich, dort sitzt du …, das ist der Leiter usw." sind die klaren Formen, mit denen unser begriffliches Denken arbeitet. Wir spüren uns von manchem angezogen, bei anderen sind wir eher vorsichtig, gehen auf Distanz. Wir loten unsere Kräfte im Verhältnis zu denen der anderen aus. Der Verstand mischt sich hier mit unserem Empfinden. Das Äußerliche, also die objektiven Werte, die mitgebrachten persönlichen Erfahrungen und Prägungen spielen zunächst noch eine große Rolle.

2. *Stadium – Ich-Bewusstsein (die eigenen Potenziale, Fähigkeiten, Schattenanteile)*
   Das zweite Stadium der Zirkelarbeit ist geprägt von zunehmender Selbstbewusstheit und unser Ich samt seinen Kräften und Fähigkeiten wird deutlicher. Wir stellen fest, dass unsere subjektive Welt nicht zwangsläufig kongruent sein muss zur äußeren, objektiven Welt, die wir in den anderen widergespiegelt finden. Gerade die Spannung zwischen beiden kann uns verstärkt auf den Weg des Lernens führen. In diesem Stadium entfalten sich immer mehr unsere inneren, subjektiven Qualitäten, was uns authentischer werden lässt. Alles, was nicht zu uns gehört, alte Prägungen und Konditionierungen, von außen aufgepfropft, die bis dahin vielfach unser Sein bestimmt haben, fallen nach und nach ab, so dass unsere Maske, die „persona", verschwindet. Unser wirkliches Ich kommt mehr und mehr zum Vorschein. Die subjektive Empfindungswelt bekommt damit verstärktes Gewicht und unser Dasein erhält völlig neue Qualitäten.

3. *Stadium – Seelenbewusstsein (Seelenqualitäten)*
   Das dritte Stadium wäre jenes der geistigen Bewusstheit, was wir auch Seelenbewusstsein nennen. Es ist die göttliche, kosmische Qualität in uns, die erwacht. Wir begegnen uns dann im Zirkel nicht mehr als Körper und Ego, sondern als Bewusstsein und Seele. Wir erkennen, was unser Leben bedeutet, was Leben überhaupt ist. Die Welt des Geistes, d.h. die Ebene des Essenziellen, öffnet sich damit für uns.

In der folgenden Tabelle möchte ich die Dreiheit des Menschen samt einigen ihrer Entsprechungen vorstellen:

Seele	**Ich**	**Körper/Form**
Leben	Qualität	Erscheinung, „persona"
essenziell	subjektiv	objektiv
Wille	Liebe	Kraft
Kosmos	Menschenreich	Natur
Gruppenbewusstsein	Biographie	Biologie
Intuition	Intellekt	Instinkt
Licht, Fülle	Licht, Schatten	Schatten, Mangel
Einheit, Mission	Beziehung, Kontext	Der Einzelne
Kopf	Oberleib	Unterleib
Kopfzentrum	Herzzentrum	Solarplexus
3. Stadium des Zirkels	2. Stadium des Zirkels	1. Stadium des Zirkels
Medialität	Sensitivität	Sensibilität

15.1 *Der Mensch als Alchemist und Künstler*

Wir haben zuvor gesehen, welche Energien der Mensch mit sich bringt und auf welchen Ebenen diese wirksam sind. Die entscheidende Qualität ist aber das Bewusstsein des Menschen. Er kann als einziges Lebewesen umfassend seine Lebensbedingungen verändern und gestalten, eben mittels seines Bewusstseins. Das menschliche Bewusstsein hat eine Vorstellung von gut und besser, von schön und unschön, es hat Visionen und Träume, die er verwirklichen möchte. Jeder Mensch ist in sich ein potenzielles Bild des göttlichen Schöpfers. Aber als irdisches Wesen sind dem Menschen Grenzen gesetzt. Er ist unvollkommen und unvollendet, sonst wäre Bewusstwerdung und Entwicklung ja nicht möglich und hätte keinen Sinn. Auch die Natur ist in sich unvollkommen, so sagten zu allen Zeiten die Alchemisten. Es braucht die Hand des Alchemisten und Künstlers, um das göttliche Werk zu vollenden, es seiner Vervollkommnung entgegenzubringen. Das war stets der Ansatz der Alchemie. Die Welt in ihrer Polarität, Dualität und ihren Konflikten galt ihr als Irrgarten der Kräfte, welcher der weisen, ordnenden Hand des Gärtners bedurfte. Wer über die Natur der Kräfte Bescheid weiß, wer sie handhaben kann und den Kontakt zum Göttlichen besitzt, der bringt die göttliche Ordnung zum Vorschein. Jedes Werk beginnt aber mit dem Alchemisten, dem Künstler selbst. Über verschiedene Stufen der Transformation und Verwandlung nähert er sich dem göttlichen Urbild. Das bedeutet eine Loslösung von den bindenden Kräften der Materie, weshalb die Alchemie auch vom „Erlösungswerk" spricht. Das Erz und alle Metalle sind in Schlamm und Erde eingebunden. Sie daraus zu lösen, damit ihre Eigenpersönlichkeit zum Vorschein kommen kann, war das äußere Abbild des inneren Prozesses. So gewinnt der Alchemist aus der Kohle den edlen Diamanten, aus dem faulenden Kompost die fruchtbare Erde. Es geht also darum, einen Ausgangsstoff oder eine Ausgangsposition („prima materia"), was in niederer Energieform vorliegt, auf eine höhere Energieebene zu bringen, wodurch sein wirkliches Wesen zum Vorschein kommt. Um es richtig zu sehen: Es geht nicht darum, etwas in etwas

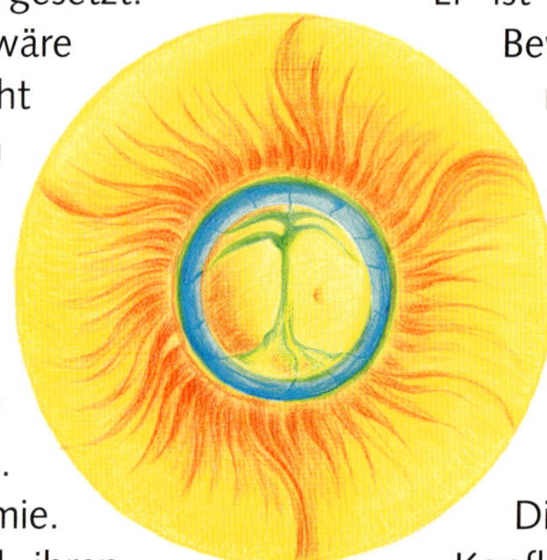

anderes zu verwandeln, sondern etwas schon verborgen Vorhandenes herauszulösen. Das gleicht dem wirklichen Bildhauer, der nicht ein Bild im Kopf hat und dann zum Stein greift, um es herauszubilden. Der wirkliche Künstler erkennt in einem Stein, welches Bild in diesem schläft und dem verhilft er zum Durchbruch. Dabei erfährt er, dass der Stein, das vollendete Werk und der Alchemist letztendlich eins sind, sie dienen einer Mission: dem Göttlichen zum Ausdruck zu verhelfen. Das Äußere, der Stoff ist ihm lediglich Auftrag, das zu erleben und zu erfahren, was Einheit ist. Das ist echte Alchemie und das ist auch Zirkelarbeit.

Die „prima materia" ist die Ursache, der Anlass, der Ausgangspunkt einer Entwicklung. Wir können sie auch als Lebenswunde oder Lebenskonflikt definieren, beides quälende Erscheinungen, die uns auf unseren Weg bringen. Die prima materia ist stets ein dunkler, unschöner und unangenehmer Zustand, gehört zum Schattenbereich des Lebens. Sie ist der „Mephisto" in uns, der sich doch letztendlich als sinnvolle Kraft zur Wahrheit und Wirklichkeit offenbart. Es sind ja nicht die bewussten, gut entwickelten, wohlangepassten Aspekte in uns, die uns voranbringen. Im Gegenteil sind es vor allem unsere infantilen, unangenehmen, blockierten, verachteten, sorgsam verborgenen Teile, die eine große Entwicklung und Kraft in Gang setzen können, die den größten inneren Lohn einbringen. Es braucht die Klugheit und das ganzheitliche Wissen des Alchemisten, vor allem die Kenntnis über die Lenkung der „inneren Feuer", um das Werk der Verwandlung voranzutreiben. Stets muss der Alchemist sich bewusst sein, dass er alles selbst ist: der Schatten oder die prima materia, der Initiator und Lenker des Werkes, das Werk selbst und auch das Gold oder der Stein, also die Vollendung. Ist das Werk vollendet, so hat es eine erlösende, durchlichtende Wirkung auf alles andere. Oftmals ist uns selbst nicht klar, dass wir in dieser Arbeit mitten drin stecken. Wir erkennen sie nicht als solche, weil wir im Leid verhaftet sind und daher wissen wir nicht, wie sie vonstatten geht und welchen Sinn sie hat. Manchmal geben uns Träume darüber Auskunft, wie jener, den ein Patient C. G. Jungs schilderte:

„Ein 50-jähriger Mann, der beruflich immer wieder Schiffbruch erlitten hatte und unverstanden von seiner Familie in Schwermut und Resignation seine Tage verbrachte, träumte einige Wochen vor seinem Tode:
„Eine Stimme sagt in orientalischer Sprache zu mir: Dein Werk und

das Leiden, das du bewußt durchlitten hast, haben hundert Generationen vor dir erlöst und werden auf hundert Generationen nach dir erleuchtend wirken."
Er starb ruhig und gefaßt, mit seinem Schicksal ausgesöhnt."
Franz-Rohn-Jaffe

Die Arbeit lohnt sich also immer, auch wenn wir es im Moment nicht erkennen können, ja dies vielleicht erst im Tode, im Abstand zu dieser Welt, möglich wird. Zirkelarbeit ist ein solches alchemistisches Werk. Das göttliche Werk braucht den Menschen oder besser das menschliche Bewusstsein. Wir sind alle Alchemisten im Zirkel. Wir bringen unsere Energie ein, verwandeln unsere Kräfte, leisten Durchlichtungsarbeit und arbeiten gleichzeitig damit am göttlichen Werk. Es kommt der Punkt im Werk, wo unsere sieben Farben, Töne oder Chakren in einem Regenbogen aufleuchten und daraus entsteht der „Stein der Weisen", die „Tinctura". Sie veredelt alles, was mit ihr in Berührung kommt. Ein guter Zirkel macht das nämliche. Das Ziel ist dann erreicht, wenn die geistige Welt auf das strahlende Licht aufmerksam wird, das von einem Zirkel ausgeht. Damit beginnt die Zusammenarbeit auf einer anderen Ebene.

Was bringt der Mensch in den Zirkel ein?

* Bewusstsein, Wahrnehmung, Ethik

* Qualität und Lenkung der Energie

* Kreativität, Schöpferkraft

* Bereitschaft zur Entwicklung

* Motivation zu helfen

Bibliographie

Arnold, Hans	Wie errichtet und leitet man spiritistische Zirkel, E. Fiedler Verlag, Leipzig 1892
Bailey, Alice	Telepathie und der Ätherkörper, Lucis Verlag, Genf 1971 Jüngerschaft im Neuen Zeitalter, Lucis Verlag, Genf, 1974 Eine Abhandlung über Kosmisches Feuer, Lucis Verlag, Genf 1958 Esoterische Astrologie, Lucis Verlag, Genf 1970 Esoterisches Heilen, Lucis Verlag, Genf 1983
Behrendt, J. E.	Die Welt ist Klang, Auditorium Netzwerk, Mühlheim, 2007
Bibel	Württembergische Bibelanstalt, Stuttgart 1972
Brath de, Stanley	Psychic Philosophy, SNU, Huddersfield 1921
Bryant, William	Der verborgene Puls der Zeit, Verlag Die Pforte, Dornach 1997
Dürckheim, Graf Karlfried	Hara, O.W. Barth Verlag, München 1999
Evans,W.H.	Constructive Spiritualism, The Two Worlds Publishing, Manchester 1917
Franz von, Marie Louise	Zeit, Kösel Verlag, München 1992
Franz-Rohn-Jaffe	Im Umkreis des Todes, Daimon Verlag, Zürich 1980
Goethe, J.W. v.	Werke in vier Bänden, M. Pawlak Verlagsgesellschaft, Herrsching
Hartmann, Otto J.	Erde und Kosmos, V. Klostermann Verlag, Frankfurt 1940
Hermann Hesse	Die Morgenlandfahrt, Begleitbuch zur Gedenkausstellung Hermann Hesse, Deutsche Schillergesellschaft, Marbach 1977
Hesse, Hermann	Die Morgenlandfahrt, Suhrkamp Verlag, Frankfurt 1982
Jung, C. G.	aus Eranos Jahrbuch, Rhein Verlag, Zürich 1951 Psychologie und Alchemie, Rascher Verlag, Zürich 1951
Knauss, Harald	Geistiges Heilen, Homöopathie&Symbol, Berlin 2004 Das ABC des spirituellen Heilens, Homöopathie&Symbol, Berlin 2006 Leben und Sterben aus medialer Sicht, Edition Elfenohr, Offenburg 2008
LaoTse	Tao te king, E. Diederichs Verlag, Düsseldorf 1978
Leadbeater, Charles W.	Der sichtbare und der unsichtbare Mensch, Bauer Verlag, Freiburg 1964
Lü Bu We,	Frühling und Herbst des Lü Bu We, Eugen Diederichs Verlag, Düsseldorf 1979
Markova, Dawna	Die Versöhnung mit dem inneren Feind; Junfermann Verlag, Paderborn 2001
Macgregor, H. und M.v. Underhill,	The Psychic Faculties, L.S.A. Publications, London 1934
Northage, Ivy	Mediumship made simple, Psychic Press, London 1986
Plessner, H.	Eranos Jahrbuch, Rhein Verlag, Zürich 1951
Riedel, Ingrid	Formen, Kreuz Verlag, Stuttgart 1985
Schneider, Norbert J.	Die Kunst des Teilens, Piper Verlag, München 1991
Sonnenschmidt/ Knauss	Die moderne Medial- und Heilerschulung, Edition Elfenohr, Offenburg 2008
Steiner, Rudolf	Theosophie, R. Steiner Verlag, Dornach 1962
Wachsmuth, Günther	Erde und Mensch, Philosophisch-Anthroposophischer Verlag Goetheanum, Dornach 1980
Wehmeyer, Grethe	Langsam leben, Herder Verlag, Freiburg 2000

Harald Knauss und seine Lehrerin Margaret Pearson auf dem Kongress „Mediale Welten 2008" in Böblingen

Harald Knauss studierte zunächst Musik und war als Solist und Kammermusiker international erfolgreich tätig. Er gründete das Musikfestival Hohenloher Kultursommer. Gleichzeitig absolvierte er eine Ausbildung in Kinesiologie und widmete sich vor allem der Therapie von Musikerproblemen. Er war über viele Jahre Ausbilder am IAK, dem in Europa größten Ausbildungszentrum für Kinesiologie. Die Begegnung mit dem englischen Geistheiler Tom Johanson ließ ihn seine mediale Begabung entdecken. Es folgte eine Zeit in England, wo Margaret Pearson, Gordon Higginson, Ron Buckle und Mary Duffy zu seinen Mentoren gehörten. Harald Knauss hat zusammen mit Rosina Sonnenschmidt die moderne „Medial- und Heilerschulung" entwickelt, die sie erfolgreich lehren. Auch die daran anschließende Spirituelle Schulung entstammt ihrer Kreativität und eigenen spirituellen Erfahrung. Auf dem Gebiet des Heilens und der Therapie sind beide als innovative Vorausdenker international bekannt geworden.

Edition ElfenOhr

Harald Knauss und Rosina Sonnenschmidt haben mit dieser Editionsreihe ein Forum für ihre unerschöpfliche Kreativität geschaffen. In dieser Reihe erscheinen schriftliche und auditive Werke, die ihre künstlerischen Inspirationen und die Vereinigung der Schönen Künste und der Heilkünste widerspiegeln. Das heilende poetische Wort hat hier genau so seinen Platz wie die Erkenntnisse aus ihrer medialen und heilerischen Arbeit und ihrer Schulung.

Harald Knauss, der Baumliebhaber, Vogelkundler, spirituelle Gartengestalter und Heiler hat den Zauber der Natur in seinen Geschichten eingefangen. Er öffnet die geheimen Tore zu den ätherischen Wesen, die hinter den Blumen, Gräsern, Steinen und Vögeln weben und beflügelt damit auch die Fantasie des Lesers. Bezaubernde Fotos aus dem eigenen Garten lassen den Künstler im Erzähler unverwechselbar erkennen.
Bald wird dieses Kleinod auch als Hörbuch erscheinen!

Der Lebenskreis des Menschen kennt eine aufsteigende und eine absteigende Hälfte, die wir als Leben und Sterben bezeichnen. Aber er kennt keinen Anfang und kein Ende, nur ewiges Sein. In- und Exkarnation bedeuten den Wechsel des Standpunktes zwischen Verstofflichung und Vergeistigung, den beiden großen Kraftpolen des Kreises. Das Medium steht in der Mitte zwischen beiden Kräften und sieht so die Ganzheit. Harald Knauss, Medium und spiritueller Lehrer, entfaltet facettenartig das Spektrum des ganzen Lebens, zeigt Übungen, die Wegbegleitung sein können in allen Lebensphasen. Seine Inspirationen machen Mut für das Leben, wie auch für das Sterben. So kann das Buch ein Wegweiser für all jene sein, die sich mit der großen Frage des Lebens konfrontiert sehen, die sich auf der Suche nach dem eigenen Sinn befinden oder anderen hilfreiche, heilende, tröstende Wegbegleiter sein möchten. Gleich auf welcher Hälfte des Kreises wir uns befinden, stets führt der Weg mitten ins Leben hinein.

Edition ElfenOhr

Die moderne Medial- und Heilerschulung

Rosina Sonnenschmidt/ Harald Knauss

Die beiden Autoren haben ein wegweisendes, geniales Schulungssystem für erweiterte Wahrnehmung, Medialität und Geistiges Heilen entwickelt, das sie seit vielen Jahren lehren. Inzwischen ist die Schulung so ausgereift, dass sie es an der Zeit fanden, die Grundzüge derselben in einem neuen Buch vorzustellen. Dieses Buch bildet daher eine völlig überarbeitete, erneuerte und kombinierte Fassung des Inhaltes früherer Bücher wie „Englische Psychometrie und Schule der Hellsinne", ebenfalls aus der Feder der beiden Autoren.

Das Buch über die Schulung teilt sich in einen ganz praktischen Teil und einen theoretischen, der den Hintergrund und das Fundament medialen Arbeitens aufzeigt. Übersichtlich werden die einzelnen Hellsinne, die verschiedenen Übungen und die Grundlagen der Zirkelarbeit vorgestellt. Neben dem fundierten Inhalt stehen die bunten Fotos und das farbige Layout des Buches für das Motto beider Lehrer: die Fülle und Freude des eigenen Lebens entdecken.

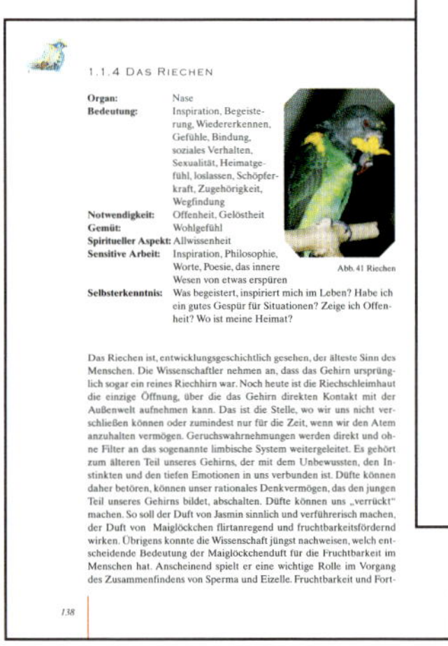

1.1.4 Das Riechen

Organ:	Nase
Bedeutung:	Inspiration, Begeisterung, Wiedererkennen, Gefühle, Bindung, soziales Verhalten, Sexualität, Heimatgefühl, loslassen, Schöpferkraft, Zugehörigkeit, Wegfindung
Notwendigkeit:	Offenheit, Gelöstheit
Gemüt:	Wohlgefühl
Spiritueller Aspekt:	Allwissenheit
Sensitive Arbeit:	Inspiration, Philosophie, Worte, Poesie, das innere Wesen von etwas erspüren
Selbsterkenntnis:	Was begeistert, inspiriert mich im Leben? Habe ich ein gutes Gespür für Situationen? Zeige ich Offenheit? Wo ist meine Heimat?

Abb. 41 Riechen

Das Riechen ist, entwicklungsgeschichtlich gesehen, der älteste Sinn des Menschen. Die Wissenschaftler nehmen an, dass das Gehirn ursprünglich sogar ein reines Riechhirn war. Noch heute ist die Riechschleimhaut die einzige Öffnung, über die das Gehirn direkten Kontakt mit der Außenwelt aufnehmen kann. Das ist die Stelle, wo wir uns nicht verschließen können oder zumindest nur für die Zeit, wenn wir den Atem anzuhalten vermögen. Geruchswahrnehmungen werden direkt und ohne Filter an das sogenannte limbische System weitergeleitet. Es gehört zum älteren Teil unseres Gehirns, der mit dem Unbewussten, den Instinkten und den tiefen Emotionen in uns verbunden ist. Düfte können daher betören, können unser rationales Denkvermögen, das den jungen Teil unseres Gehirns bildet, abschalten. Düfte können uns „verrückt" machen. So soll der Duft von Jasmin sinnlich und verführerisch machen, der Duft von Maiglöckchen flirtanregend und fruchtbarkeitsfördernd wirken. Übrigens konnte die Wissenschaft jüngst nachweisen, welch entscheidende Bedeutung der Maiglöckchenduft für die Fruchtbarkeit im Menschen hat. Anscheinend spielt er eine wichtige Rolle im Vorgang des Zusammenfindens von Sperma und Eizelle. Fruchtbarkeit und Fort-

138

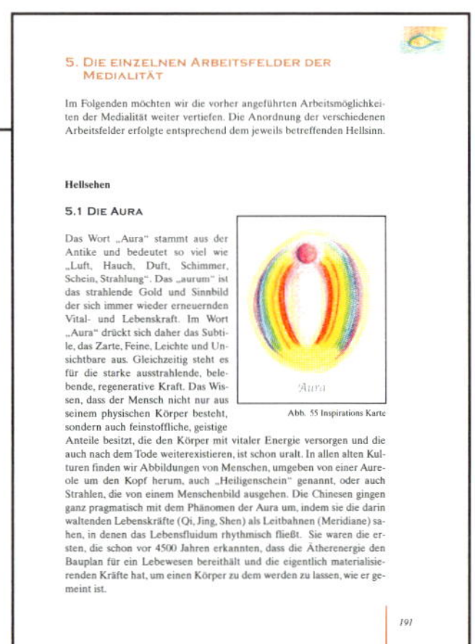

5. Die einzelnen Arbeitsfelder der Medialität

Im Folgenden möchten wir die vorher angeführten Arbeitsmöglichkeiten der Medialität weiter vertiefen. Die Anordnung der verschiedenen Arbeitsfelder erfolgte entsprechend dem jeweils betreffenden Hellsinn.

Hellsehen

5.1 Die Aura

Das Wort „Aura" stammt aus der Antike und bedeutet so viel wie „Luft, Hauch, Duft, Schimmer, Schein, Strahlung". Das „aurum" ist das strahlende Gold und Sinnbild der sich immer wieder erneuernden Vital- und Lebenskraft. Im Wort „Aura" drückt sich daher das Subtile, das Zarte, Feine, Leichte und Unsichtbare aus. Gleichzeitig steht es für die starke ausstrahlende, belebende, regenerative Kraft. Das Wissen, dass der Mensch nicht nur aus seinem physischen Körper besteht, sondern auch feinstoffliche, geistige Anteile besitzt, die den Körper mit vitaler Energie versorgen und die auch nach dem Tode weiterexistieren, ist schon uralt. In allen alten Kulturen finden wir Abbildungen von Menschen, umgeben von einer Aureole um den Kopf herum, auch „Heiligenschein" genannt, oder auch Strahlen, die von einem Menschenbild ausgehen. Die Chinesen gingen ganz pragmatisch mit dem Phänomen der Aura um, indem sie die darin waltenden Lebenskräfte (Qi, Jing, Shen) als Leitbahnen (Meridiane) sahen, in denen das Lebensfluidum rhythmisch fließt. Sie waren die ersten, die schon vor 4500 Jahren erkannten, dass die Ätherenergie den Bauplan für ein Lebewesen bereithält und die eigentlich materialisierenden Kräfte hat, um einen Körper zu dem werden zu lassen, wie er gemeint ist.

Aura

Abb. 55 Inspirations Karte

191

Kurse mit Harald Knauss und Dr. Rosina Sonnenschmidt

Moderne Medial- und Heilerschulung

Diese Kurse dienen dazu, die ganze Fülle der Potenziale und Fähigkeiten, die in jedem Menschen verborgen sind, zu entdecken und zu entwickeln. Grundlage dafür ist die Schulung der eigenen Wahrnehmungsfähigkeit, der Sensitivität. Dies erweitert den Lebenshorizont, das Bewusstsein und stärkt die heilenden Kräfte, was eine verstärkte Sinnfindung für das eigene Leben mit sich bringt. Die Ausbildung führt bis an die Schwelle zur Medialität heran, die durch eine nachfolgende spirituelle Schulung vertieft wird.

Kurse 1 und 2	Schulung der Sensitivität über alle Sinne und Entwicklung der Hellsinne
Kurs 3	Die Zirkelarbeit – Vertiefung der Arbeit im Team
Kurs 4	Schattenarbeit und erweiterte Lebenssicht
Kurs 5	Techniken der medialen Beratung
Kurs 6	Abschlussprüfung

Es besteht danach die Möglichkeit an unserer spirituellen Schulung teilzunehmen.

Inkarnation und Exkarnation

Alle zwei Jahre bieten wir einen speziellen Kurs zu diesem Thema an.
Im Mittelpunkt stehen die Themen aus dem Buch von Harald Knauss „Leben und Sterben aus medialer Sicht“ und von Rosina Sonnenschmidt „Exkarnation – der große Wandel“.

Die Welt der Baumenergien und weitere Kurse …

Infos: www.mediale-welten.com
Tagungs- und Kongressorganisation Markus Mayer
Gartenstr.7
79189 Bad Krozingen
Tel. 0 76 33 9 33 42 23
Fax 0 76 33 93 94 36
info@mediale-welten.com